中华人民共和国国务院行政法规汇编

2008

人民出版社

目　　录

中华人民共和国国务院令

第 515 号

　　《国务院关于修改〈价格违法行为行政处罚规定〉的决定》已经 2008 年 1 月 9 日国务院第 204 次常务会议通过,现予公布施行。

总理　**温家宝**

二○○八年一月十三日

国务院关于修改《价格违法行为行政处罚规定》的决定

国务院决定对《价格违法行为行政处罚规定》做如下修改：

一、第四条修改为："经营者违反价格法第十四条的规定，有下列行为之一的，责令改正，没收违法所得，并处违法所得5倍以下的罚款；没有违法所得的，处10万元以上100万元以下的罚款；情节严重的，责令停业整顿，或者由工商行政管理机关吊销营业执照：

"（一）相互串通，操纵市场价格，损害其他经营者或者消费者的合法权益的；

"（二）除依法降价处理鲜活商品、季节性商品、积压商品等商品外，为了排挤竞争对手或者独占市场，以低于成本的价格倾销，扰乱正常的生产经营秩序，损害国家利益或者其他经营者的合法权益的；

"（三）提供相同商品或者服务，对具有同等交易条件的其他经营者实行价格歧视的。

"行业协会组织本行业的经营者相互串通，操纵市场价格的，对经营者依照前款的规定处罚；对行业协会可以处50万元以下的罚款，情节严重的，社会团体登记管理机关可以依法撤销登记。"

二、第五条修改为："经营者违反价格法第十四条的规定，捏造、散布涨价信息，恶意囤积以及利用其他手段哄抬价格，推动商品价格过高上涨的，或者利用虚假的或者使人误解的价格手段，诱骗消费者或者其他经营者与其进行交易的，责令改正，没收违法所得，并处违法所得 5 倍以下的罚款;没有违法所得的,处 5 万元以上 50 万元以下的罚款;情节严重的,责令停业整顿,或者由工商行政管理机关吊销营业执照。

"行业协会有前款规定的违法行为的,可以处 50 万元以下的罚款;情节严重的,社会团体登记管理机关可以依法撤销登记。"

三、第六条修改为:"经营者违反价格法第十四条的规定,采取抬高等级或者压低等级等手段销售、收购商品或者提供服务,变相提高或者压低价格的,责令改正,没收违法所得,并处违法所得 5 倍以下的罚款;没有违法所得的,处 2 万元以上 20 万元以下的罚款;情节严重的,责令停业整顿,或者由工商行政管理机关吊销营业执照。"

四、第七条修改为:"经营者不执行政府指导价、政府定价,有下列行为之一的,责令改正,没收违法所得,并处违法所得 5 倍以下的罚款;没有违法所得的,处 5 万元以上 50 万元以下的罚款;情节严重的,责令停业整顿:

"(一)超出政府指导价浮动幅度制定价格的;

"(二)高于或者低于政府定价制定价格的;

"(三)擅自制定属于政府指导价、政府定价范围内的商品或者服务价格的;

"(四)提前或者推迟执行政府指导价、政府定价的;

"(五)自立收费项目或者自定标准收费的;

"(六)采取分解收费项目、重复收费、扩大收费范围等方式变相提高收费标准的;

"(七)对政府明令取消的收费项目继续收费的;

"(八)违反规定以保证金、抵押金等形式变相收费的;

"(九)强制或者变相强制服务并收费的;

"(十)不按照规定提供服务而收取费用的;

"(十一)不执行政府指导价、政府定价的其他行为。"

五、第八条修改为:"经营者不执行法定的价格干预措施、紧急

3

措施,有下列行为之一的,责令改正,没收违法所得,并处违法所得 5 倍以下的罚款;没有违法所得的,处 10 万元以上 100 万元以下的罚款;情节严重的,责令停业整顿:

"(一)不执行提价申报或者调价备案制度的;

"(二)超过规定的差价率、利润率幅度的;

"(三)不执行规定的限价、最低保护价的;

"(四)不执行集中定价权限措施的;

"(五)不执行冻结价格措施的;

"(六)不执行法定的价格干预措施、紧急措施的其他行为。"

六、第九条修改为:"本规定第四条至第八条规定中经营者为个人的,对其没有违法所得的价格违法行为,可以处 10 万元以下的罚款。"

七、第十八条修改为:"任何单位和个人有本规定所列价格违法行为,情节严重,拒不改正的,政府价格主管部门除依照本规定给予处罚外,可以公告其价格违法行为,直至其改正。"

八、增加一条,作为第十九条:"有关法律对价格法第十四条所列行为的处罚及处罚机关另有规定的,可以依照有关法律的规定执行。"

此外,对条文的顺序和部分文字做相应的调整和修改。

本决定自公布之日起施行。

《价格违法行为行政处罚规定》根据本决定做相应的修改,重新公布。

价格违法行为行政处罚规定

(1999 年 7 月 10 日国务院批准 1999 年 8 月 1 日国家发展计划委员会发布 根据 2006 年 2 月 21 日《国务院关于修改〈价格违法行为行政处罚规定〉的决定》第一次修订 根据 2008 年 1 月 13 日《国务院关于修改〈价格违法行为行政处罚规定〉的决定》第二次修订)

第一条 为了依法惩处价格违法行为,保护消费者和经营者的合法权益,根据《中华人民共和国价格法》(以下简称价格法)的有关规定,制定本规定。

第二条 县级以上各级人民政府价格主管部门依法对价格活动进行监督检查,并决定对价格违法行为的行政处罚。

第三条 价格违法行为的行政处罚由价格违法行为发生地的地方人民政府价格主管部门决定;国务院价格主管部门规定由其上级价格主管部门决定的,从其规定。

第四条 经营者违反价格法第十四条的规定,有下列行为之一的,责令改正,没收违法所得,并处违法所得 5 倍以下的罚款;没有违法所得的,处 10 万元以上 100 万元以下的罚款;情节严重的,责令停业整顿,或者由工商行政管理机关吊销营业执照:

(一)相互串通,操纵市场价格,损害其他经营者或者消费者的合法权益的;

(二)除依法降价处理鲜活商品、季节性商品、积压商品等商品外,为了排挤竞争对手或者独占市场,以低于成本的价格倾销,扰乱正常的生产经营秩序,损害国家利益或者其他经营者的合法权益的;

(三)提供相同商品或者服务,对具有同等交易条件的其他经营者实行价格歧视的。

行业协会组织本行业的经营者相互串通,操纵市场价格的,对经营者依照前款的规定处罚;对行业协会可以处 50 万元以下的罚款,情节严重的,社会团体登记管理机关可以依法撤销登记。

第五条 经营者违反价格法第十四条的规定,捏造、散布涨价信息,恶意囤积以及利用其他手段哄抬价格,推动商品价格过高上涨的,或者利用虚假的或者使人误解的价格手段,诱骗消费者或者其他经营者与其进行交易的,责令改正,没收违法所得,并处违法所得 5 倍以下的罚款;没有违法所得的,处 5 万元以上 50 万元以下的罚款;情节严重的,责令停业整顿,或者由工商行政管理机关吊销营业执照。

行业协会有前款规定的违法行为的,可以处 50 万元以下的罚款;情节严重的,社会团体登记管理机关可以依法撤销登记。

第六条 经营者违反价格法第十四条的规定,采取抬高等级或者压低等级等手段销售、收购商品或者提供服务,变相提高或者压低价格的,责令改正,没收违法所得,并处违法所得 5 倍以下的罚款;没有违法所得的,处 2 万元以上 20 万元以下的罚款;情节严重的,责令停业整顿,或者由工商行政管理机关吊销营业执照。

第七条 经营者不执行政府指导价、政府定价,有下列行为之一的,责令改正,没收违法所得,并处违法所得 5 倍以下的罚款;没有违法所得的,处 5 万元以上 50 万元以下的罚款;情节严重的,责令停业整顿:

(一)超出政府指导价浮动幅度制定价格的;

(二)高于或者低于政府定价制定价格的;

(三)擅自制定属于政府指导价、政府定价范围内的商品或者服务价格的；

（四）提前或者推迟执行政府指导价、政府定价的；

（五）自立收费项目或者自定标准收费的；

（六）采取分解收费项目、重复收费、扩大收费范围等方式变相提高收费标准的；

（七）对政府明令取消的收费项目继续收费的；

（八）违反规定以保证金、抵押金等形式变相收费的；

（九）强制或者变相强制服务并收费的；

（十）不按照规定提供服务而收取费用的；

（十一）不执行政府指导价、政府定价的其他行为。

第八条　经营者不执行法定的价格干预措施、紧急措施，有下列行为之一的，责令改正，没收违法所得，并处违法所得 5 倍以下的罚款；没有违法所得的，处 10 万元以上 100 万元以下的罚款；情节严重的，责令停业整顿：

（一）不执行提价申报或者调价备案制度的；

（二）超过规定的差价率、利润率幅度的；

（三）不执行规定的限价、最低保护价的；

（四）不执行集中定价权限措施的；

（五）不执行冻结价格措施的；

（六）不执行法定的价格干预措施、紧急措施的其他行为。

第九条　本规定第四条至第八条规定中经营者为个人的，对其没有违法所得的价格违法行为，可以处 10 万元以下的罚款。

第十条　经营者违反法律、法规的规定牟取暴利的，责令改正，没收违法所得，可以并处违法所得 5 倍以下的罚款；情节严重的，责令停业整顿，或者由工商行政管理机关吊销营业执照。

第十一条　经营者违反明码标价规定，有下列行为之一的，责令改正，没收违法所得，可以并处 5000 元以下的罚款：

（一）不标明价格的；

（二）不按照规定的内容和方式明码标价的；

（三）在标价之外加价出售商品或者收取未标明的费用的；

（四）违反明码标价规定的其他行为。

第十二条 拒绝提供价格监督检查所需资料或者提供虚假资料的，责令改正，给予警告；逾期不改正的，可以处 5 万元以下的罚款，对直接负责的主管人员和其他直接责任人员给予纪律处分。

第十三条 政府价格主管部门进行价格监督检查时，发现经营者的违法行为同时具有下列三种情形的，可以依照价格法第三十四条第(三)项的规定责令其暂停相关营业：

（一）违法行为情节复杂或者情节严重，经查明后可能给予较重处罚的；

（二）不暂停相关营业，违法行为将继续的；

（三）不暂停相关营业，可能影响违法事实的认定，采取其他措施又不足以保证查明的。

政府价格主管部门进行价格监督检查时，执法人员不得少于 2 人，并应当向经营者或者有关人员出示证件。

第十四条 本规定第四条至第十一条规定中的违法所得，属于价格法第四十一条规定的消费者或者其他经营者多付价款的，责令经营者限期退还。难以查找多付价款的消费者或者其他经营者的，责令公告查找。

经营者拒不按照前款规定退还消费者或者其他经营者多付的价款，以及期限届满没有退还消费者或者其他经营者多付的价款，由政府价格主管部门予以没收，消费者或者其他经营者要求退还时，由经营者依法承担民事责任。

第十五条 经营者有行政处罚法第二十七条所列情形的，应当依法从轻或者减轻处罚。

经营者有下列情形之一的，应当从重处罚：

（一）价格违法行为严重或者社会影响较大的；

（二）屡查屡犯的；

（三）伪造、涂改或者转移、销毁证据的；

（四）转移与价格违法行为有关的资金或者商品的；

（五）经营者拒不按照本规定第十四条第一款规定退还消费者或者其他经营者多付价款的；

（六）应予从重处罚的其他价格违法行为。

第十六条　经营者对政府价格主管部门作出的处罚决定不服的，应当先依法申请行政复议；对行政复议决定不服的，可以依法向人民法院提起诉讼。

第十七条　逾期不缴纳罚款的，每日按罚款数额的3%加处罚款；逾期不缴纳违法所得的，每日按违法所得数额的2‰加处罚款。

第十八条　任何单位和个人有本规定所列价格违法行为，情节严重，拒不改正的，政府价格主管部门除依照本规定给予处罚外，可以公告其价格违法行为，直至其改正。

第十九条　有关法律对价格法第十四条所列行为的处罚及处罚机关另有规定的，可以依照有关法律的规定执行。

第二十条　价格执法人员泄露国家秘密、经营者的商业秘密或者滥用职权、玩忽职守、徇私舞弊，构成犯罪的，依法追究刑事责任；尚不构成犯罪的，依法给予处分。

第二十一条　本规定自公布之日起施行。

严厉打击价格违法行为
保护消费者经营者合法权益
——国务院法制办、发展改革委负责人就新修订的
《价格违法行为行政处罚规定》答记者问

　　国务院总理温家宝 13 日签署国务院令,公布《国务院关于修改〈价格违法行为行政处罚规定〉的决定》,自公布之日起施行。国务院法制办、发展改革委负责人就根据此决定新修订的《价格违法行为行政处罚规定》(以下简称《处罚规定》)回答了新华社记者的提问。

　　问:为什么要对原《处罚规定》进行修改?

　　答:原《处罚规定》是 1999 年国务院批准、原国家发展计划委员会发布实施的,2006 年 2 月国务院对个别条款作了修改。原《处罚规定》作为《中华人民共和国价格法》(以下简称《价格法》)的一个配套行政法规,自实施以来,对于依法惩处价格违法行为,保护消费者和经营者的合法权益发挥了重要作用。近来一些与人民生活密切相关的商品和服务价格出现较快上涨趋势,部分地区和行业出现经营者串通涨价、哄抬价格和变相提价等价格违法行为,推动价格不合理上涨,扰乱了正常的市场经济秩序。因此,根据《价格法》的有关规定,国务院决定对原《处罚规定》进行修改,以严厉打击价格违法行为,抑制价格的不合理上涨,保护消费者和经营者的合法权益。

　　问:制定和修订《处罚规定》的法律依据是什么?

答：《价格法》第十四条、第十七条、第三十九条、第四十条等规定，对经营者价格违法行为种类及其法律责任、行业协会的法律义务等都作了原则规定，1999年经国务院批准，原国家发展计划委员会发布《处罚规定》，对《价格法》的有关规定作了进一步细化。2006年国务院对《处罚规定》的个别条款作了修改，并已报全国人大常委会备案。这次修订《处罚规定》，是国务院依照《宪法》和《立法法》的规定，为执行《价格法》对价格违法行为的处罚措施进行修改和完善。有关方面一致认为，《处罚规定》的修改，符合《价格法》的规定。依法行政要求行政机关依法履行经济、社会和文化事务管理职责，要由法律、法规赋予其相应的执法手段，行政机关实施行政管理，应当依照法律、法规、规章的规定进行。根据当前的情况，国务院及时修订《处罚规定》，价格主管部门依据新修订的《处罚规定》的规定，严厉打击价格违法行为，符合依法行政的原则和要求。

问：新修订的《处罚规定》主要作了哪些修改？

答：新修订的《处罚规定》主要作了以下修改：一是加大了对价格违法行为的处罚力度，严厉打击价格违法行为；二是增加了对行业协会的价格违法行为的处罚规定；三是具体细化了哄抬价格的违法行为的表现形式，明确规定通过恶意囤积以及利用其他手段推动价格过高上涨的行为属于哄抬价格，"其他手段"的具体范围由国务院价格主管部门规定；四是根据《价格法》的规定，明确了市场监管部门之间的配合与协作，以便形成合力，严密监管。

问：新修订的《处罚规定》在哪些方面加大了对价格违法行为的处罚力度？

答：为了加大对价格违法行为的处罚力度，严厉打击价格违法行为，维护正常的市场价格秩序，新修订的《处罚规定》主要作了以下修改：一是提高了罚款的额度。新修订的《处罚规定》对相互串通、操纵市场价格、低价倾销、价格歧视以及不执行法定的干预措施、紧急措施的行为，将罚款额度由原来的"3万元以上30万元以下"和"4

万元以上40万元以下"提高为"10万元以上100万元以下";对哄抬价格、价格欺诈及不执行政府指导价、政府定价的行为等违法行为，将罚款额度由原来的"2万元以上20万元以下"提高为"5万元以上50万元以下";对变相提高或者压低价格的行为，将罚款额度由原来的"1万元以上10万元以下"提高为"2万元以上20万元以下"。二是对违法行为情节严重,拒不改正的,新修订的《处罚规定》扩大了公告的范围,而不限于在经营场所公告。

问:新修订的《处罚规定》增加了对行业协会的处罚规定,具体内容有哪些?

答:新修订的《处罚规定》明确,行业协会如果有组织经营者相互串通,操纵市场价格以及捏造、散布涨价信息哄抬价格等行为的,价格主管部门可以处50万元以下的罚款;情节严重的,社会团体登记管理机关可以依法撤销登记。

问:新修订的《处罚规定》关于临时价格干预措施的具体规定有哪些?

答:为了防止经营者利用市场波动串通涨价、哄抬价格等,损害消费者和其他经营者的利益,保持价格总水平基本稳定,《价格法》第三十条明确规定:当重要商品和服务价格显著上涨或者有可能显著上涨,国务院和省、自治区、直辖市人民政府可以对部分价格采取限定差价率或者利润率、规定限价、实行提价申报制度和调价备案制度等临时价格干预措施。《价格法》第三十九条明确规定,经营者不执行法定的临时价格干预措施的,责令改正,没收违法所得,并可以处以罚款。这次修改《处罚规定》,加大了对不执行临时价格干预措施的处罚力度,将罚款额度由原来的"4万元以上40万元以下"提高为"10万元以上100万元以下"。采取临时价格干预措施的具体条件、范围和程序,由国务院价格主管部门即发展改革委另行制定。1月9日,国务院常务会议强调,要加强对重要生活必需品价格监管,根据《价格法》的规定,近期采取临时价格干预措施,对达到一定规模的人民群众生活必需品生产企业实行提价申报,达到一定规模的生活必需品批发、零售企业实行调价备案制度。依照《价格法》的规定,在必要的特定时期采取临时价格干预措施,有利于抑制市场价格不合理上涨,不会改变企业的市场主体地位,不会影响企业的正常经营。

（新华社北京 2008 年 1 月 13 日电）

中华人民共和国国务院令

第 516 号

现公布《国务院关于废止部分行政法规的决定》,自公布之日起生效。

总理　温家宝

二〇〇八年一月十五日

国务院关于废止部分行政法规的决定

为了更好地适应加快建设法治政府、全面推进依法行政的要求，国务院对截至 2006 年底现行行政法规共 655 件进行了全面清理。经过清理，国务院决定：

一、对主要内容被新的法律或者行政法规所代替的 49 件行政法规，予以废止。（目录见附件 1）

二、对适用期已过或者调整对象已经消失，实际上已经失效的 43 件行政法规，宣布失效。（目录见附件 2）

本决定自公布之日起生效。

附件：1. 国务院决定废止的行政法规目录（49 件）

2. 国务院决定宣布失效的行政法规目录（43 件）

附件 1：

国务院决定废止的行政法规目录（49 件）

序号	法规名称	公布机关及日期	说　明
1	铁路留用土地办法	1950 年 6 月 24 日政务院公布	已被 2004 年 8 月 28 日中华人民共和国主席令第 28 号公布的《中华人民共和国土地管理法》、2004 年 12 月 27 日中华人民共和国国务院令第 430 号公布的《铁路运输安全保护条例》代替。

序号	法规名称	公布机关及日期	说　明
2	关于搬运危险性物品的几项办法	政务院财政经济委员会批准1951 年 10 月 9 日劳动部公布	已被 1994 年 7 月 5 日中华人民共和国主席令第 28 号公布的《中华人民共和国劳动法》、2001 年 10 月 27 日中华人民共和国主席令第 60 号公布的《中华人民共和国职业病防治法》、2002 年 6 月 29 日中华人民共和国主席令第 70 号公布的《中华人民共和国安全生产法》、2002 年 1 月 26 日中华人民共和国国务院令第 344 号公布的《危险化学品安全管理条例》、2002 年 5 月 12 日中华人民共和国国务院令第 352 号公布的《使用有毒物品作业场所劳动保护条例》、2003 年 4 月 27 日中华人民共和国国务院令第 375 号公布的《工伤保险条例》代替。
3	防止沥青中毒办法	1956 年 1 月 26 日国务院批准1956 年 1 月 31 日劳动部公布	已被 2001 年 10 月 27 日中华人民共和国主席令第 60 号公布的《中华人民共和国职业病防治法》、2002 年 6 月 29 日中华人民共和国主席令第 70 号公布的《中华人民共和国安全生产法》、2002 年 1 月 26 日中华人民共和国国务院令第 344 号公布的《危险化学品安全管理条例》、2002 年 5 月 12 日中华人民共和国国务院令第 352 号公布的《使用有毒物品作业场所劳动保护条例》代替。

序号	法规名称	公布机关及日期	说　明
4	工厂安全卫生规程	1956 年 5 月 25 日国务院全体会议第 29 次会议通过	已被 2001 年 10 月 27 日中华人民共和国主席令第 60 号公布的《中华人民共和国职业病防治法》、2002 年 6 月 29 日中华人民共和国主席令第 70 号公布的《中华人民共和国安全生产法》代替。
5	建筑安装工程安全技术规程	1956 年 5 月 25 日国务院全体会议第 29 次会议通过	已被 1997 年 11 月 1 日中华人民共和国主席令第 91 号公布的《中华人民共和国建筑法》、2002 年 6 月 29 日中华人民共和国主席令第 70 号公布的《中华人民共和国安全生产法》、2000 年 1 月 30 日中华人民共和国国务院令第 279 号公布的《建设工程质量管理条例》、2003 年 11 月 24 日中华人民共和国国务院令第 393 号公布的《建设工程安全生产管理条例》代替。
6	国务院关于加强企业生产中安全工作的几项规定	1963 年 3 月 30 日国务院公布	已被 2002 年 6 月 29 日中华人民共和国主席令第 70 号公布的《中华人民共和国安全生产法》、2007 年 4 月 9 日中华人民共和国国务院令第 493 号公布的《生产安全事故报告和调查处理条例》、2004 年 1 月 9 日公布的《国务院关于进一步加强安全生产工作的决定》代替。

序号	法规名称	公布机关及日期	说　明
7	旅客丢失车票和发生急病、死亡处理办法	铁道部制定 1963 年 5 月 24 日国务院批转	已被 1990 年 9 月 7 日中华人民共和国主席令第 32 号公布的《中华人民共和国铁路法》、1999 年 3 月 15 日中华人民共和国主席令第 15 号公布的《中华人民共和国合同法》、2003 年 6 月 20 日中华人民共和国国务院令第 381 号公布的《城市生活无着的流浪乞讨人员救助管理办法》代替。
8	防止矽尘危害工作管理办法	1963 年 9 月 28 日国务院批准 劳动部、卫生部、中华全国总工会公布	已被 1994 年 7 月 5 日中华人民共和国主席令第 28 号公布的《中华人民共和国劳动法》、2001 年 10 月 27 日中华人民共和国主席令第 60 号公布的《中华人民共和国职业病防治法》、2002 年 6 月 29 日中华人民共和国主席令第 70 号公布的《中华人民共和国安全生产法》、1987 年 12 月 3 日国务院公布的《中华人民共和国尘肺病防治条例》、2003 年 4 月 27 日中华人民共和国国务院令第 375 号公布的《工伤保险条例》代替。
9	古遗址古墓葬调查发掘暂行管理办法	1964 年 8 月 29 日国务院批准 1964 年 9 月 17 日文化部公布	已被 2002 年 10 月 28 日中华人民共和国主席令第 76 号公布的《中华人民共和国文物保护法》、2003 年 5 月 18 日中华人民共和国国务院令第 377 号公布的《中华人民共和国文物保护法实施条例》代替。

序号	法规名称	公布机关及日期	说　明
10	无线电管理规则	1978 年 6 月 23 日国务院、中央军委公布	已被 1993 年 9 月 11 日中华人民共和国国务院、中华人民共和国中央军事委员会令第 128 号公布的《中华人民共和国无线电管理条例》、中央军委批准 1994 年 12 月 3 日总参谋部公布的《中国人民解放军无线电管理条例》代替。
11	开展对外加工装配和中小型补偿贸易办法	1979 年 9 月 3 日国务院公布	已被 2000 年 7 月 8 日中华人民共和国主席令第 35 号公布的《中华人民共和国海关法》、2007 年 3 月 16 日中华人民共和国主席令第 63 号公布的《中华人民共和国企业所得税法》、国务院批准 1996 年 6 月 20 日中国人民银行令第 1 号公布的《结汇、售汇及付汇管理规定》、1999 年 4 月 5 日公布的《国务院办公厅转发国家经贸委等部门关于进一步完善加工贸易银行保证金台账制度意见的通知》代替。
12	国务院关于国家行政机关和企业、事业单位印章的规定	1979 年 9 月 24 日国务院公布	已被 1999 年 10 月 31 日国务院公布的《国务院关于国家行政机关和企业事业单位社会团体印章管理的规定》代替。

序号	法规名称	公布机关及日期	说　明
13	国营工业企业职工代表大会暂行条例	中华全国总工会、国家经济委员会、中央组织部拟订　1981年7月13日中共中央、国务院转发	已被1986年9月15日中共中央、国务院公布的《全民所有制工业企业职工代表大会条例》代替。
14	国营工厂厂长工作暂行条例	1982年1月2日中共中央、国务院公布	已被1986年9月15日中共中央、国务院公布的《全民所有制工业企业厂长工作条例》代替。
15	矿山安全条例	1982年2月13日国务院公布	已被1992年11月7日中华人民共和国主席令第65号公布的《中华人民共和国矿山安全法》、2001年10月27日中华人民共和国主席令第60号公布的《中华人民共和国职业病防治法》、1996年10月11日国务院批准1996年10月30日劳动部令第4号公布的《中华人民共和国矿山安全法实施条例》代替。
16	矿山安全监察条例	1982年2月13日国务院公布	已被1992年11月7日中华人民共和国主席令第65号公布的《中华人民共和国矿山安全法》、1996年10月11日国务院批准1996年10月30日劳动部令第4号公布的《中华人民共和国矿山安全法实施条例》代替。

序号	法规名称	公布机关及日期	说　　明
17	企业职工奖惩条例	1982 年 4 月 10 日国务院公布	已被 1994 年 7 月 5 日中华人民共和国主席令第 28 号公布的《中华人民共和国劳动法》、2007 年 6 月 29 日中华人民共和国主席令第 65 号公布的《中华人民共和国劳动合同法》代替。
18	中华人民共和国公证暂行条例	1982 年 4 月 13 日国务院公布	已被 2005 年 8 月 28 日中华人民共和国主席令第 39 号公布的《中华人民共和国公证法》代替。
19	军队营区植树造林与林木管理办法	1982 年 12 月 20 日国务院、中央军委公布	已被 1998 年 4 月 29 日中华人民共和国主席令第 3 号公布的《中华人民共和国森林法》、2005 年 7 月 22 日中央军委公布的《中国人民解放军绿化条例》代替。
20	城镇个人建造住宅管理办法	1983 年 5 月 25 日国务院批准 1983 年 6 月 4 日城乡建设环境保护部公布	已被 1997 年 11 月 1 日中华人民共和国主席令第 91 号公布的《中华人民共和国建筑法》、2004 年 8 月 28 日中华人民共和国主席令第 28 号公布的《中华人民共和国土地管理法》、2007 年 3 月 16 日中华人民共和国主席令第 62 号公布的《中华人民共和国物权法》、2007 年 8 月 30 日中华人民共和国主席令第 72 号公布的《中华人民共和国城市房地产管理法》、2007 年 10 月 28 日中华人民共和国主席令第 74 号公布的《中华人民共和国城乡规划法》代替。

序号	法规名称	公布机关及日期	说　明
21	中国公民同外国人办理婚姻登记的几项规定	1983 年 8 月 17 日国务院批准 1983 年 8 月 26 日民政部公布	已被 2003 年 8 月 8 日中华人民共和国国务院令第 387 号公布的《婚姻登记条例》代替。
22	城市私有房屋管理条例	1983 年 12 月 17 日国务院公布	已被 2007 年 3 月 16 日中华人民共和国主席令第 62 号公布的《中华人民共和国物权法》、2007 年 8 月 30 日中华人民共和国主席令第 72 号公布的《中华人民共和国城市房地产管理法》、2001 年 6 月 13 日中华人民共和国国务院令第 305 号公布的《城市房屋拆迁管理条例》代替。
23	国务院关于农民个人或联户购置机动车船和拖拉机经营运输业的若干规定	1984 年 2 月 27 日国务院公布	已被 2003 年 10 月 28 日中华人民共和国主席令第 8 号公布的《中华人民共和国道路交通安全法》、1997 年 12 月 3 日中华人民共和国国务院令第 237 号公布的《中华人民共和国水路运输管理条例》、2004 年 4 月 30 日中华人民共和国国务院令第 405 号公布的《中华人民共和国道路交通安全法实施条例》、2004 年 4 月 30 日中华人民共和国国务院令第 406 号公布的《中华人民共和国道路运输条例》、2006 年 3 月 21 日中华人民共和国国务院令第 462 号公布的《机动车交通事故责任强制保险条例》代替。

序号	法规名称	公布机关及日期	说　明
24	人民防空条例	1984 年 7 月 20 日国务院、中央军委公布	已被 1996 年 10 月 29 日中华人民共和国主席令第 78 号公布的《中华人民共和国人民防空法》代替。
25	关于申请商标注册要求优先权的暂行规定	1985 年 3 月 15 日国务院批准 1985 年 3 月 15 日国家工商行政管理局公布	已被 2001 年 10 月 27 日中华人民共和国主席令第 59 号公布的《中华人民共和国商标法》、2002 年 8 月 3 日中华人民共和国国务院令第 358 号公布的《中华人民共和国商标法实施条例》代替。
26	中华人民共和国财政部对外国企业常驻代表机构征收工商统一税、企业所得税的暂行规定	1985 年 4 月 11 日国务院批准 1985 年 5 月 15 日财政部公布	已被 2007 年 12 月 6 日中华人民共和国国务院令第 512 号公布的《中华人民共和国企业所得税法实施条例》代替。
27	国务院关于开办民用航空运输企业审批权限的暂行规定	1985 年 5 月 28 日国务院公布	已被 1995 年 10 月 30 日中华人民共和国主席令第 56 号公布的《中华人民共和国民用航空法》代替。

序号	法规名称	公布机关及日期	说　明
28	中华人民共和国国务院关于中外合资建设港口码头优惠待遇的暂行规定	1985 年 9 月 30 日国务院公布	已被 2001 年 3 月 15 日中华人民共和国主席令第 48 号公布的《中华人民共和国中外合资经营企业法》、2007 年 3 月 16 日中华人民共和国主席令第 63 号公布的《中华人民共和国企业所得税法》代替。
29	中华人民共和国海关总署对进出经济特区的货物、运输工具、行李物品和邮递物品的管理规定	1986 年 3 月 21 日国务院批准 1986 年 3 月 25 日海关总署公布	已被 2000 年 7 月 8 日中华人民共和国主席令第 35 号公布的《中华人民共和国海关法》、2003 年 11 月 23 日中华人民共和国国务院令第 392 号公布的《中华人民共和国进出口关税条例》代替。
30	关于发挥离休退休专业技术人员作用的暂行规定	中共中央组织部、中共中央宣传部、中共中央统战部、国家科委、劳动人事部、中国科协、中国人民解放军总政治部制定　中共中央书记处、国务院批准　1986 年 10 月 6 日中共中央办公厅、国务院办公厅转发	已被 2005 年 2 月 23 日《中共中央办公厅、国务院办公厅转发〈中央组织部、中央宣传部、中央统战部、人事部、科技部、劳动保障部、解放军总政治部、中国科协关于进一步发挥离退休专业技术人员作用的意见〉的通知》代替。

序号	法规名称	公布机关及日期	说　明
31	中华人民共和国居民身份证条例实施细则	1986 年 11 月 3 日国务院批准 1986 年 11 月 28 日公安部公布 1991 年 12 月 3 日国务院批准修订 1992 年 2 月 27 日公安部公布	已被 2003 年 6 月 28 日中华人民共和国主席令第 4 号公布的《中华人民共和国居民身份证法》代替。
32	国务院参事室组织简则	1987 年 5 月 16 日国务院批准	已被 1992 年 1 月 30 日国务院批准的《国务院参事室组织简则》代替。
33	兽药管理条例	1987 年 5 月 21 日国务院公布	已被 2004 年 4 月 9 日中华人民共和国国务院令第 404 号公布的《兽药管理条例》代替。
34	关于严格禁止在旅游业务中私自收授回扣和收取小费的规定	1987 年 8 月 2 日国务院批准 1987 年 8 月 17 日国家旅游局公布	已被 1999 年 5 月 14 日中华人民共和国国务院令第 263 号公布的《导游人员管理条例》代替。
35	关于加强空运进口货物管理的暂行办法	1987 年 8 月 25 日国务院批准公布	已被 2000 年 7 月 8 日中华人民共和国主席令第 35 号公布的《中华人民共和国海关法》代替。

序号	法规名称	公布机关及日期	说　明
36	中华人民共和国药品管理法实施办法	1989 年 1 月 7 日国务院批准 1989 年 2 月 27 日卫生部令第 1 号公布	已被 2002 年 8 月 4 日中华人民共和国国务院令第 360 号公布的《中华人民共和国药品管理法实施条例》代替。
37	国务院关于加强华侨、港澳台同胞捐赠进口物资管理的若干规定	1989 年 2 月 20 日国务院公布	已被 1999 年 6 月 28 日中华人民共和国主席令第 19 号公布的《中华人民共和国公益事业捐赠法》代替。
38	海关对我出国人员进出境行李物品的管理规定	1989 年 8 月 28 日国务院批准 1989 年 9 月 6 日海关总署公布	已被 2003 年 11 月 23 日中华人民共和国国务院令第 392 号公布的《中华人民共和国进出口关税条例》代替。
39	全民所有制企业招用农民合同制工人的规定	1991 年 7 月 25 日中华人民共和国国务院令第 87 号公布	已被 1994 年 7 月 5 日中华人民共和国主席令第 28 号公布的《中华人民共和国劳动法》、2007 年 6 月 29 日中华人民共和国主席令第 65 号公布的《中华人民共和国劳动合同法》代替。
40	中华人民共和国义务教育法实施细则	1992 年 2 月 29 日国务院批准 1992 年 3 月 14 日国家教育委员会令第 19 号公布	已被 2006 年 6 月 29 日中华人民共和国主席令第 52 号公布的《中华人民共和国义务教育法》代替。

序号	法规名称	公布机关及日期	说　明
41	中华人民共和国文物保护法实施细则	1992 年 4 月 30 日国务院批准 1992 年 5 月 5 日国家文物局令第 2 号公布	已被 2003 年 5 月 18 日中华人民共和国国务院令第 377 号公布的《中华人民共和国文物保护法实施条例》代替。
42	中华人民共和国海关对进出海南省洋浦经济开发区货物、运输工具、个人携带物品和邮递物品的管理办法	1992 年 7 月 7 日国务院批准 1992 年 7 月 27 日海关总署令第 32 号公布	已被 2000 年 7 月 8 日中华人民共和国主席令第 35 号公布的《中华人民共和国海关法》、2003 年 11 月 23 日中华人民共和国国务院令第 392 号公布的《中华人民共和国进出口关税条例》代替。
43	国务院、中央军委关于修改《中华人民共和国飞行基本规则》第六十四条内容的批复	1993 年 4 月 5 日	已被 2001 年 7 月 27 日中华人民共和国国务院、中华人民共和国中央军事委员会令第 312 号公布的《中华人民共和国飞行基本规则》代替。
44	禁止证券欺诈行为暂行办法	1993 年 8 月 15 日国务院批准 1993 年 9 月 2 日国务院证券委员会公布	已被 2005 年 10 月 27 日中华人民共和国主席令第 43 号公布的《中华人民共和国证券法》代替。

序号	法规名称	公布机关及日期	说　明
45	外商投资企业清算办法	1996 年 6 月 15 日国务院批准 1996 年 7 月 9 日对外贸易经济合作部令第 2 号公布	已被 2005 年 10 月 27 日中华人民共和国主席令第 42 号公布的《中华人民共和国公司法》代替。
46	关于领导干部报告个人重大事项的规定	1997 年 1 月 31 日中共中央办公厅、国务院办公厅公布	已被 2006 年 9 月 24 日《中共中央办公厅印发〈关于党员领导干部报告个人有关事项的规定〉的通知》代替。
47	国务院稽察特派员条例	1998 年 7 月 3 日中华人民共和国国务院令第 246 号公布	已被 2000 年 3 月 15 日中华人民共和国国务院令第 283 号公布的《国有企业监事会暂行条例》代替。
48	国务院关于修改《中华人民共和国居民身份证条例实施细则》的批复	1999 年 7 月 29 日	已被 2003 年 6 月 28 日中华人民共和国主席令第 4 号公布的《中华人民共和国居民身份证法》代替。
49	国务院关于修改《兽药管理条例》的决定	2001 年 11 月 29 日中华人民共和国国务院令第 325 号公布	已被 2004 年 4 月 9 日中华人民共和国国务院令第 404 号公布的《兽药管理条例》代替。

附件2：

国务院决定宣布失效的行政法规目录（43件）

序号	法规名称	公布机关及日期	说　明
1	铁路军运暂行条例	1950 年 8 月 1 日中央人民政府人民革命军事委员会、中央人民政府政务院令公布	适用期已过，实际上已经失效。
2	国家工作人员公费医疗预防实施办法	1952 年 8 月 24 日政务院批准　1952 年 8 月 30 日卫生部公布	适用期已过，实际上已经失效。
3	中华人民共和国禁止国家货币票据及证券出入国境暂行办法	1952 年 10 月 15 日政务院财政经济委员会批准公布	调整对象已消失，实际上已经失效。
4	射击场设置管理规程	1958 年 2 月 24 日国务院批准　1958 年 3 月 29 日国家体育运动委员会、公安部公布	调整对象已消失，实际上已经失效。
5	关于提高国营工业企业固定资产折旧率和改进折旧费使用办法的暂行规定	1979 年 7 月 13 日国务院公布	适用期已过，实际上已经失效。
6	文物特许出口管理试行办法	1979 年 7 月 31 日国务院批准公布	调整对象已消失，实际上已经失效。

序号	法规名称	公布机关及日期	说　明
7	关于旅游纪念品工艺品生产和经营若干问题的暂行规定	国家经济委员会制定　1980 年 7 月 1 日国务院转发	调整对象已消失,实际上已经失效。
8	关于财政监察工作的几项规定	财政部制定　1980 年 7 月 2 日国务院批转	适用期已过,实际上已经失效。
9	关于用侨汇购买和建设住宅的暂行办法	国家城市建设总局、国务院侨务办公室制定　1980 年 3 月 5 日国务院转发	调整对象已消失,实际上已经失效。
10	中华人民共和国国库券条例	1981 年 1 月 28 日国务院公布	适用期已过,实际上已经失效。
11	关于中外合作开采海洋石油进出口货物征免关税和工商统一税的规定	1982 年 2 月 28 日国务院批准　1982 年 4 月 1 日海关总署、财政部公布	适用期已过,实际上已经失效。
12	关于举小职工中等专业学校的试行办法	教育部制定　1982 年 9 月 9 日国务院批转	适用期已过,实际上已经失效。
13	关于加强教育学院建设若干问题的暂行规定	教育部制定　1982 年 10 月 21 日国务院批准	适用期已过,实际上已经失效。

序号	法规名称	公布机关及日期	说　明
14	关于中央一级国家机关、经济组织内部机构设置审批暂行规定	1982 年 11 月 3 日国务院办公厅公布	调整对象已消失,实际上已经失效。
15	自然科学研究机构建立、调整的审批试行办法	1983 年 2 月 23 日国务院批准　1983 年 3 月 17 日国家科学技术委员会公布	适用期已过,实际上已经失效。
16	国防科学技术情报工作条例	1984 年 7 月 30 日国务院、中央军委公布	适用期已过,实际上已经失效。
17	关于农村人畜饮水工作的暂行规定	水利电力部制定 1984 年 8 月 13 日国务院办公厅转发	适用期已过,实际上已经失效。
18	关于改进计划体制的若干暂行规定	国家计划委员会拟订　1984 年 10 月 4 日国务院批转	适用期已过,实际上已经失效。
19	国务院关于自费出国留学的暂行规定	1984 年 12 月 26 日国务院公布	适用期已过,实际上已经失效。
20	关于加强和改善民用工业为国防军工协作配套管理工作若干问题的暂行规定	1985 年 1 月 19 日国务院、中央军委公布	适用期已过,实际上已经失效。

序号	法规名称	公布机关及日期	说　明
21	关于实行"划分税种、核定收支、分级包干"财政管理体制的规定	1985 年 3 月 21 日国务院公布	适用期已过,实际上已经失效。
22	关于鼓励集资办电和实行多种电价的暂行规定	国家经济委员会、国家计划委员会、水利电力部、国家物价局制定　1985 年 5 月 23 日国务院批转	适用期已过,实际上已经失效。
23	关于汽车交易市场管理的暂行规定	国家工商行政管理局制定　1985 年 9 月 11 日国务院办公厅转发	适用期已过,实际上已经失效。
24	事业单位工资制度改革后财务管理的若干规定	1985 年 10 月 7 日国务院批准　1985 年 10 月 12 日财政部公布	适用期已过,实际上已经失效。
25	北京市人民政府关于在规划市区内征收城市基础设施"四源"建设费的暂行规定	1986 年 9 月 11 日国务院批准　1986 年 10 月 1 日北京市人民政府公布	适用期已过,实际上已经失效。
26	投机倒把行政处罚暂行条例	1987 年 9 月 17 日国务院公布	调整对象已消失,实际上已经失效。

序号	法规名称	公布机关及日期	说　明
27	国家土地开发建设基金回收管理试行办法	1988 年 8 月 27 日国务院批准公布	适用期已过,实际上已经失效。
28	中华人民共和国筵席税暂行条例	1988 年 9 月 22 日中华人民共和国国务院令第 16 号公布	调整对象已消失,实际上已经失效。
29	外商投资开发经营成片土地暂行管理办法	1990 年 5 月 19 日中华人民共和国国务院令第 56 号公布	适用期已过,实际上已经失效。
30	投机倒把行政处罚暂行条例施行细则	1990 年 8 月 9 日国务院批准　1990 年 8 月 17 日国家工商行政管理局令第 3 号公布	调整对象已消失,实际上已经失效。
31	出口收汇核销管理办法	1990 年 12 月 9 日国务院批准　1990 年 12 月 18 日中国人民银行、国家外汇管理局、对外经济贸易部、海关总署、中国银行公布	适用期已过,实际上已经失效。

序号	法规名称	公布机关及日期	说　　明
32	企业财务通则	1992 年 11 月 16 日国务院批准 1992 年 11 月 30 日财政部令第 4 号公布	适用期已过,实际上已经失效。
33	企业会计准则	1992 年 11 月 16 日国务院批准 1992 年 11 月 30 日财政部令第 5 号公布	适用期已过,实际上已经失效。
34	民用航空运输销售代理业管理规定	1993 年 7 月 5 日国务院批准 1993 年 8 月 3 日中国民用航空总局令第 37 号公布	调整对象已消失,实际上已经失效。
35	赋予科研院所科技产品进出口权暂行办法	1993 年 9 月 4 日国务院批准 1993 年 10 月 16 日对外贸易经济合作部、国家科学技术委员会公布	调整对象已消失,实际上已经失效。
36	黄金地质勘探资金管理暂行办法	1994 年 9 月 29 日国务院批准 1994 年 11 月 5 日冶金部公布	适用期已过,实际上已经失效。

序号	法规名称	公布机关及日期	说　明
37	关于继续对宣传文化单位实行财税优惠政策的规定	1994 年 11 月 30 日国务院批准 1994 年 12 月 23 日财政部、国家税务总局公布	适用期已过,实际上已经失效。
38	设立境外中国产业投资基金管理办法	1995 年 8 月 11 日国务院批准 1995 年 9 月 6 日中国人民银行令第 1 号公布	适用期已过,实际上已经失效。
39	办理外派劳务人员出国手续的暂行规定	1996 年 10 月 22 日国务院批准 1996 年 12 月 20 日对外贸易经济合作部、外交部、公安部公布	适用期已过,实际上已经失效。
40	可转换公司债券管理暂行办法	1997 年 3 月 8 日国务院批准 1997 年 3 月 25 日国务院证券委员会公布	适用期已过,实际上已经失效。
41	证券交易所管理办法	1997 年 11 月 30 日国务院批准 1997 年 12 月 10 日国务院证券委员会公布	适用期已过,实际上已经失效。

序号	法规名称	公布机关及日期	说　明
42	关于赋予私营生产企业和科研院所自营进出口权的暂行规定	1998 年 9 月 2 日国务院批准　1998 年 10 月 1 日对外贸易经济合作部令第 1 号公布	调整对象已消失,实际上已经失效。
43	第五次全国人口普查办法	2000 年 1 月 25 日中华人民共和国国务院令第 277 号公布	适用期已过,实际上已经失效。

《国务院关于废止部分行政
法规的决定》解读

《国务院关于废止部分行政法规的决定》(以下简称《决定》)已经国务院总理温家宝签署国务院令公布,自公布之日起生效。日前,国务院法制办负责人就《决定》的有关问题回答了记者的提问。

问:国务院公布《决定》的背景是什么?

答:《决定》是 2007 年 2 月国务院决定对现行行政法规进行全面清理的最终成果。新中国成立以来至 2006 年底,我国现行行政法规共有 655 件。这些行政法规对国民经济的健康发展和社会的全面进步发挥了非常重要的作用,但同时,随着我国改革开放的不断深入和社会主义民主法制建设的不断发展,国家的社会经济形势也发生了深刻变化,有的行政法规已经不能适应经济社会发展形势的客观需要,有的已被新的法律、行政法规所代替,有的适用期已过或者调整对象已经消失。为了维护法制的统一和政令畅通,切实维护广大人民群众的合法权益,更好适应加快建设法治政府、全面推进依法行政的需要,国务院办公厅于 2007 年 2 月 25 日印发《国务院办公厅关于开展行政法规规章清理工作的通知》,决定对现行行政法规、规章进行一次全面清理。行政法规的全面清理由国务院法制办负责承办,规章的清理由各省、自治区、直辖市和较大的市的人民政府、国务院各部门负责承办。经过 10 个月的努力工作,行政法规的清理工作圆满完成。国务院决定废止部分行政法规,就是此次行政法规清理工作的成果。

问:《决定》废止部分行政法规的原则是什么?

答:《决定》废止部分行政法规的原则,就是国务院确定的行政法规清理的原则。这次行政法规清理的原则是:行政法规的主要内容已经被新的法律、行政法规代替的,要明令废止;行政法规适用期已过或者调整对象已经消失,实际上已经失效的,要宣布失效。在列入清理范围的行政法规中,有的行政法规已经适用多年,其主要内容已经被新制定的法律或者行政法规代替;还有一部分行政法规只适用于经济社会发展的特定阶段或者特定历史时期的特定对象,在此特定阶段结束或者特定对象消失后,该行政法规理应当宣布失效。因此,《决定》根据这次清理的原则,对上述行政法规明令废止或者宣布失效。

问:这次行政法规清理工作是怎样开展的?

答:这次行政法规的全面清理事关重大,为了确保清理工作的顺利完成,保证清理工作质量,国务院法制办高度重视行政法规清理工作,采取了以下措施,确保清理工作保质按时完成:

1. 精心组织安排,全面动员部署,建立合理机制。国务院法制办将这次行政法规清理工作列为 2007 年的重点工作之一,确立了"讲责任、集众智、严把关"的清理原则,将"开门清理"确定为指导思想。在清理工作中,及时整理并印发了现行行政法规的目录,召开了国务院各部门法制机构负责人和各省、自治区、直辖市以及较大的市政府法制办负责人会议,进行了认真的动员和全面的部署。国务院法制办与国务院有关部门和各省、自治区、直辖市政府建立了行政法规清理工作联系机制,并在中国政府法制信息网上开辟了"行政法规规章清理"专栏,公布现行行政法规目录,公开征求各方面的意见。

2. 上下联动,内外结合,开门清理。在清理工作中,国务院法制办广泛征求了各方面的意见。一是,要求国务院各部门法制机构和各省、自治区、直辖市以及较大的市政府法制办组织力量,对列入清理范围的 655 件行政法规进行逐件研究,提出意见和建议。各部门、各地方经过认真研究,共提出了 7561 条意见、建议。二是,通过新华社、人民日报、法制日报等中央主要媒体对清理工作进行了广泛的宣传报道,动员社会公众积极参与清理工作,并在人民网、法制网、中国政府法制信息网等网站上发布公告、开辟专栏,公开征求社会公众的意见。社会公众共对与群众利益密切相关的 182 件行政法规提出了 1130 条意见和建议。三是,充分发挥专家学者的作用,委托了 24 名法学专家对列入清理范围的行政法规进行了认真的研究,专家学者对这项工作高度重视,对行政法规进行了逐件研究,共对其中 405 件行政法规提出了应当废止、失效或者修改的建议。四是,认真听取基层执法人员的意见,在 14 个市、县,召开了执法一线人员和管理相对人座谈会,共征集到 837 条意见和建议。

3. 任务到人,责任到位,严格把关。这次清理工作时间紧、任务重,国务院法制办各有关业务司都确定了清理工作的负责人和联系人,切实做到了任务到人、责任到位。做到了每个月召开一次清理工作通气会,及时交流情况,及时研究解决遇到的问题。对各方面提出的近 1 万条意见和建议进行了分类整理、综合分析,对涉及的行政法规逐件进行认真研究,提出清理意见。在上述工作的基础上,国务院法制办对现行 655 件行政法规进行了逐件研究和分析,最终确定了清理结果。

问:《决定》废止行政法规和宣布行政法规失效的具体情况是什么?

答:《决定》废止行政法规和宣布行政法规失效的情况是:一是,49 件行政法规的内容已被新制定的法律、行政法规代替,明令废止,比如,《铁路留用土地办法》、《旅客丢失车票和发生急病、死亡处理办法》、《企业职工奖惩条例》、《城镇个人建造住宅管理办法》等(见《决定》附件一)。二是,43 件行政法规的适用期已过或者调整对象已消失,实际上已经不再实施,宣布失效,比如,《国家工作人员公费医疗预防实施办法》、《文物特许出口管理试行办法》、《中华人民共和国筵席税暂行条例》、《投机倒把行政处罚暂行条例》等（见《决定》附件二）。上述废止和宣布失效的行政法规共 92 件，占清理总数 655 件的 14%。

问：《决定》公布后，还需要做哪些后续工作？

答：《决定》公布后，宣布废止和失效的行政法规将被废止，对于继续有效的行政法规，国务院法制办将编辑出版中华人民共和国现行法律、行政法规汇编。对于部分内容不适应经济社会发展需要的行政法规，国务院法制办将组织有关部门按照法定程序进行修改。目前，有的行政法规的修订工作已经列入了 2008 年国务院立法工作计划，还有的行政法规已经启动了修改程序。国务院法制办将按照国务院立法工作计划的要求，从国家经济社会发展的需要出发，循序渐进地做好行政法规修订工作。

问：今后如何做好行政法规清理工作？

答：这次行政法规的清理工作已经结束。但是，为了更好地维护国家法制的统一，保障政令畅通，确有必要建立行政法规的定期清理机制。国务院《全面推进依法行政实施纲要》已经明确要求："建立和完善行政法规、规章修改、废止的工作制度和规章、规范性文件的定期清理制度"。因此，要贯彻落实《全面推进依法行政实施纲要》，就要建立行政法规的定期清理机制，认真研究清理工作的规律性问题，对清理工作的启动机制、清理程序、清理的组织、清理方法等进行研究，建立清理工作长效机制，坚持定期清理与及时清理相结合，全面清理与专项清理相结合，使行政法规始终适应经济社会发展的需要，为经济社会又好又快发展提供有力的法制保障。国务院法制办将认真总结此次行政法规清理的宝贵经验，建立行政法规定期清理机制，为推进法治政府建设做出新的贡献。

（中国政府网 2008 年 1 月 24 日）

中华人民共和国国务院令

第 517 号

《护士条例》已经 2008 年 1 月 23 日国务院第 206 次常务会议通过,现予公布,自 2008 年 5 月 12 日起施行。

总理　温家宝

二〇〇八年一月三十一日

护士条例

第一章　总　　则

第一条　为了维护护士的合法权益,规范护理行为,促进护理事业发展,保障医疗安全和人体健康,制定本条例。

第二条　本条例所称护士,是指经执业注册取得护士执业证书,依照本条例规定从事护理活动,履行保护生命、减轻痛苦、增进健康职责的卫生技术人员。

第三条　护士人格尊严、人身安全不受侵犯。护士依法履行职责,受法律保护。

全社会应当尊重护士。

第四条　国务院有关部门、县级以上地方人民政府及其有关部门以及乡(镇)人民政府应当采取措施,改善护士的工作条件,保障护士待遇,加强护士队伍建设,促进护理事业健康发展。

国务院有关部门和县级以上地方人民政府应当采取措施,鼓励护士到农村、基层医疗卫生机构工作。

第五条　国务院卫生主管部门负责全国的护士监督管理工作。

县级以上地方人民政府卫生主管部门负责本行政区域的护士监督管理工作。

第六条　国务院有关部门对在护理工作中做出杰出贡献的护士,应当授予全国卫生系统先进工作者荣誉称号或者颁发白求恩奖章,受到表彰、奖励的护士享受省部级劳动模范、先进工作者待遇;对长期从事护理工作的护士应当颁发荣誉证书。具体办法由国务院有关部门制定。

县级以上地方人民政府及其有关部门对本行政区域内做出突出贡献的护士,按照省、自治区、直辖市人民政府的有关规定给予表彰、奖励。

第二章 执业注册

第七条 护士执业,应当经执业注册取得护士执业证书。

申请护士执业注册,应当具备下列条件:

(一)具有完全民事行为能力;

(二)在中等职业学校、高等学校完成国务院教育主管部门和国务院卫生主管部门规定的普通全日制3年以上的护理、助产专业课程学习,包括在教学、综合医院完成8个月以上护理临床实习,并取得相应学历证书;

(三)通过国务院卫生主管部门组织的护士执业资格考试;

(四)符合国务院卫生主管部门规定的健康标准。

护士执业注册申请,应当自通过护士执业资格考试之日起3年内提出;逾期提出申请的,除应当具备前款第(一)项、第(二)项和第(四)项规定条件外,还应当在符合国务院卫生主管部门规定条件的医疗卫生机构接受3个月临床护理培训并考核合格。

护士执业资格考试办法由国务院卫生主管部门会同国务院人事部门制定。

第八条 申请护士执业注册的,应当向拟执业地省、自治区、直辖市人民政府卫生主管部门提出申请。收到申请的卫生主管部门应当自收到申请之日起20个工作日内做出决定,对具备本条例规定条件的,准予注册,并发给护士执业证书;对不具备本条例规定条件的,不予注册,并书面说明理由。

护士执业注册有效期为5年。

第九条 护士在其执业注册有效期内变更执业地点的,应当向拟执业地省、自治区、直辖市人民政府卫生主管部门报告。收到报告的卫生主管部门应当自收到报告之日起7个工作日内为其办理变更手续。护士跨省、自治区、直辖市变更执业地点的,收到报告的卫生主管部门还应当向其原执业地省、自治区、直辖市人民政府卫生主管部门通报。

第十条 护士执业注册有效期届满需要继续执业的,应当在护士执业注册有效期届满前30日向执业地省、自治区、直辖市人民政府卫生主管部门申请延续注册。收到申请的卫生主管部门对具备本条例规定条件的,准予延续,延续执业注册有效期为5年;对不具备本条例规定条件的,不予延续,并书面说明理由。

护士有行政许可法规定的应当予以注销执业注册情形的,原注册部门应当依照行政许可法的规定注销其执业注册。

第十一条 县级以上地方人民政府卫生主管部门应当建立本行政区域的护士执业良好记录和不良记录,并将该记录记入护士执业信息系统。

护士执业良好记录包括护士受到的表彰、奖励以及完成政府指令性任务的情况等内容。护士执业不良记录包括护士因违反本条例以及其他卫生管理法律、法规、规章或者诊疗技术规范的规定受到行政处罚、处分的情况等内容。

第三章 权利和义务

第十二条 护士执业,有按照国家有关规定获取工资报酬、享受福利待遇、参加社会保险的权利。任何单位或者个人不得克扣护士工资,降低或者取消护士福利等待遇。

第十三条　护士执业,有获得与其所从事的护理工作相适应的卫生防护、医疗保健服务的权利。从事直接接触有毒有害物质、有感染传染病危险工作的护士,有依照有关法律、行政法规的规定接受职业健康监护的权利;患职业病的,有依照有关法律、行政法规的规定获得赔偿的权利。

第十四条　护士有按照国家有关规定获得与本人业务能力和学术水平相应的专业技术职务、职称的权利;有参加专业培训、从事学术研究和交流、参加行业协会和专业学术团体的权利。

第十五条　护士有获得疾病诊疗、护理相关信息的权利和其他与履行护理职责相关的权利,可以对医疗卫生机构和卫生主管部门的工作提出意见和建议。

第十六条　护士执业,应当遵守法律、法规、规章和诊疗技术规范的规定。

第十七条　护士在执业活动中,发现患者病情危急,应当立即通知医师;在紧急情况下为抢救垂危患者生命,应当先行实施必要的紧急救护。

护士发现医嘱违反法律、法规、规章或者诊疗技术规范规定的,应当及时向开具医嘱的医师提出;必要时,应当向该医师所在科室的负责人或者医疗卫生机构负责医疗服务管理的人员报告。

第十八条　护士应当尊重、关心、爱护患者,保护患者的隐私。

第十九条　护士有义务参与公共卫生和疾病预防控制工作。发生自然灾害、公共卫生事件等严重威胁公众生命健康的突发事件,护士应当服从县级以上人民政府卫生主管部门或者所在医疗卫生机构的安排,参加医疗救护。

第四章　医疗卫生机构的职责

第二十条　医疗卫生机构配备护士的数量不得低于国务院卫生

主管部门规定的护士配备标准。

第二十一条　医疗卫生机构不得允许下列人员在本机构从事诊疗技术规范规定的护理活动：

（一）未取得护士执业证书的人员；

（二）未依照本条例第九条的规定办理执业地点变更手续的护士；

（三）护士执业注册有效期届满未延续执业注册的护士。

在教学、综合医院进行护理临床实习的人员应当在护士指导下开展有关工作。

第二十二条　医疗卫生机构应当为护士提供卫生防护用品，并采取有效的卫生防护措施和医疗保健措施。

第二十三条　医疗卫生机构应当执行国家有关工资、福利待遇等规定，按照国家有关规定为在本机构从事护理工作的护士足额缴纳社会保险费用，保障护士的合法权益。

对在艰苦边远地区工作，或者从事直接接触有毒有害物质、有感染传染病危险工作的护士，所在医疗卫生机构应当按照国家有关规定给予津贴。

第二十四条　医疗卫生机构应当制定、实施本机构护士在职培训计划，并保证护士接受培训。

护士培训应当注重新知识、新技术的应用；根据临床专科护理发展和专科护理岗位的需要，开展对护士的专科护理培训。

第二十五条　医疗卫生机构应当按照国务院卫生主管部门的规定，设置专门机构或者配备专（兼）职人员负责护理管理工作。

第二十六条　医疗卫生机构应当建立护士岗位责任制并进行监督检查。

护士因不履行职责或者违反职业道德受到投诉的，其所在医疗卫生机构应当进行调查。经查证属实的，医疗卫生机构应当对护士做出处理，并将调查处理情况告知投诉人。

第五章　法律责任

第二十七条　卫生主管部门的工作人员未依照本条例规定履行职责,在护士监督管理工作中滥用职权、徇私舞弊,或者有其他失职、渎职行为的,依法给予处分;构成犯罪的,依法追究刑事责任。

第二十八条　医疗卫生机构有下列情形之一的,由县级以上地方人民政府卫生主管部门依据职责分工责令限期改正,给予警告;逾期不改正的,根据国务院卫生主管部门规定的护士配备标准和在医疗卫生机构合法执业的护士数量核减其诊疗科目,或者暂停其6个月以上1年以下执业活动;国家举办的医疗卫生机构有下列情形之一、情节严重的,还应当对负有责任的主管人员和其他直接责任人员依法给予处分:

（一）违反本条例规定,护士的配备数量低于国务院卫生主管部门规定的护士配备标准的;

（二）允许未取得护士执业证书的人员或者允许未依照本条例规定办理执业地点变更手续、延续执业注册有效期的护士在本机构从事诊疗技术规范规定的护理活动的。

第二十九条　医疗卫生机构有下列情形之一的,依照有关法律、行政法规的规定给予处罚;国家举办的医疗卫生机构有下列情形之一、情节严重的,还应当对负有责任的主管人员和其他直接责任人员依法给予处分:

（一）未执行国家有关工资、福利待遇等规定的;

（二）对在本机构从事护理工作的护士,未按照国家有关规定足额缴纳社会保险费用的;

（三）未为护士提供卫生防护用品,或者未采取有效的卫生防护措施、医疗保健措施的;

（四）对在艰苦边远地区工作,或者从事直接接触有毒有害物质、有感染传染病危险工作的护士,未按照国家有关规定给予津贴的。

第三十条　医疗卫生机构有下列情形之一的,由县级以上地方人民政府卫生主管部门依据职责分工责令限期改正,给予警告:

(一)未制定、实施本机构护士在职培训计划或者未保证护士接受培训的;

(二)未依照本条例规定履行护士管理职责的。

第三十一条　护士在执业活动中有下列情形之一的,由县级以上地方人民政府卫生主管部门依据职责分工责令改正,给予警告;情节严重的,暂停其6个月以上1年以下执业活动,直至由原发证部门吊销其护士执业证书:

(一)发现患者病情危急未立即通知医师的;

(二)发现医嘱违反法律、法规、规章或者诊疗技术规范的规定,未依照本条例第十七条的规定提出或者报告的;

(三)泄露患者隐私的;

(四)发生自然灾害、公共卫生事件等严重威胁公众生命健康的突发事件,不服从安排参加医疗救护的。

护士在执业活动中造成医疗事故的,依照医疗事故处理的有关规定承担法律责任。

第三十二条　护士被吊销执业证书的,自执业证书被吊销之日起2年内不得申请执业注册。

第三十三条　扰乱医疗秩序,阻碍护士依法开展执业活动,侮辱、威胁、殴打护士,或者有其他侵犯护士合法权益行为的,由公安机关依照治安管理处罚法的规定给予处罚;构成犯罪的,依法追究刑事责任。

第六章 附 则

第三十四条 本条例施行前按照国家有关规定已经取得护士执业证书或者护理专业技术职称、从事护理活动的人员,经执业地省、自治区、直辖市人民政府卫生主管部门审核合格,换领护士执业证书。

本条例施行前,尚未达到护士配备标准的医疗卫生机构,应当按照国务院卫生主管部门规定的实施步骤,自本条例施行之日起 3 年内达到护士配备标准。

第三十五条 本条例自 2008 年 5 月 12 日起施行。

保障护士合法权益　规范护理
行为　促进护理事业发展

——国务院法制办负责人就《护士条例》答记者问

《护士条例》(以下称条例)已经 2008 年 1 月 23 日国务院第 206 次常务会议通过。国务院法制办负责人就条例的有关问题回答了记者的提问。

问:国务院为什么要专门制定一部有关护士的行政法规?

答:护理是一项涉及维护和促进人的健康的医疗活动,具有专业性、服务性的特点。近年来,随着医疗卫生事业的发展,我国护理事业发展比较迅速。护理工作为维护和促进人民群众的健康发挥了积极作用。同时,护理工作也存在一些不容忽视的问题,主要表现在三个方面:

一是,护士的合法权益缺乏法律保障。护理职业缺乏足够的吸引力,护士队伍不能满足人民群众对护理服务的需求。目前,在人事制度改革中新老体制并行的情况下,部分医疗机构存在着正式编制人员和编外聘用合同制人员的双轨管理,为降低护士人力成本,大量减少正式编制的护士,增加编外聘用的合同制护士。一些医疗机构聘用的合同制护士不享有参加继续教育、职称晋升的权利,不享有国家规定的节假日待遇。这些问题不仅侵犯了护士的劳动权益,而且严重影响了护士队伍的稳定,不利于护理专业的发展,不利于对病人提供优质的护理服务。

二是,一些护士不能全面、严格地履行护理职责,忽视基础护理工作,主动服务意识不强,导致护患关系紧张,影响了医疗质量,甚至引发医疗事故。少数护士"以病人为中心"的服务理念没有完全付诸行动,对患者的态度不热情。一些医院的护理工作简单化,护士仅注重执行医嘱,完成打针、发药的工作,忽视了主动观察病人病情变化、巡视病房和基础护理等工作,忽视了对病人的生活照顾、心理护理和康复指导,忽视了与病人的沟通、交流。

三是,部分医疗卫生机构重医疗、轻护理,随意减少护士职数,医护比例严重失调。特别是有些医院认为护士不能为医院带来较大的经济效益,因此对护士队伍建设和护理工作发展没有纳入医院整体发展规划中。由于病房护士少,病人需要的生活照顾不能满足,基础护理工作不到位,医院就让病人花钱聘护工,虽然满足了病人的生活照顾需要,但对危重病人的护理带来了安全隐患,特别是由于护工承担部分带有治疗性的护理工作,使护士应履行的观察病人病情变化的职责成为虚有,给医疗安全带来很多隐患。

为了维护护士的合法权益,规范护理行为,促进护患关系和谐发展,保障医疗安全和人体健康,有必要制定一部有关护士的行政法规。

问:制定条例的总体思路是什么?

答:条例在总体思路上把握了以下三点:一是,充分保障护士的合法权益。通过明确护士应当享有的权利,规定对优秀护士的表彰、奖励措施,来激发护士的工作积极性;鼓励社会符合条件的人员学习护理知识,从事护理工作。在全社会形成尊重护士、关爱护士的良好氛围。二是,严格规范护士的执业行为。通过细化护士的法定义务和执业规范,明确护士不履行法定义务、不遵守执业规范的法律责任,促使广大护士尽职尽责,全心全意为人民群众的健康服务。三是,强化医疗卫生机构的职责。通过规定医疗卫生机构在配备护士、保障护士合法权益和加强在本机构执业护士的管理等方面的职责,促使医疗卫生机构加强护士队伍建设,保障护士的合法权益,规范护士护理行为,为促进护理事业发展发挥应有的积极作用。

问:护理工作直接关系到病人身体健康和医疗安全。护士从事护理工作,应当具备什么样的条件?

答:护士以其专业化知识和技术为患者提供护理服务,满足人民群众的健康服务需求。护士的专业水平、整体素质与医疗安全、患者的康复、患者对医院服务的满意程度关系密切。临床工作中,与病人接触最多的也是护士。为了确保从事护理工作的护士具有保障病人健康和医疗安全的执业水平,条例总结我国护士管理的经验,参照国际通行做法,规定,只有受过专门训练并经执业注册取得护士执业证书的人员才能从事护理工作。申请护士执业注册应当具备四个条件。一是,具有完全民事行为能力;二是,在中等职业学校、高等学校完成教育部和卫生部规定的普通全日制 3 年以上的护理、助产专业课程学习,包括在教学、综合医院完成 8 个月以上护理临床实习,并取得相应学历证书;三是,通过卫生部组织的护士执业资格考试;四是,符合卫生部规定的健康标准。

问:为了稳定护士队伍,鼓励人们从事护理工作,满足人民群众对护理服务的需求,条例作了哪些规定?

答:为了保证护士安心工作,鼓励人们从事护理工作,满足人民群众对护理服务的需求,条例强调了政府的职责,规定:国务院有关部门、县级以上地方人民政府及其有关部门以及乡(镇)人民政府应当采取措施,改善护士的工作条件,保障护士待遇,加强护士队伍建设,促进护理事业健康发展。此外,条例还着重规定了护士执业应当享有的合法权利和对护士的表彰、奖励。

关于护士的合法权利,条例作了四方面的规定:

一是,有按照《工伤保险条例》、《国务院关于建立城镇职工基本医疗保险制度的决定》、劳动和社会保障部等部门《关于事业单位、民间非营利组织工作人员工伤有关问题的通知》、劳动部《关于护士工龄津贴的若干规定》等国家有关规定获取工资报酬、享受福利待遇、参加社会保险的权利。

二是，有获得与其所从事的护理工作相适应的卫生防护、医疗保健服务的权利。从事直接接触有毒有害物质、有感染传染病危险工作的护士，有依照有关法律、行政法规的规定接受职业健康监护的权利；患职业病的，有依照法律、行政法规的规定获得赔偿的权利。

三是，有按照国家有关规定获得与本人业务能力和学术水平相应的专业技术职务、职称的权利；有参加专业培训、从事学术研究和交流、参加行业协会和专业学术团体的权利。

四是，有获得疾病诊疗、护理相关信息的权利和其他与履行护理职责相关的权利，可以对医疗卫生机构和卫生主管部门的工作提出意见和建议。

关于护士的表彰、奖励，条例规定：国务院有关部门对在护理工作中做出杰出贡献的护士，应当授予全国卫生系统先进工作者荣誉称号或者颁发白求恩奖章，受到表彰、奖励的护士享受省部级劳动模范、先进工作者待遇；对长期从事护理工作的护士应当颁发荣誉证书。县级以上地方人民政府及其有关部门对本行政区域内做出突出贡献的护士，按照省、自治区、直辖市人民政府的有关规定给予表彰、奖励。

问：为了规范护士执业行为，提高护理质量，改善护患关系，条例作了哪些规定？

答：护患关系是指以护理工作者为一方，以病人为另一方，病人在医疗过程中与护士结成的人际关系。护患关系从病人就诊即建立，直至出院后才告完结，因此，可以说护患关系贯穿于护理的全过程。规范护士执业行为、提高护理质量，是保障医疗安全、防范医疗事故、改善护患关系的重要方面。据此，条例明确规定护士应当承担五方面的义务：

一是，应当遵守法律、法规、规章和诊疗技术规范的规定。这是护士执业的根本准则,即合法性原则。这一原则涵盖了护士执业的基本要求,包含了护士执业过程中应当遵守的大量具体规范和应当履行的大量义务。通过法律、法规、规章和诊疗技术规范的约束,护士履行对患者、患者家属以及社会的义务。如,严格地按照规范进行护理操作;为患者提供良好的环境,确保其舒适和安全;主动征求患者及家属的意见,及时改进工作中的不足;认真执行医嘱,注重与医生之间相互沟通;积极开展健康教育,指导人们建立正确的卫生观念和培养健康行为,唤起民众对健康的重视,促进地区或国家健康保障机制的建立和完善。

二是,在执业活动中,发现患者病情危急,应当立即通知医师;在紧急情况下为抢救垂危患者生命,应当先行实施必要的紧急救护。

三是,发现医嘱违反法律、法规、规章或者诊疗技术规范规定的,应当及时向开具医嘱的医师提出;必要时,应当向该医师所在科室的负责人或者医疗卫生机构负责医疗服务管理的人员报告。

四是,应当尊重、关心、爱护患者,保护患者的隐私。这实质上是对患者人格和权利的尊重,有利于与患者建立相互信任,以诚相待的护患关系。

五是,有义务参与公共卫生和疾病预防控制工作。发生自然灾害、公共卫生事件等严重威胁公众生命健康的突发事件,护士应当服从县级以上人民政府卫生主管部门或者所在医疗卫生机构的安排,参加医疗救护。

此外,为了加强对护士执业行为的监督管理,促进护理行为的规范,条例要求县级以上地方人民政府卫生主管部门建立本行政区域的护士执业良好记录和不良记录,并将该记录记入护士执业信息系统;护士执业良好记录包括护士受到的表彰、奖励以及完成政府指令性任务的情况等内容;护士执业不良记录包括护士因违反条例以及其他法律、法规、规章或者诊疗技术规范的规定受到行政处罚、处分的情况等内容。

问：医疗卫生机构在规范护理行为、保障护士合法权益，促进护理事业发展方面负有哪些责任？

答：目前，护士都是在一定的医疗卫生机构中执业，护士义务的履行需要医疗卫生机构直接进行监督，护士权利的实现有赖于医疗卫生机构提供物质保障。据此，条例设专章规定了医疗卫生机构三方面的职责：

一是，按照卫生部的要求配备护士。护士配备是否合理，直接关系到医院的工作质量，更直接影响到护理质量、患者安全。因此，条例规定，医疗卫生机构配备护士的数量不得低于卫生部规定的护士配备标准。条例施行前，尚未达到护士配备标准的医疗卫生机构，应当按照卫生部规定的实施步骤，自条例施行之日起3年内达到护士配备标准。

二是，保障护士合法权益。（1）应当为护士提供卫生防护用品，并采取有效的卫生防护措施和医疗保健措施。（2）应当执行国家有关工资、福利待遇等规定，按照国家有关规定为在本机构从事护理工作的护士足额缴纳社会保险费用。（3）对在艰苦边远地区工作，或者从事直接接触有毒有害物质、有感染传染病危险工作的护士，所在医疗卫生机构应当按照国家有关规定给予津贴。（4）应当制定、实施本机构护士在职培训计划，并保证护士接受培训；根据临床专科护理发展和专科护理岗位的需要，开展对护士的专科护理培训。

三是，加强护士管理。（1）应当按照卫生部的规定，设置专门机构或者配备专（兼）职人员负责护理管理工作；不得允许未取得护士执业证书的人员、未依照条例规定办理执业地点变更手续的护士以及护士执业注册有效期届满未延续执业注册的护士在本机构从事诊疗技术规范规定的护理活动；在教学、综合医院进行护理临床实习的人员应当在护士指导下开展有关工作。（2）应当建立护士岗位责任制并进行监督检查。护士因不履行职责或者违反职业道德受到投诉的，其所在医疗卫生机构应当进行调查；经查证属实的，医疗卫生机构应当对护士作出处理,并将调查处理情况告知投诉人。

条例的公布施行,将极大地激发广大护士的工作热情,促进护理工作的规范化,吸引更多的优秀人才从事护理工作。我们国家的护理事业将更加健康、快速地发展,人民群众的健康需求将得到更好的满足。

（中国政府网 2008 年 2 月 4 日）

中华人民共和国国务院令

第 518 号

现公布《土地调查条例》，自公布之日起施行。

总理　**温家宝**
二〇〇八年二月七日

土地调查条例

第一章　总　　则

第一条　为了科学、有效地组织实施土地调查,保障土地调查数据的真实性、准确性和及时性,根据《中华人民共和国土地管理法》和《中华人民共和国统计法》,制定本条例。

第二条　土地调查的目的,是全面查清土地资源和利用状况,掌握真实准确的土地基础数据,为科学规划、合理利用、有效保护土地资源,实施最严格的耕地保护制度,加强和改善宏观调控提供依据,促进经济社会全面协调可持续发展。

第三条　土地调查工作按照全国统一领导、部门分工协作、地方分级负责、各方共同参与的原则组织实施。

第四条　土地调查所需经费,由中央和地方各级人民政府共同负担,列入相应年度的财政预算,按时拨付,确保足额到位。

土地调查经费应当统一管理、专款专用、从严控制支出。

第五条　报刊、广播、电视和互联网等新闻媒体,应当及时开展土地调查工作的宣传报道。

第二章　土地调查的内容和方法

第六条　国家根据国民经济和社会发展需要,每 10 年进行一次全国土地调查;根据土地管理工作的需要,每年进行土地变更调查。

第七条 土地调查包括下列内容:

(一)土地利用现状及变化情况,包括地类、位置、面积、分布等状况;

(二)土地权属及变化情况,包括土地的所有权和使用权状况;

(三)土地条件,包括土地的自然条件、社会经济条件等状况。

进行土地利用现状及变化情况调查时,应当重点调查基本农田现状及变化情况,包括基本农田的数量、分布和保护状况。

第八条 土地调查采用全面调查的方法,综合运用实地调查统计、遥感监测等手段。

第九条 土地调查采用《土地利用现状分类》国家标准、统一的技术规程和按照国家统一标准制作的调查基础图件。

土地调查技术规程,由国务院国土资源主管部门会同国务院有关部门制定。

第三章 土地调查的组织实施

第十条 县级以上人民政府国土资源主管部门会同同级有关部门进行土地调查。

乡(镇)人民政府、街道办事处和村(居)民委员会应当广泛动员和组织社会力量积极参与土地调查工作。

第十一条 县级以上人民政府有关部门应当积极参与和密切配合土地调查工作,依法提供土地调查需要的相关资料。

社会团体以及与土地调查有关的单位和个人应当依照本条例的规定,配合土地调查工作。

第十二条 全国土地调查总体方案由国务院国土资源主管部门会同国务院有关部门拟订,报国务院批准。县级以上地方人民政府国土资源主管部门会同同级有关部门按照国家统一要求,根据本行政区域的土地利用特点,编制地方土地调查实施方案,报上一级人民政府国土资源主管部门会同同级有关部门核准后施行。

第十三条 在土地调查中,需要面向社会选择专业调查队伍承担的土地调查任务,应当通过招标投标方式组织实施。

承担土地调查任务的单位应当具备以下条件:

(一)具有法人资格;

(二)有与土地调查相关的资质和工作业绩;

(三)有完备的技术和质量管理制度;

(四)有经过培训且考核合格的专业技术人员。

国务院国土资源主管部门应当会同国务院有关部门加强对承担土地调查任务单位的管理,并公布符合本条第二款规定条件的单位名录。

第十四条 土地调查人员应当坚持实事求是,恪守职业道德,具有执行调查任务所需要的专业知识。

土地调查人员应当接受业务培训,经考核合格领取全国统一的土地调查员工作证。

第十五条 土地调查人员应当严格执行全国土地调查总体方案和地方土地调查实施方案、《土地利用现状分类》国家标准和统一的技术规程,不得伪造、篡改调查资料,不得强令、授意调查对象提供虚假的调查资料。

土地调查人员应当对其登记、审核、录入的调查资料与现场调查资料的一致性负责。

第十六条 土地调查人员依法独立行使调查、报告、监督和检查职权,有权根据工作需要进行现场调查,并按照技术规程进行现场作业。

土地调查人员有权就与调查有关的问题询问有关单位和个人,要求有关单位和个人如实提供相关资料。

土地调查人员进行现场调查、现场作业以及询问有关单位和个人时,应当出示土地调查员工作证。

第十七条 接受调查的有关单位和个人应当如实回答询问,履行现场指界义务,按照要求提供相关资料,不得转移、隐匿、篡改、毁弃原始记录和土地登记簿等相关资料。

第十八条 各地方、各部门、各单位的负责人不得擅自修改土地调查资料、数据,不得强令或者授意土地调查人员篡改调查资料、数据或者编造虚假数据,不得对拒绝、抵制篡改调查资料、数据或者编造虚假数据的土地调查人员打击报复。

第四章 调查成果处理和质量控制

第十九条 土地调查形成下列调查成果:

(一)数据成果;

(二)图件成果;

(三)文字成果;

(四)数据库成果。

第二十条 土地调查成果实行逐级汇交、汇总统计制度。

土地调查数据的处理和上报应当按照全国土地调查总体方案和有关标准进行。

第二十一条 县级以上地方人民政府对本行政区域的土地调查成果质量负总责,主要负责人是第一责任人。

县级以上人民政府国土资源主管部门会同同级有关部门对调查的各个环节实行质量控制,建立土地调查成果质量控制岗位责任制,切实保证调查的数据、图件和被调查土地实际状况三者一致,并对其加工、整理、汇总的调查成果的准确性负责。

第二十二条 国务院国土资源主管部门会同国务院有关部门统一组织土地调查成果质量的抽查工作。抽查结果作为评价土地调查成果质量的重要依据。

第二十三条　土地调查成果实行分阶段、分级检查验收制度。前一阶段土地调查成果经检查验收合格后,方可开展下一阶段的调查工作。

土地调查成果检查验收办法,由国务院国土资源主管部门会同国务院有关部门制定。

第五章　调查成果公布和应用

第二十四条　国家建立土地调查成果公布制度。

土地调查成果应当向社会公布,并接受公开查询,但依法应当保密的除外。

第二十五条　全国土地调查成果,报国务院批准后公布。

地方土地调查成果,经本级人民政府审核,报上一级人民政府批准后公布。

全国土地调查成果公布后,县级以上地方人民政府方可逐级依次公布本行政区域的土地调查成果。

第二十六条　县级以上人民政府国土资源主管部门会同同级有关部门做好土地调查成果的保存、管理、开发、应用和为社会公众提供服务等工作。

国家通过土地调查,建立互联共享的土地调查数据库,并做好维护、更新工作。

第二十七条　土地调查成果是编制国民经济和社会发展规划以及从事国土资源规划、管理、保护和利用的重要依据。

第二十八条　土地调查成果应当严格管理和规范使用,不作为依照其他法律、行政法规对调查对象实施行政处罚的依据,不作为划分部门职责分工和管理范围的依据。

第六章　表彰和处罚

第二十九条　对在土地调查工作中做出突出贡献的单位和个人,应当按照国家有关规定给予表彰或者奖励。

第三十条　地方、部门、单位的负责人有下列行为之一的,依法给予处分;构成犯罪的,依法追究刑事责任:

(一)擅自修改调查资料、数据的;

(二)强令、授意土地调查人员篡改调查资料、数据或者编造虚假数据的;

(三)对拒绝、抵制篡改调查资料、数据或者编造虚假数据的土地调查人员打击报复的。

第三十一条　土地调查人员不执行全国土地调查总体方案和地方土地调查实施方案、《土地利用现状分类》国家标准和统一的技术规程,或者伪造、篡改调查资料,或者强令、授意接受调查的有关单位和个人提供虚假调查资料的,依法给予处分,并由县级以上人民政府国土资源主管部门、统计机构予以通报批评。

第三十二条　接受调查的单位和个人有下列行为之一的,由县级以上人民政府国土资源主管部门责令限期改正,可以处5万元以下的罚款;构成违反治安管理行为的,由公安机关依法给予治安管理处罚;构成犯罪的,依法追究刑事责任:

(一)拒绝或者阻挠土地调查人员依法进行调查的;

(二)提供虚假调查资料的;

(三)拒绝提供调查资料的;

(四)转移、隐匿、篡改、毁弃原始记录、土地登记簿等相关资料的。

第三十三条　县级以上地方人民政府有下列行为之一的,由上级人民政府予以通报批评;情节严重的,对直接负责的主管人员和其他直接责任人员依法给予处分：

（一）未按期完成土地调查工作,被责令限期完成,逾期仍未完成的；

（二）提供的土地调查数据失真,被责令限期改正,逾期仍未改正的。

第七章　附　　则

第三十四条　军用土地调查,由国务院国土资源主管部门会同军队有关部门按照国家统一规定和要求制定具体办法。

中央单位使用土地的调查数据汇总内容的确定和成果的应用管理,由国务院国土资源主管部门会同国务院管理机关事务工作的机构负责。

第三十五条　县级以上人民政府可以按照全国土地调查总体方案和地方土地调查实施方案成立土地调查领导小组,组织和领导土地调查工作。必要时,可以设立土地调查领导小组办公室负责土地调查日常工作。

第三十六条　本条例自公布之日起施行。

国务院法制办负责人就《土地调查条例》
有关问题答记者问

2008年2月7日,温家宝总理签署国务院令公布《土地调查条例》(以下简称条例),该条例自公布之日起施行。日前,国务院法制办公室负责人就条例的有关问题回答了记者的提问。

问:为什么制定该条例?

答:土地调查是摸清我国土地家底的国情国力调查,也是进一步加强和改善土地管理的基础工作。改革开放以来,随着我国经济社会的可持续发展和工业化、城镇化步伐加快,全国土地资源利用状况有了很大变化,但仍存在着土地分类标准不统一、土地信息不健全等问题。因此,通过土地调查,全面查清全国土地利用状况,掌握真实的土地基础数据,尤为重要:一是,为科学制订发展战略和规划、促进可持续发展提供依据。随着经济的发展,我国人多地少的矛盾日益冲突。为保障可持续发展,必须统筹考虑吃饭和建设的问题。搞好土地调查,摸清全国土地利用状况,是合理利用和有效保护土地资源的基础。二是,为严格土地管理、加强土地调控提供依据。掌握真实可靠的土地数据,既是当前落实最严格土地管理制度的需要,也是促进耕地和基本农田保护的需要,还是把好土地闸门、加强宏观调控的需要。三是,为合理使用土地、优化空间布局提供依据。通过土地调查,查清各类土地使用情况,既可以为节约集约用地打下基础,也能掌握土地利用程度和承载能力,为合理划分主体功能区划提供依据。四是,为完善市场经济体制、理顺土地权属关系提供依据。土地市场是要素市场的重要组成部分。通过土地调查,弄清农村和城市土地所有权、使用权的归属,有利于规范和发展现代土地市场,提高土地资源的配置效率。为了科学、有效地组织实施土地调查,保证土地调查数据的准确性和及时性,国务院制定了《土地调查条例》。

问:土地调查的内容是什么?

答:条例规定,土地调查的内容包括以下三项:(一)土地利用现状及变化情况,包括地类、位置、面积、分布等状况;(二)土地权属及变化情况,包括土地的所有权和使用权状况;(三)土地条件,包括土地的自然条件、社会经济条件等状况。

同时,为了加强对基本农田的保护管理,条例还规定,进行土地利用现状及变化情况调查时,应当重点调查基本农田现状及变化情况,包括基本农田的数量、分布和保护状况,以便做到对每一块基本农田上图、登记、造册。

问:土地调查采用什么方法?

答:条例规定,土地调查采用全面调查的方法,综合运用实地调查统计、遥感监测等手段。为实现全面查清土地利用状况,掌握真实的土地基础数据,满足经济社会发展及国土资源管理需要的目标,土地调查需要采用全面调查的方法。同时,《第二次全国土地调查总体方案》中明确,充分应用航空、航天遥感技术手段,及时获取客观现势的地面影像作为调查的主要信息源。在此基础上,农村土地调查要实现对每一块土地的地类、权属等情况进行外业调查,城镇土地调查要开展大比例尺权属调查及地籍测量。

问:土地调查采用的地类标准是什么?

答:为了科学划分土地利用类型,明确土地利用各类型含义,统一土地调查、统计分类标准,国家质量监督检验检疫总局、国家标准化管理委员会于2007年8月10日发布了《土地利用现状分类》

（GB/T21010—2007）国家标准。为了建立权威的土地调查数据规范体系，保证土地调查质量，条例规定，土地调查采用《土地利用现状分类》国家标准、统一的技术规程和按照国家统一标准制作的调查基础图件。

问：条例对土地调查的组织实施作了哪些规定？

答：为了保证土地调查工作的顺利进行，条例对土地调查的组织实施作了如下规定：

一是，明确调查的组织保障。条例规定，县级以上人民政府国土资源主管部门会同同级有关部门进行土地调查；同时，为了加强领导和协调，条例还规定，县级以上人民政府可以按照全国土地调查总体方案和地方土地调查实施方案成立土地调查领导小组，组织和领导土地调查工作。在第二次全国土地调查工作中，依据《第二次全国土地调查总体方案》，国务院成立了第二次全国土地调查领导小组，领导小组办公室设在国土资源部。

二是，明确调查的专业队伍要求。条例规定，需要面向社会选择专业调查队伍承担的土地调查任务，应当通过招标投标方式组织实施；承担土地调查任务的单位应当符合具有法人资格、有与土地调查相关的资质和工作业绩、有完备的技术和质量管理制度、有经过培训且考核合格的专业技术人员等四项条件。

三是，明确调查的人员要求。条例规定，土地调查人员应当具有执行调查任务所需要的专业知识，并接受业务培训，经考核合格领取全国统一的土地调查员工作证。

四是，明确接受调查单位和个人的义务。条例规定，接受调查的有关单位和个人应当如实回答土地调查人员的询问，履行现场指界义务，按照要求提供相关资料，不得转移、隐匿、篡改、毁弃原始记录和土地登记簿等相关资料。

问：条例对土地调查成果处理和质量控制作了哪些规定？

答：土地调查成果的处理和质量控制，关系到调查数据的准确性

和调查工作的质量,条例对此作了如下规定:

一是,规范调查成果的汇交、统计。条例规定,土地调查成果实行逐级汇交、汇总统计制度;土地调查数据的处理和上报应当按照全国土地调查总体方案和有关标准进行。

二是,建立调查成果质量控制岗位责任制。条例规定,县级以上人民政府国土资源主管部门会同同级有关部门对调查的各个环节实行质量控制,建立土地调查成果质量控制岗位责任制,切实保证调查的数据、图件和被调查土地实际状况三者一致。

三是,建立调查成果抽查制度。条例规定,国务院国土资源主管部门会同国务院有关部门统一组织土地调查成果质量的抽查工作;抽查结果作为评价土地调查成果质量的重要依据。

四是,建立调查成果检查验收制度。条例规定,土地调查成果实行分阶段、分级检查验收制度;前一阶段土地调查成果经检查验收合格后,方可开展下一阶段的调查工作。

问:条例对土地调查成果公布和应用作了哪些规定?

答:为了规范土地调查成果公布和应用,条例作了如下规定:

一是,规范调查成果的公布。条例规定,全国土地调查成果,报国务院批准后公布;地方土地调查成果,经本级人民政府审核,报上一级人民政府批准后公布;全国土地调查成果公布后,县级以上地方人民政府方可逐级依次公布本行政区域的土地调查成果。

二是,规范调查成果的保存管理。条例规定,县级以上人民政府国土资源主管部门会同同级有关部门做好土地调查成果的保存、管理、开发等工作。

三是,明确调查成果的应用。条例规定,土地调查成果是编制国民经济和社会发展规划以及从事国土资源规划、管理、保护和利用的重要依据;同时,条例还规定,土地调查成果不作为依照其他法律、行政法规对调查对象实施行政处罚的依据,不作为划分部门职责分工和管理范围的依据。

问：违反条例规定要承担怎样的法律责任？

答：设定严格的法律责任是确保土地调查数据真实性、杜绝弄虚作假的重要手段，条例对此作了如下规定：

一是，明确有关领导的责任。条例规定，地方、部门、单位的负责人擅自修改调查资料、数据，或者强令、授意土地调查人员篡改调查资料、数据或者编造虚假数据，或者对拒绝、抵制篡改调查资料、数据或者编造虚假数据的土地调查人员打击报复的，依法给予处分；构成犯罪的，依法追究刑事责任。

二是，明确调查人员的责任。条例规定，土地调查人员不执行全国土地调查总体方案和地方土地调查实施方案、《土地利用现状分类》国家标准和统一的技术规程，或者伪造、篡改调查资料，或者强令、授意接受调查的有关单位和个人提供虚假调查资料的，依法给予处分，并予以通报批评。

三是，明确接受调查单位和个人的责任。条例规定，接受调查的单位和个人拒绝或者阻挠土地调查人员依法进行调查，或者提供虚假调查资料，或者拒绝提供调查资料，或者转移、隐匿、篡改、毁弃原始记录、土地登记簿等相关资料的，责令限期改正，可以处以罚款；构成违反治安管理行为的，由公安机关依法给予治安管理处罚。

（中国政府网 2008 年 2 月 14 日）

中华人民共和国国务院令

第 519 号

现公布《国务院关于修改〈中华人民共和国个人所得税法实施条例〉的决定》，自 2008 年 3 月 1 日起施行。

总理　温家宝

二〇〇八年二月十八日

国务院关于修改《中华人民共和国个人所得税法实施条例》的决定

国务院决定对《中华人民共和国个人所得税法实施条例》做如下修改：

一、第十条修改为："个人所得的形式，包括现金、实物、有价证券和其他形式的经济利益。所得为实物的，应当按照取得的凭证上所注明的价格计算应纳税所得额；无凭证的实物或者凭证上所注明的价格明显偏低的，参照市场价格核定应纳税所得额。所得为有价证券的，根据票面价格和市场价格核定应纳税所得额。所得为其他形式的经济利益的，参照市场价格核定应纳税所得额。"

二、第十八条修改为："税法第六条第一款第三项所说的每一纳税年度的收入总额，是指纳税义务人按照承包经营、承租经营合同规定分得的经营利润和工资、薪金性质的所得；所说的减除必要费用，是指按月减除 2000 元。"

三、第二十七条修改为："税法第六条第三款所说的附加减除费用，是指每月在减除 2000 元费用的基础上，再减除本条例第二十九条规定数额的费用。"

四、第二十八条第四项修改为："国务院财政、税务主管部门确定的其他人员。"

五、第二十九条修改为："税法第六条第三款所说的附加减除费用标准为 2800 元。"

六、第四十条修改为："税法第九条第二款所说的特定行业，是指采掘业、远洋运输业、远洋捕捞业以及国务院财政、税务主管部门确定的其他行业。"

七、删除第四十八条。

此外，对条文的顺序做了相应调整，对个别文字做了修改。

本决定自 2008 年 3 月 1 日起施行。

《中华人民共和国个人所得税法实施条例》根据本决定做相应的修改，重新公布。

中华人民共和国个人所得税法实施条例

(1994 年 1 月 28 日中华人民共和国国务院令第 142 号发布 根据 2005 年 12 月 19 日《国务院关于修改〈中华人民共和国个人所得税法实施条例〉的决定》第一次修订 根据 2008 年 2 月 18 日《国务院关于修改〈中华人民共和国个人所得税法实施条例〉的决定》第二次修订)

第一条 根据《中华人民共和国个人所得税法》(以下简称税法)的规定,制定本条例。

第二条 税法第一条第一款所说的在中国境内有住所的个人,是指因户籍、家庭、经济利益关系而在中国境内习惯性居住的个人。

第三条 税法第一条第一款所说的在境内居住满一年,是指在一个纳税年度中在中国境内居住 365 日。临时离境的,不扣减日数。

前款所说的临时离境,是指在一个纳税年度中一次不超过 30 日或者多次累计不超过 90 日的离境。

第四条 税法第一条第一款、第二款所说的从中国境内取得的所得,是指来源于中国境内的所得;所说的从中国境外取得的所得,是指来源于中国境外的所得。

第五条 下列所得,不论支付地点是否在中国境内,均为来源于中国境内的所得:

(一)因任职、受雇、履约等而在中国境内提供劳务取得的所得;

（二）将财产出租给承租人在中国境内使用而取得的所得；

（三）转让中国境内的建筑物、土地使用权等财产或者在中国境内转让其他财产取得的所得；

（四）许可各种特许权在中国境内使用而取得的所得；

（五）从中国境内的公司、企业以及其他经济组织或者个人取得的利息、股息、红利所得。

第六条　在中国境内无住所，但是居住一年以上五年以下的个人，其来源于中国境外的所得，经主管税务机关批准，可以只就由中国境内公司、企业以及其他经济组织或者个人支付的部分缴纳个人所得税；居住超过五年的个人，从第六年起，应当就其来源于中国境外的全部所得缴纳个人所得税。

第七条　在中国境内无住所，但是在一个纳税年度中在中国境内连续或者累计居住不超过 90 日的个人，其来源于中国境内的所得，由境外雇主支付并且不由该雇主在中国境内的机构、场所负担的部分，免予缴纳个人所得税。

第八条　税法第二条所说的各项个人所得的范围：

（一）工资、薪金所得，是指个人因任职或者受雇而取得的工资、薪金、奖金、年终加薪、劳动分红、津贴、补贴以及与任职或者受雇有关的其他所得。

（二）个体工商户的生产、经营所得，是指：

1. 个体工商户从事工业、手工业、建筑业、交通运输业、商业、饮食业、服务业、修理业以及其他行业生产、经营取得的所得；

2. 个人经政府有关部门批准，取得执照，从事办学、医疗、咨询以及其他有偿服务活动取得的所得；

3. 其他个人从事个体工商业生产、经营取得的所得；

4. 上述个体工商户和个人取得的与生产、经营有关的各项应纳税所得。

（三）对企事业单位的承包经营、承租经营所得，是指个人承包经营、承租经营以及转包、转租取得的所得,包括个人按月或者按次取得的工资、薪金性质的所得。

(四)劳务报酬所得,是指个人从事设计、装潢、安装、制图、化验、测试、医疗、法律、会计、咨询、讲学、新闻、广播、翻译、审稿、书画、雕刻、影视、录音、录像、演出、表演、广告、展览、技术服务、介绍服务、经纪服务、代办服务以及其他劳务取得的所得。

(五)稿酬所得,是指个人因其作品以图书、报刊形式出版、发表而取得的所得。

(六)特许权使用费所得,是指个人提供专利权、商标权、著作权、非专利技术以及其他特许权的使用权取得的所得;提供著作权的使用权取得的所得,不包括稿酬所得。

(七)利息、股息、红利所得,是指个人拥有债权、股权而取得的利息、股息、红利所得。

(八)财产租赁所得,是指个人出租建筑物、土地使用权、机器设备、车船以及其他财产取得的所得。

(九)财产转让所得,是指个人转让有价证券、股权、建筑物、土地使用权、机器设备、车船以及其他财产取得的所得。

(十)偶然所得,是指个人得奖、中奖、中彩以及其他偶然性质的所得。

个人取得的所得,难以界定应纳税所得项目的,由主管税务机关确定。

第九条 对股票转让所得征收个人所得税的办法,由国务院财政部门另行制定,报国务院批准施行。

第十条 个人所得的形式,包括现金、实物、有价证券和其他形式的经济利益。所得为实物的,应当按照取得的凭证上所注明的价格计算应纳税所得额;无凭证的实物或者凭证上所注明的价格明显偏低的,参照市场价格核定应纳税所得额。所得为有价证券的,根据票面价格和市场价格核定应纳税所得额。所得为其他形式的经济利益的,参照市场价格核定应纳税所得额。

　　第十一条　税法第三条第四项所说的劳务报酬所得一次收入畸高,是指个人一次取得劳务报酬,其应纳税所得额超过 2 万元。

　　对前款应纳税所得额超过 2 万元至 5 万元的部分,依照税法规定计算应纳税额后再按照应纳税额加征五成;超过 5 万元的部分,加征十成。

　　第十二条　税法第四条第二项所说的国债利息,是指个人持有中华人民共和国财政部发行的债券而取得的利息;所说的国家发行的金融债券利息,是指个人持有经国务院批准发行的金融债券而取得的利息。

　　第十三条　税法第四条第三项所说的按照国家统一规定发给的补贴、津贴,是指按照国务院规定发给的政府特殊津贴、院士津贴、资深院士津贴,以及国务院规定免纳个人所得税的其他补贴、津贴。

　　第十四条　税法第四条第四项所说的福利费,是指根据国家有关规定,从企业、事业单位、国家机关、社会团体提留的福利费或者工会经费中支付给个人的生活补助费;所说的救济金,是指各级人民政府民政部门支付给个人的生活困难补助费。

　　第十五条　税法第四条第八项所说的依照我国法律规定应予免税的各国驻华使馆、领事馆的外交代表、领事官员和其他人员的所得,是指依照《中华人民共和国外交特权与豁免条例》和《中华人民共和国领事特权与豁免条例》规定免税的所得。

　　第十六条　税法第五条所说的减征个人所得税,其减征的幅度和期限由省、自治区、直辖市人民政府规定。

　　第十七条　税法第六条第一款第二项所说的成本、费用,是指纳税义务人从事生产、经营所发生的各项直接支出和分配计入成本的间接费用以及销售费用、管理费用、财务费用;所说的损失,是指纳税义务人在生产、经营过程中发生的各项营业外支出。

　　从事生产、经营的纳税义务人未提供完整、准确的纳税资料,不能正确计算应纳税所得额的,由主管税务机关核定其应纳税所得额。

第十八条 税法第六条第一款第三项所说的每一纳税年度的收入总额,是指纳税义务人按照承包经营、承租经营合同规定分得的经营利润和工资、薪金性质的所得;所说的减除必要费用,是指按月减除2000元。

第十九条 税法第六条第一款第五项所说的财产原值,是指:

(一)有价证券,为买入价以及买入时按照规定交纳的有关费用;

(二)建筑物,为建造费或者购进价格以及其他有关费用;

(三)土地使用权,为取得土地使用权所支付的金额、开发土地的费用以及其他有关费用;

(四)机器设备、车船,为购进价格、运输费、安装费以及其他有关费用;

(五)其他财产,参照以上方法确定。

纳税义务人未提供完整、准确的财产原值凭证,不能正确计算财产原值的,由主管税务机关核定其财产原值。

第二十条 税法第六条第一款第五项所说的合理费用,是指卖出财产时按照规定支付的有关费用。

第二十一条 税法第六条第一款第四项、第六项所说的每次,按照以下方法确定:

(一)劳务报酬所得,属于一次性收入的,以取得该项收入为一次;属于同一项目连续性收入的,以一个月内取得的收入为一次。

(二)稿酬所得,以每次出版、发表取得的收入为一次。

(三)特许权使用费所得,以一项特许权的一次许可使用所取得的收入为一次。

(四)财产租赁所得,以一个月内取得的收入为一次。

(五)利息、股息、红利所得,以支付利息、股息、红利时取得的收入为一次。

（六）偶然所得，以每次取得该项收入为一次。

第二十二条　财产转让所得，按照一次转让财产的收入额减除财产原值和合理费用后的余额，计算纳税。

第二十三条　两个或者两个以上的个人共同取得同一项目收入的，应当对每个人取得的收入分别按照税法规定减除费用后计算纳税。

第二十四条　税法第六条第二款所说的个人将其所得对教育事业和其他公益事业的捐赠，是指个人将其所得通过中国境内的社会团体、国家机关向教育和其他社会公益事业以及遭受严重自然灾害地区、贫困地区的捐赠。

捐赠额未超过纳税义务人申报的应纳税所得额30%的部分，可以从其应纳税所得额中扣除。

第二十五条　按照国家规定，单位为个人缴付和个人缴付的基本养老保险费、基本医疗保险费、失业保险费、住房公积金，从纳税义务人的应纳税所得额中扣除。

第二十六条　税法第六条第三款所说的在中国境外取得工资、薪金所得，是指在中国境外任职或者受雇而取得的工资、薪金所得。

第二十七条　税法第六条第三款所说的附加减除费用，是指每月在减除2000元费用的基础上，再减除本条例第二十九条规定数额的费用。

第二十八条　税法第六条第三款所说的附加减除费用适用的范围，是指：

（一）在中国境内的外商投资企业和外国企业中工作的外籍人员；

（二）应聘在中国境内的企业、事业单位、社会团体、国家机关中工作的外籍专家；

（三）在中国境内有住所而在中国境外任职或者受雇取得工资、薪金所得的个人；

（四）国务院财政、税务主管部门确定的其他人员。

第二十九条 税法第六条第三款所说的附加减除费用标准为2800元。

第三十条 华侨和香港、澳门、台湾同胞，参照本条例第二十七条、第二十八条、第二十九条的规定执行。

第三十一条 在中国境内有住所，或者无住所而在境内居住满一年的个人，从中国境内和境外取得的所得，应当分别计算应纳税额。

第三十二条 税法第七条所说的已在境外缴纳的个人所得税税额，是指纳税义务人从中国境外取得的所得，依照该所得来源国家或者地区的法律应当缴纳并且实际已经缴纳的税额。

第三十三条 税法第七条所说的依照税法规定计算的应纳税额，是指纳税义务人从中国境外取得的所得，区别不同国家或者地区和不同所得项目，依照税法规定的费用减除标准和适用税率计算的应纳税额；同一国家或者地区内不同所得项目的应纳税额之和，为该国家或者地区的扣除限额。

纳税义务人在中国境外一个国家或者地区实际已经缴纳的个人所得税税额，低于依照前款规定计算出的该国家或者地区扣除限额的，应当在中国缴纳差额部分的税款；超过该国家或者地区扣除限额的，其超过部分不得在本纳税年度的应纳税额中扣除，但是可以在以后纳税年度的该国家或者地区扣除限额的余额中补扣。补扣期限最长不得超过五年。

第三十四条 纳税义务人依照税法第七条的规定申请扣除已在境外缴纳的个人所得税税额时，应当提供境外税务机关填发的完税凭证原件。

第三十五条 扣缴义务人在向个人支付应税款项时，应当依照税法规定代扣税款，按时缴库，并专项记载备查。

前款所说的支付，包括现金支付、汇拨支付、转账支付和以有价证券、实物以及其他形式的支付。

第三十六条 纳税义务人有下列情形之一的,应当按照规定到主管税务机关办理纳税申报:

(一)年所得 12 万元以上的;

(二)从中国境内两处或者两处以上取得工资、薪金所得的;

(三)从中国境外取得所得的;

(四)取得应纳税所得,没有扣缴义务人的;

(五)国务院规定的其他情形。

年所得 12 万元以上的纳税义务人,在年度终了后 3 个月内到主管税务机关办理纳税申报。

纳税义务人办理纳税申报的地点以及其他有关事项的管理办法,由国务院税务主管部门制定。

第三十七条 税法第八条所说的全员全额扣缴申报,是指扣缴义务人在代扣税款的次月内,向主管税务机关报送其支付所得个人的基本信息、支付所得数额、扣缴税款的具体数额和总额以及其他相关涉税信息。

全员全额扣缴申报的管理办法,由国务院税务主管部门制定。

第三十八条 自行申报的纳税义务人,在申报纳税时,其在中国境内已扣缴的税款,准予按照规定从应纳税额中扣除。

第三十九条 纳税义务人兼有税法第二条所列的两项或者两项以上的所得的,按项分别计算纳税。在中国境内两处或者两处以上取得税法第二条第一项、第二项、第三项所得的,同项所得合并计算纳税。

第四十条 税法第九条第二款所说的特定行业,是指采掘业、远洋运输业、远洋捕捞业以及国务院财政、税务主管部门确定的其他行业。

第四十一条 税法第九条第二款所说的按年计算、分月预缴的计征方式,是指本条例第四十条所列的特定行业职工的工资、薪金所得应纳的税款,按月预缴,自年度终了之日起30日内,合计其全年工资、薪金所得,再按12个月平均并计算实际应纳的税款,多退少补。

第四十二条　税法第九条第四款所说的由纳税义务人在年度终了后30日内将应纳的税款缴入国库,是指在年终一次性取得承包经营、承租经营所得的纳税义务人,自取得收入之日起30日内将应纳的税款缴入国库。

第四十三条　依照税法第十条的规定,所得为外国货币的,应当按照填开完税凭证的上一月最后一日人民币汇率中间价,折合成人民币计算应纳税所得额。依照税法规定,在年度终了后汇算清缴的,对已经按月或者按次预缴税款的外国货币所得,不再重新折算;对应当补缴税款的所得部分,按照上一纳税年度最后一日人民币汇率中间价,折合成人民币计算应纳税所得额。

第四十四条　税务机关按照税法第十一条的规定付给扣缴义务人手续费时,应当按月填开收入退还书发给扣缴义务人。扣缴义务人持收入退还书向指定的银行办理退库手续。

第四十五条　个人所得税纳税申报表、扣缴个人所得税报告表和个人所得税完税凭证式样,由国务院税务主管部门统一制定。

第四十六条　税法和本条例所说的纳税年度,自公历1月1日起至12月31日止。

第四十七条　1994纳税年度起,个人所得税依照税法以及本条例的规定计算征收。

第四十八条　本条例自发布之日起施行。1987年8月8日国务院发布的《中华人民共和国国务院关于对来华工作的外籍人员工资、薪金所得减征个人所得税的暂行规定》同时废止。

国务院法制办、财政部、税务总局
负责人就新修订的《中华人民共和国
个人所得税法实施条例》有关问题
答记者问

2008年2月18日,温家宝总理签署国务院令公布《国务院关于修改〈中华人民共和国个人所得税法实施条例〉的决定》,自2008年3月1日起施行。日前,国务院法制办、财政部、税务总局负责人就新修订的《中华人民共和国个人所得税法实施条例》(以下简称《实施条例》)的有关问题回答了记者的提问。

问:为什么要对《实施条例》进行修改?

答:2007年12月29日,第十届全国人大常委会第三十一次会议审议通过了《全国人民代表大会常务委员会关于修改〈中华人民共和国个人所得税法〉的决定》,将《中华人民共和国个人所得税法》(以下简称《个人所得税法》)规定的工资、薪金所得减除费用标准由1600元/月提高到2000元/月。新修订的《个人所得税法》将从2008年3月1日起施行。《实施条例》作为《个人所得税法》的配套行政法规,也应作相应修改。因此,国务院决定修改《实施条例》,与新修订的《个人所得税法》同时于2008年3月1日起施行。

问:新修订的《实施条例》主要作了哪些修改?

答:考虑到《个人所得税法》已经明确规定工资、薪金所得减除费用标准,因此现行《实施条例》只是规定与该标准相关的其他内容。这次新修订的《个人所得税法》将工资、薪金所得减除费用标准由 1600 元/月提高到 2000 元/月后,新修订的《实施条例》也对其他有关内容作了相应修改,主要有:第一,将个人承包经营、承租经营所得的减除费用标准由 1600 元/月提高到 2000 元/月。第二,调整了涉外人员(即《个人所得税法》规定的在中国境内无住所而在中国境内取得工资、薪金所得的纳税人和在中国境内有住所而在中国境外取得工资、薪金所得的纳税人)工资、薪金所得的附加减除费用标准。考虑到现行涉外人员工资、薪金所得总的减除费用标准高于境内中国公民工资、薪金所得减除费用标准,从税收公平的原则出发,应逐步缩小差距,直至统一。因此,在涉外人员的工资、薪金所得减除费用标准由 1600 元/月提高到 2000 元/月的同时,将其附加减除费用标准由 3200 元/月调整为 2800 元/月,这样,涉外人员总的减除费用标准保持现行 4800 元/月不变,既缩小了差距,也保持了税收政策的连续性。此外,考虑到目前个人所得的形式复杂多样,为便于实际操作,加强税收征管,新修订的《实施条例》明确了个人所得的形式除现金、实物和有价证券外,还有其他形式的经济利益。对其他形式的经济利益参照市场价格核定应纳税所得额。

问:新修订的《实施条例》为什么对个人承包经营、承租经营所得减除费用标准进行调整?

答:现行《实施条例》规定,个人承包经营、承租经营所得在每月减除 1600 元费用后按规定纳税。考虑到对企事业单位承包经营、承租经营的承包人、承租人,与工资、薪金所得者一样,承担着本人及其赡养人口的生计、教育、医疗、住房等消费性支出,为平衡承包人、承租人与工资、薪金所得者的税收负担,新修订的《实施条例》将个人承包经营、承租经营所得减除费用标准也由 1600 元/月提高到 2000 元/月。

(中国政府网 2008 年 2 月 22 日)

中华人民共和国国务院令

第 520 号

现公布《地质勘查资质管理条例》，自 2008 年 7 月 1 日起施行。

总理　温家宝
二〇〇八年三月三日

地质勘查资质管理条例

第一章 总 则

第一条 为了加强对地质勘查活动的管理,维护地质勘查市场秩序,保证地质勘查质量,促进地质勘查业的发展,制定本条例。

第二条 从事地质勘查活动的单位,应当依照本条例的规定,取得地质勘查资质证书。

第三条 国务院国土资源主管部门和省、自治区、直辖市人民政府国土资源主管部门依照本条例的规定,负责地质勘查资质的审批颁发和监督管理工作。

市、县人民政府国土资源主管部门依照本条例的规定,负责本行政区域地质勘查资质的有关监督管理工作。

第四条 地质勘查资质分为综合地质勘查资质和专业地质勘查资质。

综合地质勘查资质包括区域地质调查资质,海洋地质调查资质,石油天然气矿产勘查资质,液体矿产勘查资质(不含石油),气体矿产勘查资质(不含天然气),煤炭等固体矿产勘查资质和水文地质、工程地质、环境地质调查资质。

专业地质勘查资质包括地球物理勘查资质、地球化学勘查资质、航空地质调查资质、遥感地质调查资质、地质钻(坑)探资质和地质实验测试资质。

第五条　区域地质调查资质、海洋地质调查资质、石油天然气矿产勘查资质、气体矿产勘查资质(不含天然气)、航空地质调查资质、遥感地质调查资质和地质实验测试资质分为甲级、乙级两级;其他地质勘查资质分为甲级、乙级、丙级三级。

第六条　任何单位和个人对违反本条例规定从事地质勘查活动的行为,都有权向国土资源主管部门进行举报。

接到举报的国土资源主管部门应当依法调查处理,并为举报人保密。

第二章　申请与受理

第七条　申请地质勘查资质的单位,应当具备下列基本条件:

(一)具有企业或者事业单位法人资格;

(二)有与所申请的地质勘查资质类别和资质等级相适应的具有资格的勘查技术人员;

(三)有与所申请的地质勘查资质类别和资质等级相适应的勘查设备、仪器;

(四)有与所申请的地质勘查资质类别和资质等级相适应的质量管理体系和安全生产管理体系。

不同地质勘查资质类别和资质等级的具体标准与条件,由国务院国土资源主管部门规定。

第八条　下列地质勘查资质,由国务院国土资源主管部门审批颁发:

(一)海洋地质调查资质、石油天然气矿产勘查资质、航空地质调查资质;

(二)其他甲级地质勘查资质。

本条第一款规定之外的地质勘查资质,由省、自治区、直辖市人民政府国土资源主管部门审批颁发。

第九条　申请地质勘查资质的单位,应当向审批机关提交下列材料:

(一)地质勘查资质申请书;

(二)法人资格证明文件;

(三)勘查技术人员名单、身份证明、资格证书和技术负责人的任职文件;

(四)勘查设备、仪器清单和相应证明文件;

(五)质量管理体系和安全生产管理体系的有关文件。

申请单位应当对申请材料的真实性负责。

第十条　地质勘查资质申请的受理,依照《中华人民共和国行政许可法》的有关规定办理。

第三章　审查与决定

第十一条　审批机关应当自受理地质勘查资质申请之日起20个工作日内完成审查。

经审查符合条件的,审批机关应当予以公示,公示期不少于10个工作日。公示期满无异议的,予以批准,并在10个工作日内颁发地质勘查资质证书;有异议的,应当在10个工作日内通知申请单位提交相关说明材料。

经审查不符合条件的,审批机关应当书面通知申请单位,并说明理由。

第十二条　审批机关应当将颁发的地质勘查资质证书及时向社会公告,并为公众查阅提供便利。

第十三条　地质勘查资质证书主要包括下列内容:

(一)单位名称、住所和法定代表人;

(二)地质勘查资质类别和资质等级;

(三)有效期限;

（四）发证机关、发证日期和证书编号。

地质勘查资质证书式样，由国务院国土资源主管部门规定。

第十四条 地质勘查单位变更单位名称、住所或者法定代表人的，应当自工商变更登记或者事业单位变更登记之日起20个工作日内，到原审批机关办理地质勘查资质证书变更手续。

地质勘查单位因合并、分立或者其他原因变更地质勘查资质证书规定的资质类别或者资质等级的，应当依照本条例的规定重新申请资质。

第十五条 地质勘查单位因解散或者其他原因终止从事地质勘查活动的，应当自终止之日起10个工作日内，到原审批机关办理地质勘查资质证书注销手续。逾期不办理的，审批机关予以注销。

第十六条 取得甲级地质勘查资质的单位，可以从事本类别所有的地质勘查活动。

取得乙级和丙级地质勘查资质的单位，可以从事的地质勘查活动的范围由国务院国土资源主管部门规定。

第十七条 地质勘查资质证书有效期为5年。

地质勘查资质证书有效期届满，地质勘查单位继续从事地质勘查活动的，应当于地质勘查资质证书有效期届满3个月前，向原审批机关提出延续申请。

审批机关应当在地质勘查资质证书有效期届满前做出是否准予延续的决定；逾期未做决定的，视为准予延续。

第四章 监督管理

第十八条 县级以上人民政府国土资源主管部门应当加强对地质勘查活动的监督检查。

县级以上人民政府国土资源主管部门进行监督检查，可以查阅或者要求地质勘查单位提供与地质勘查资质有关的材料。

地质勘查单位应当如实提供有关材料,不得拒绝和阻碍监督检查。

第十九条 监督检查人员进行监督检查,应当出示证件,为被检查单位保守技术秘密和业务秘密,并对监督检查的内容、发现的问题以及处理情况做出记录,由监督检查人员和被检查单位的有关负责人签字确认。被检查单位的有关负责人拒绝签字的,监督检查人员应当将有关情况记录在案。

第二十条 审批机关应当建立、健全地质勘查单位的执业档案管理制度。执业档案应当记录地质勘查单位的执业经历、工作业绩、职业信誉、检查评议、社会投诉和违法行为等情况。

第二十一条 审批机关在监督检查中发现地质勘查单位不再符合地质勘查资质证书规定的资质类别或者资质等级相应条件的,应当责令其限期整改。

第二十二条 有下列情形之一的,审批机关应当撤销地质勘查资质证书:

(一)审批机关工作人员滥用职权、玩忽职守颁发地质勘查资质证书的;

(二)超越法定职权颁发地质勘查资质证书的;

(三)违反法定程序颁发地质勘查资质证书的;

(四)对不符合本条例规定条件的申请单位颁发地质勘查资质证书的。

第二十三条 地质勘查单位遗失地质勘查资质证书的,应当在全国范围内公告,公告期不少于 30 日。公告期满后,方可到原审批机关办理补证手续。

第二十四条 地质勘查单位不得超越地质勘查资质证书规定的资质类别或者资质等级从事地质勘查活动,不得出具虚假地质勘查报告。

地质勘查单位不得转包其承担的地质勘查项目,不得允许其他单位以本单位的名义从事地质勘查活动。

地质勘查单位在委托方取得矿产资源勘查许可证、采矿许可证前,不得为其进行矿产地质勘查活动。

任何单位和个人不得伪造、变造、转让地质勘查资质证书。

第五章　　法律责任

第二十五条　县级以上人民政府国土资源主管部门及其工作人员违反本条例规定,有下列情形之一的,对直接负责的主管人员和其他直接责任人员依法给予处分;直接负责的主管人员和其他直接责任人员构成犯罪的,依法追究刑事责任:

(一)对不符合本条例规定条件的申请单位颁发地质勘查资质证书,或者超越法定职权颁发地质勘查资质证书的;

(二)对符合本条例规定条件的申请单位不予颁发地质勘查资质证书,或者不在法定期限内颁发地质勘查资质证书的;

(三)发现违反本条例规定的行为不予查处,或者接到举报后不依法处理的;

(四)在地质勘查资质审批颁发和监督管理中有其他违法行为的。

第二十六条　地质勘查单位在资质申请过程中隐瞒真实情况或者提供虚假材料的,审批机关不予受理或者不予颁发地质勘查资质证书,并给予警告。

地质勘查单位以欺骗、贿赂等不正当手段取得地质勘查资质证书的,由原审批机关予以撤销,处 2 万元以上 10 万元以下的罚款;构成犯罪的,依法追究刑事责任。

第二十七条　未取得地质勘查资质证书,擅自从事地质勘查活动,或者地质勘查资质证书有效期届满,未依照本条例的规定办理延续手续,继续从事地质勘查活动的,由县级以上人民政府国土资源主管部门责令限期改正,处 5 万元以上 20 万元以下的罚款;有违法所得的,没收违法所得。

第二十八条 地质勘查单位变更单位名称、住所或者法定代表人,未依照本条例规定办理地质勘查资质证书变更手续的,由原审批机关责令限期改正;逾期不改正的,暂扣或者吊销地质勘查资质证书。

第二十九条 地质勘查单位有下列行为之一的,由县级以上人民政府国土资源主管部门责令限期改正,处 5 万元以上 20 万元以下的罚款;有违法所得的,没收违法所得;逾期不改正的,由原审批机关吊销地质勘查资质证书:

(一)不按照地质勘查资质证书规定的资质类别或者资质等级从事地质勘查活动的;

(二)出具虚假地质勘查报告的;

(三)转包其承担的地质勘查项目的;

(四)允许其他单位以本单位的名义从事地质勘查活动的;

(五)在委托方取得矿产资源勘查许可证、采矿许可证前,为其进行矿产地质勘查活动的。

第三十条 地质勘查单位在接受监督检查时,不如实提供有关材料,或者拒绝、阻碍监督检查的,由县级以上人民政府国土资源主管部门责令限期改正;逾期不改正的,由原审批机关暂扣或者吊销地质勘查资质证书。

第三十一条 地质勘查单位被责令限期整改,逾期不整改或者经整改仍不符合地质勘查资质证书规定的资质类别或者资质等级相应条件的,由原审批机关暂扣或者吊销地质勘查资质证书。

第三十二条 伪造、变造、转让地质勘查资质证书的,由县级以上人民政府国土资源主管部门收缴或者由原审批机关吊销伪造、变造、转让的地质勘查资质证书,处 5 万元以上 20 万元以下的罚款;有违法所得的,没收违法所得;构成违反治安管理行为的,由公安机关依法给予治安管理处罚;构成犯罪的,依法追究刑事责任。

第三十三条 违反本条例规定被依法吊销地质勘查资质证书的单位,自吊销之日起 1 年内不得重新申请地质勘查资质。

第六章 附 则

第三十四条 本条例施行前,已经依法取得地质勘查资质证书的单位,应当在原地质勘查资质证书有效期届满 30 个工作日前,依照本条例的规定重新申请地质勘查资质。逾期不办理的,不得继续从事地质勘查活动。

第三十五条 建设工程勘察资质管理,依照《建设工程勘察设计管理条例》的有关规定执行。

第三十六条 本条例自 2008 年 7 月 1 日起施行。

国务院法制办负责人就《地质勘查资质管理条例》有关问题答记者问

2008年3月3日,温家宝总理签署国务院令公布《地质勘查资质管理条例》(以下简称条例),该条例自2008年7月1日起施行。日前,国务院法制办公室负责人就条例的有关问题回答了记者的提问。

问:为什么制定该条例?

答:地质勘查服务于经济社会的各个方面,是经济社会发展重要的先行性、基础性工作。通过地质勘查,提高矿产资源的可采储量,可以为经济社会发展提供资源保障;提高国土调查程度,可以为城乡规划和国土整治提供地质依据。因此,加强地质勘查工作,是缓解资源瓶颈制约、提高资源保障能力的重要举措,是推进城乡建设、开展国土整治的重要基础,是防治地质灾害、改善人居环境的重要手段。

制定条例,为加强地质勘查工作提供法制保障,具有十分重要的意义和作用:一是地质勘查工作自身特性的内在要求。地质勘查工作具有科学性、技术性、风险性强的特点,在设备、人员、技能等方面都有特殊要求,为保证地质勘查工作质量,需要对地质勘查单位实行准入管理。二是矿产资源管理法律法规有效实施的重要条件。《矿产资源法》第三条第四款规定,从事矿产资源勘查必须符合规定的资质条件。《矿产资源勘查区块登记管理办法》第六条也规定,探矿权申请人申请探矿权时,应当提交勘查单位的资格证书复印件。为保证上述法律法规的有效实施,需要明确地质勘查单位的资质管理。三是提高资源保障能力的基础工作。随着我国经济社会的快速发展,矿产资源的需求不断增长,面对矿产资源勘查滞后,重要资源可采储量下降,难以满足现代化建设需要的局面,迫切需要通过完善资质条件,提升地质勘查单位的能力,提高地质勘查的资源保障能力。四是规范矿产资源勘查秩序的重要举措。随着矿产资源开发活动的升温,一些不具备条件的单位也开始从事地质勘查活动,导致勘查工作质量大幅度下降,由此引发的安全事故也时有发生,迫切需要规范地质勘查单位的资质管理。五是规范行政审批权的重要手段。当前,地质勘查资质在申请条件、审批程序等方面都不够明确和规范,导致资质审批随意性较大。确定资质管理的法律制度,是实施《行政许可法》,保障资质审批权正确行使的重要手段。

问:地质勘查资质分为哪些类别和等级?

答:根据地质勘查专业性质和特点,对地质勘查资质进行分类与分级,是实现科学管理的基础和前提。总结现行地质勘查资质分类与分级管理的经验,参考《国民经济行业分类》(GB/T4754—2002)中对地质勘查业的分类,条例规定,地质勘查资质分为综合地质勘查资质和专业地质勘查资质;综合地质勘查资质包括区域地质调查资质,海洋地质调查资质,石油天然气矿产勘查资质,液体矿产勘查资质(不含石油),气体矿产勘查资质(不含天然气),煤炭等固体矿产勘查资质和水文地质、工程地质、环境地质调查资质;专业地质勘查资质包括地球物理勘查资质、地球化学勘查资质、航空地质调查资质、遥感地质调查资质、地质钻(坑)探资质和地质实验测试资质。

同时,条例还规定,区域地质调查资质、海洋地质调查资质、石油天然气矿产勘查资质、气体矿产勘查资质(不含天然气)、航空地质调查资质、遥感地质调查资质和地质实验测试资质分为甲级、乙级两级;其他地质勘查资质分为甲级、乙级、丙级三级。

问:申请地质勘查资质的单位应当具备的条件有哪些?

答:条例规定,申请地质勘查资质的单位应当具备下列基本条件:(一)具有企业或者事业单位法人资格;(二)有与所申请的资质类别和资质等级相适应的具有资格的勘查技术人员;(三)有与所申请的资质类别和资质等级相适应的勘查设备、仪器;(四)有与所申请的资质类别和资质等级相适应的质量管理体系和安全生产管理体系。

同时,考虑到不同地质勘查资质类别和资质等级需要具备的具体条件各不相同,条例还规定,不同地质勘查资质类别和资质等级的具体标准与条件,由国务院国土资源主管部门规定。2005 年 4 月 29 日,国土资源部《关于开展地质勘查资质注册登记工作的通知》(国土资厅发[2005]41 号)已经对不同地质勘查资质类别和资质等级需要具备的具体条件作出了明确规定。条例发布后,国土资源部还将根据条例的规定,对不同地质勘查资质类别和资质等级需要具备的具体条件作进一步的补充和完善,以保证条例的顺利贯彻实施。

问:条例关于地质勘查资质的审批颁发机关是如何规定的?

答:为了明确地质勘查资质的审批颁发机关,方便地质勘查资质申请单位,条例规定,海洋地质调查资质、石油天然气矿产勘查资质、航空地质调查资质,以及其他甲级地质勘查资质由国务院国土资源主管部门审批颁发;其他的地质勘查资质,由省、自治区、直辖市人民政府国土资源主管部门审批颁发。

问:条例对地质勘查资质的审查与决定程序有哪些规定?

答:规范的审查与决定程序,是有效制约审批机关的审批权,保证资质审批依法进行的重要手段。为此,条例作了以下规定:

一是,明确审查期限。条例规定,审批机关应当自受理地质勘查资质申请之日起 20 个工作日内完成审查。

二是,明确审查后的决定程序。条例规定,经审查符合条件的,审批机关应当予以公示,公示期不少于 10 个工作日;公示期满无异议的,予以批准,并在 10 个工作日内颁发地质勘查资质证书;有异议的,审批机关应当在 10 个工作日内通知申请单位提交相关说明材料;经审查不符合条件的,审批机关应当书面通知申请单位,并说明理由。

三是,建立公告制度。条例规定,审批机关应当将颁发的地质勘查资质证书及时向社会公告,并为公众查阅提供便利。

问:条例关于地质勘查资质的变更有哪些规定?

答:条例规定,地质勘查单位变更单位名称、住所或者法定代表人的,应当自工商变更登记或者事业单位变更登记之日起 20 个工作日内,到原审批机关办理地质勘查资质证书变更手续;地质勘查单位因合并、分立或者其他原因变更地质勘查资质证书规定的资质类别或者资质等级的,应当依照条例的规定重新申请资质。

问:条例对地质勘查资质证书的延续是如何规定的?

答:条例规定,地质勘查资质证书有效期为 5 年;地质勘查资质证书有效期届满,地质勘查单位继续从事地质勘查活动的,应当于地质勘查资质证书有效期届满 3 个月前,向原审批机关提出延续申请;审批机关应当在地质勘查资质证书有效期届满前作出是否准予延续的决定;逾期未作决定的,视为准予延续。

问:对条例施行前已经依法取得的地质勘查资质证书该如何处理?

答:根据《行政许可法》第八条第一款规定的"公民、法人或者其他组织依法取得的行政许可受法律保护,行政机关不得擅自改变已经生效的行政许可"的精神,条例规定,本条例施行前,已经依法取得地质勘查资质证书的单位,应当在原地质勘查资质证书有效期届满 30 个工作日前,依照本条例的规定重新申请地质勘查资质。逾期不办理的,不得继续从事地质勘查活动。

问:条例对强化地质勘查活动的监督管理有哪些规定?

答:有效的监督管理是确保地质勘查活动规范进行的重要手段。为了进一步强化对地质勘查活动的监管,条例作了以下规定:

一是,建立职业档案管理制度。条例规定,审批机关应当建立、健全地质勘查单位的执业档案管理制度。执业档案应当记录地质勘查单位的执业经历、工作业绩、职业信誉、检查评议、社会投诉和违法行为等情况。

二是,规范地质勘查单位的日常活动。条例规定,地质勘查单位不得超越资质证书规定的资质类别或者资质等级从事地质勘查活动,不得出具虚假地质勘查报告;不得转包其承担的地质勘查项目和允许其他单位以本单位的名义从事地质勘查活动;在委托方未取得矿产资源勘查许可证、采矿许可证前,不得为其进行矿产地质勘查活动。

问:违反条例规定要承担怎样的法律责任?

答:严格的法律责任是法律有效贯彻执行的最终保障。为了增强对违法行为的震慑力,加大处罚力度,条例作了以下规定:

一是,明确有关国家机关工作人员的责任。条例规定,县级以上国土资源主管部门及其工作人员,对不符合条件的申请单位颁发资质证书或者超越法定职权颁发资质证书,对符合条件的申请单位不予颁发资质证书或者不在法定期限内颁发资质证书,发现违法行为不予查处或者接到举报后不依法处理,在资质审批颁发和监督管理中有其他违法行为的,对直接负责的主管人员和其他直接责任人员依法给予处分;构成犯罪的,依法追究刑事责任。

二是,明确地质勘查单位的责任。条例规定,地质勘查单位以欺骗、贿赂等不正当手段取得资质证书的,撤销资质证书并处罚款;构成犯罪的,依法追究刑事责任。地质勘查单位不按照资质证书规定的资质类别或者资质等级从事地质勘查活动,出具虚假地质勘查报告,转包其承担的地质勘查项目,允许其他单位以本单位的名义从事地质勘查活动,在委托方取得矿产资源勘查许可证、采矿许可证前为其进行矿产地质勘查活动的,责令限期改正,处5万元以上20万元以下的罚款;有违法所得的,没收违法所得;逾期不改正的,吊销资质证书。同时,条例还规定,被吊销资质证书的单位,自吊销之日起1年内不得重新申请地质勘查资质。

三是,明确其他主体的责任。条例规定,未取得资质证书擅自从事地质勘查活动的,责令限期改正,处5万元以上20万元以下的罚款;有违法所得的,没收违法所得。此外,条例规定,伪造、变造、转让资质证书的,予以收缴或者吊销,处5万元以上20万元以下的罚款;有违法所得的,没收违法所得;构成违反治安管理行为的,由公安机关依法给予治安管理处罚;构成犯罪的,依法追究刑事责任。

(中国政府网 2008 年 3 月 10 日)

中华人民共和国国务院
中华人民共和国中央军事委员会 令

第 521 号

现公布《武器装备科研生产许可管理条例》，自 2008 年 4 月 1 日起施行。

国务院总理 **温家宝**

中央军委主席 **胡锦涛**

二〇〇八年三月六日

武器装备科研生产许可管理条例

第一章 总 则

第一条 为了维护武器装备科研生产秩序,加强武器装备科研生产安全保密管理,保证武器装备质量合格稳定,满足国防建设的需要,制定本条例。

第二条 国家对列入武器装备科研生产许可目录(以下简称许可目录)的武器装备科研生产活动实行许可管理。但是,专门的武器装备科学研究活动除外。

许可目录由国务院国防科技工业主管部门会同中国人民解放军总装备部(以下简称总装备部)和军工电子行业主管部门共同制定,并适时调整。许可目录的制定和调整,应当征求国务院有关部门和军队有关部门的意见。

武器装备科研生产许可,应当在许可目录所确定的范围内实行分类管理。

第三条 未取得武器装备科研生产许可,不得从事许可目录所列的武器装备科研生产活动。但是,经国务院、中央军事委员会批准的除外。

第四条 武器装备科研生产许可管理,应当遵循统筹兼顾、合理布局、鼓励竞争、安全保密的原则。

第五条 国务院国防科技工业主管部门,依照本条例规定对全国的武器装备科研生产许可实施监督管理。

总装备部协同国务院国防科技工业主管部门对全国的武器装备科研生产许可实施监督管理。

省、自治区、直辖市人民政府负责国防科技工业管理的部门,依照本条例规定对本行政区域的武器装备科研生产许可实施监督管理。

第六条 取得武器装备科研生产许可的单位,应当在许可范围内从事武器装备科研生产活动,按照国家要求或者合同约定提供合格的科研成果和武器装备。

第二章 许可程序

第七条 申请武器装备科研生产许可的单位,应当符合下列条件:

(一)具有法人资格;

(二)有与申请从事的武器装备科研生产活动相适应的专业技术人员;

(三)有与申请从事的武器装备科研生产活动相适应的科研生产条件和检验检测、试验手段;

(四)有与申请从事的武器装备科研生产活动相适应的技术和工艺;

(五)经评定合格的质量管理体系;

(六)与申请从事的武器装备科研生产活动相适应的安全生产条件;

(七)有与申请从事的武器装备科研生产活动相适应的保密资格。

第八条 申请武器装备科研生产许可的单位,应当向所在地的省、自治区、直辖市人民政府负责国防科技工业管理的部门提出申请。

许可目录规定应当向国务院国防科技工业主管部门申请武器装备科研生产许可的,应当直接向国务院国防科技工业主管部门提出申请,并将申请材料同时报送总装备部。

第九条　国务院国防科技工业主管部门和省、自治区、直辖市人民政府负责国防科技工业管理的部门收到申请后,应当依照《中华人民共和国行政许可法》规定的程序办理。

第十条　省、自治区、直辖市人民政府负责国防科技工业管理的部门组织对申请单位进行审查,应当征求中国人民解放军派驻的军事代表机构(以下简称军事代表机构)的意见,并自受理申请之日起30日内完成审查,将审查意见和全部申请材料报送国务院国防科技工业主管部门,同时报送总装备部。

第十一条　国务院国防科技工业主管部门受理申请后,应当进行审查,并自受理申请之日起60日内或者自收到省、自治区、直辖市人民政府负责国防科技工业管理的部门报送的审查意见和全部申请材料之日起30日内,做出决定。做出准予许可决定的,应当自做出决定之日起10日内向提出申请的单位颁发武器装备科研生产许可证;做出不准予许可决定的,应当书面通知提出申请的单位,并说明理由。

国务院国防科技工业主管部门在做出决定前,应当书面征求总装备部的意见,总装备部应当在10日内回复意见。

第十二条　国务院国防科技工业主管部门根据国家武器装备科研生产能力布局的要求,按照武器装备科研生产的实际需要,经征求总装备部意见,可以对有特殊要求的武器装备科研生产许可做出数量限制。

第十三条　武器装备科研生产许可证应当载明单位名称、法定代表人、许可专业或者产品名称、证书编号、发证日期、有效期等相关内容。

武器装备科研生产许可证格式由国务院国防科技工业主管部门规定。

第十四条　取得武器装备科研生产许可的单位应当妥善保管武器装备科研生产许可证,严格保密管理,不得泄露武器装备科研生产许可证载明的相关内容。

第十五条　取得武器装备科研生产许可的单位应当在武器装备科研生产合同、产品出厂证书上标注武器装备科研生产许可证编号。

第十六条　任何单位和个人不得伪造、变造武器装备科研生产许可证。取得武器装备科研生产许可的单位不得出租、出借或者以其他方式转让武器装备科研生产许可证。

第十七条　国务院国防科技工业主管部门和省、自治区、直辖市人民政府负责国防科技工业管理的部门,应当将办理武器装备科研生产许可的有关材料及时归档,并妥善保存,严格保密。

第十八条　取得武器装备科研生产许可并承担武器装备科研生产任务的单位,应当接受军事代表机构的监督。

第三章　保密管理

第十九条　取得武器装备科研生产许可的单位应当遵守国家保密法律、法规和有关规定,建立健全保密管理制度,按照积极防范、突出重点、严格标准、明确责任的原则,对落实保密管理制度的情况进行定期或者不定期的检查,及时研究解决保密工作中的问题。

第二十条　取得武器装备科研生产许可的单位应当建立保密管理领导责任制,其主要负责人应当加强对本单位保密工作的组织领导,切实履行保密职责和义务。

第二十一条　取得武器装备科研生产许可的单位应当设立保密工作机构,配备保密管理人员。

保密管理人员应当熟悉国家保密法律、法规和有关规定,具备保密管理工作能力,掌握保密技术基础知识,并经过必要的培训、考核。

第二十二条 取得武器装备科研生产许可的单位应当与承担武器装备科研生产任务的涉及国家秘密人员签订岗位保密责任书,明确岗位保密责任,并对其进行经常性的保密教育培训。

涉及国家秘密人员应当熟悉国家保密法律、法规和有关规定,严格按照岗位保密责任书的要求,履行保密义务。

第二十三条 取得武器装备科研生产许可的单位应当依照国家保密法律、法规和有关规定,制作、收发、传递、使用、复制、保存和销毁国家秘密载体,严格控制接触国家秘密载体的人员范围。

第二十四条 取得武器装备科研生产许可的单位应当采取措施,在涉及国家秘密的要害部门、部位设置安全可靠的保密防护设施。

第二十五条 取得武器装备科研生产许可的单位应当依照国家保密法律、法规和有关规定对涉及国家秘密的计算机和信息系统采取安全保密防护措施,不得使用无安全保密保障的设备处理、传输、存储国家秘密信息。

第二十六条 取得武器装备科研生产许可的单位举办涉及国家秘密的重大会议或者活动,应当制订专项保密工作方案,并确定专人负责保密工作。涉及国家秘密的会议必须在有安全保密保障措施的场所进行,并严格控制与会人员的范围。

第二十七条 取得武器装备科研生产许可的单位在对外交流、合作和谈判等活动中,应当保守国家秘密,对外提供有关文件资料和实物样品,必须按照规定的程序事先经过批准。

第二十八条 取得武器装备科研生产许可的单位应当依照国家保密法律、法规和有关规定建立保密档案制度,对涉及国家秘密人员的管理、泄密事件查处等情况进行记录,及时归档,并对涉及国家秘密的档案实施有效管理。

第四章　法律责任

第二十九条　未依照本条例规定申请取得武器装备科研生产许可,擅自从事许可目录范围内武器装备科研生产活动的,责令停止违法行为,没收违法生产的产品,并处违法生产产品货值金额 1 倍以上 3 倍以下罚款;有违法所得的,没收违法所得。

第三十条　取得武器装备科研生产许可的单位,出租、出借或者以其他方式转让武器装备科研生产许可证的,处 10 万元罚款;情节严重的,吊销武器装备科研生产许可证。违法接受并使用他人提供的武器装备科研生产许可证的,责令停止武器装备生产活动,没收违法生产的产品,并处违法生产产品货值金额 1 倍以上 3 倍以下罚款;有违法所得的,没收违法所得。

第三十一条　伪造、变造武器装备科研生产许可证的,责令停止违法行为,处 10 万元罚款;有违法所得的,没收违法所得。

第三十二条　以欺骗、贿赂等不正当手段取得武器装备科研生产许可的,处 5 万元以上 20 万元以下罚款,并依照《中华人民共和国行政许可法》的有关规定处理。

第三十三条　国务院国防科技工业主管部门和省、自治区、直辖市人民政府负责国防科技工业管理的部门及其工作人员违反本条例规定,有下列情形之一的,由同级监察机关责令改正;情节严重的,对直接负责的主管人员和其他直接责任人员依法给予处分:

（一）对符合本条例规定条件的申请不予受理的;

（二）未依法说明不准予许可的理由的。

第三十四条　国务院国防科技工业主管部门和省、自治区、直辖市人民政府负责国防科技工业管理的部门有下列情形之一的,由同级监察机关责令改正,对直接负责的主管人员和其他直接责任人员依法给予处分:

（一）对不符合本条例规定条件的申请人准予许可或者超越法定职权做出准予许可决定的；

（二）对符合本条例规定条件的申请人不准予许可或者不在法定期限内做出准予许可决定的；

（三）发现未依照本条例规定申请取得武器装备科研生产许可而擅自从事列入许可目录的武器装备科研生产活动，不及时依法查处的。

第三十五条　取得武器装备科研生产许可的单位违反本条例第十九条、第二十条、第二十一条、第二十二条、第二十八条规定的，责令限期改正；逾期未改正的，处 5 万元以上 20 万元以下罚款，对直接负责的主管人员和其他直接责任人员依法给予处分。

第三十六条　取得武器装备科研生产许可的单位违反本条例第二十三条、第二十四条、第二十五条、第二十六条、第二十七条规定的，责令改正，处 5 万元以上 20 万元以下罚款，对直接负责的主管人员和其他直接责任人员依法给予处分；情节严重的，责令停业整顿直至吊销武器装备科研生产许可证。

第三十七条　取得武器装备科研生产许可的单位违反本条例规定，被吊销武器装备科研生产许可证的，在 3 年内不得再次申请武器装备科研生产许可。

第三十八条　本条例规定的行政处罚，由国务院国防科技工业主管部门实施。

第三十九条　违反本条例规定，构成犯罪的，依法追究刑事责任。

第五章　附　　则

第四十条　依照本条例规定实施武器装备科研生产许可，不得收取任何费用。

第四十一条 本条例施行前已经从事武器装备科研生产活动的单位应当自本条例施行之日起,在国务院国防科技工业主管部门规定的期限内,依照本条例规定申请取得武器装备科研生产许可。

第四十二条 军工电子行业科研生产许可管理,由其主管部门参照本条例规定执行。

第四十三条 本条例自 2008 年 4 月 1 日起施行。

国家国防科技工业局副局长虞列贵解读
《武器装备科研生产许可管理条例》

2008年3月6日,国务院总理温家宝、中央军委主席胡锦涛签署国务院、中央军委令,公布了《武器装备科研生产许可管理条例》(以下简称条例),自2008年4月1日起施行。日前,国家国防科技工业局副局长虞列贵就《武器装备科研生产许可管理条例》有关问题进行了解读。

一、制定条例的背景和必要性

武器装备的科研生产关系国防安全和国家安全。长期以来,我国武器装备科研生产一直实行封闭的计划经济管理体制,即由国家指定的企事业单位,根据国家指令性计划要求,从事各项武器装备科研生产任务,非国家指定的企事业单位不得从事武器装备科研生产。这种管理体制虽然保障了武器装备科研生产的安全稳定,但也因抑制了其他社会主体参与武器装备科研生产的积极性,而降低了整个武器装备科研生产活动的活力和效率。改革开放以后,特别是近年来随着社会主义市场经济体制的不断完善,武器装备科研生产管理体制和运行机制,在"军民结合、寓军于民"的方针指导下,进行了一系列的改革和调整,军民分割、条块分割、自我封闭、自成体系的状况正在被逐步打破,目前,除原有军工企事业单位外,民营企业、外资企业等非公有制经济主体也开始进入武器装备科研生产领域,武器装备科研生产主体呈现出多元化的趋势。

从事武器装备科研生产的单位需要有可靠的技术条件、质量管理体系和严格的保密制度。世界很多国家,如俄罗斯、法国、日本、德国等都对武器装备科研生产实行严格的许可管理。为了适应武器装备科研生产主体多元化的新情况,更为了贯彻"军民结合、寓军于民"的方针,促进武器装备科研生产的健康发展,规范武器装备科研生产秩序,加强武器装备科研生产安全保密管理,保证武器装备科研生产质量合格稳定,满足国防建设需要,有必要在认真总结我国武器装备科研生产管理经验的基础上,制定武器装备科研生产许可管理条例。

制定武器装备科研生产许可管理条例,一是通过对从事制定武器装备科研生产活动单位的资质审查,加强对制定武器装备科研生产活动的监督管理,全面保证制定武器装备科研生产质量合格稳定。二是通过武器装备科研生产许可制定,有效实施对武器装备科研生产的保密管理,强化武器装备科研生产单位的保密意识,严格保密制度,及时发现和消除保密隐患,堵绝失密、泄密事件的发生。三是通过建立必要的约束机制,保证承担武器装备科研生产任务的单位持续保持和提高武器装备科研生产能力和水平。同时,通过规定严格的行政处罚措施,制止擅自从事武器装备科研生产的违法行为,保证武器装备科研生产活动有序进行。

二、条例的适用范围

武器装备科研生产活动种类较多,对国家安全、公共安全,公民人身健康和生命财产安全的危险程度也不尽相同。比如,有的武器装备科研生产,属于武器装备总体、系统或者关键分系统的研制生产,不仅研制过程危险等级高,而且涉及重大国家秘密。有的武器装备科研生产,属于武器装备零部件、元器件和原材料的研制生产,危险等级和涉及国家秘密程度相对偏低,甚至不涉及国家秘密。因此,不宜笼统地将全部武器装备科研生产活动纳入许可管理的范围。目前,条例规定需要实施许可管理的武器装备科研生产活动,仅限于列入武器装备科研生产许可目录的科研生产活动。至于哪些武器装备科研生产活动列入许可目录,哪些武器装备科研生产活动不列入许可目录,许可条例没有做明确规定,而是授权武器装备科研生产许可管理机关,根据实际需要,综合考虑武器装备的重要程度、危险程度、技术复杂程度和发展水平等因素,会同有关部门制定并适时调整。

为了使武器装备科学研究适应现代武器装备自主研制和信息化建设的需要,保证自主创新的武器装备技术和产品满足国防建设的国家安全的需要,同时考虑到武器装备科学研究既有作为武器装备科研生产基础的相对独立性,又有与整个国家科学研究相联系的统一性,条例规定专门的武器装备科学研究活动,不实施许可制度,以鼓励科研院所、高等院校以及其他企事业单位的科学研究。对于从事武器装备生产的行为,以及既从事武器装备科学研究又从事武器装备生产的行为,则纳入许可管理范围。

另外,条例还规定国务院国防科技工业主管部门根据国家武器装备科研生产能力布局的要求,按照武器装备科研生产的实际需要,经征求总装备部意见,可以对有特殊要求的武器装备科研生产许可做出数量限制。

三、申请武器装备科研生产许可需要具备的条件

条例明确了申请武器装备科研生产许可的单位应当具备以下条件,(一)具有法人资格;(二)有与申请从事的武器装备科研生产活动相适应的专业技术人员;(三)有与申请从事的武器装备科研生产活动相适应的科研生产条件和检验检测、试验手段;(四)有与申请从事的武器装备科研生产活动相适应的技术和工艺;(五)经评定合格的质量管理体系;(六)有与申请从事的武器装备科研生产活动相适应的安全生产条件;(七)有与申请从事的武器装备科研生产活动相适应的保密资格。

四、武器装备科研生产许可程序

条例规定,申请武器装备科研生产许可的单位,应当向所在地的

省、自治区、直辖市人民政府负责国防科技工业管理的部门提出申请。但是,许可目录规定应当向国务院国防科技工业主管部门申请武器装备科研生产许可的,应当直接向国务院国防科技工业主管部门提出申请,并将申请材料同时报送总装备部。国务院国防科技工业主管部门和省、自治区、直辖市人民政府负责国防科技工业管理的部门在收到企事业单位提出的申请后,应当依照《中华人民共和国行政许可法》规定的程序办理。其中,省、自治区、直辖市人民政府负责国防科技工业管理的部门组织对申请单位进行审查,应当征求中国人民解放军派驻的军事代表机构的意见,并自受理申请之日起30日内完成审查,将审查意见和全部申请材料报送国务院国防科技工业主管部门,同时报送总装备部。国务院国防科技工业主管部门受理申请后,应当进行审查,并自受理申请之日起60日内或者自收到省、自治区、直辖市人民政府负责国防科技工业管理的部门报送的审查意见和全部申请材料之日起30日内,做出决定。做出准予许可决定的,应当自做出决定之日起10日内向提出申请的单位颁发武器装备科研生产许可证;做出不准予许可决定的,应当书面通知提出申请的单位,并说明理由。条例同时规定,国务院国防科技工业主管部门在做出决定前,应当书面征求总装备部的意见,总装备部应当在10日内回复意见。

五、加强武器装备科研生产活动保密管理的规定

条例为加强武器装备科研生产活动保密管理,设立了较为完善的保密管理制度。

一是,定期或者不定期的保密检查制度。条例要求取得武器装备科研生产许可的单位应当遵守国家保密法律、法规和有关规定,建立健全保密管理制度,按照积极防范、突出重点、严格标准、明确责任的原则,对落实保密管理制度的情况进行定期或者不定期的检查,及时研究解决保密工作中的问题。

二是,规定了保密管理工作的责任制度,要求取得武器装备科研生产许可的单位应当实行保密管理领导责任制,其主要负责人应当加强对本单位保密工作的组织领导,切实履行国家保密法律、行政法规和有关规定的保密职责和义务。

三是,保密机构及人员的要求。条例规定,取得武器装备科研生产许可的单位应当设立保密工作机构,配备符合要求的保密工作人员。同时,应当与承担武器装备科研生产任务的涉密人员签订岗位保密责任书,明确岗位保密责任,并对其进行经常性的保密教育培训。

四是,特殊保密防护措施。条例规定取得武器装备科研生产许可的单位应当在涉及国家秘密的保密要害部门、部位设置完善可靠的保密防护设施,并依照国家保密法律、法规和有关规定,制作、守法、传递、使用、复制、保存和销毁国家秘密载体,对涉及国家秘密的计算机和信息系统采取安全保密防护措施。

五是,涉密会议和活动的保密要求。条例规定,取得武器装备科研生产许可的单位举办涉及国家秘密的重大会议或者活动时,应当制定专项保密工作方案,并确定专人负责保密工作。涉及国家秘密的会议必须在有安全保密保障措施的场所进行,并严格控制与会人员的范围。取得武器装备科研生产许可的单位进行对外交流、合作和谈判等活动,也应当保守国家秘密。

六是,保密档案制度。条例规定取得武器装备科研生产许可的单位应当依照国家保密法律、法规和有关规定建立保密档案制度,对涉及国家秘密人员的管理、泄密事件查处等情况进行记录,及时归档,并对涉及国家秘密的档案实施有效管理。

六、违反条例规定应承担的法律责任

为了确保武器装备科研生产许可制度真正发挥作用,条例规定了严格和具体的法律责任,加大对违法行为的处罚力度。

一是,明确规定了从事武器装备科研生产活动单位的法律责任。包括:未依照本条例规定申请取得武器装备科研生产许可,擅自从事许可目录范围内武器装备科研生产活动的,责令停止违法行为,没收违法生产的产品,并处违法生产产品货值金额1倍以上3倍以下的罚款;有违法所得的,没收违法所得。伪造、变造武器装备科研生产许可证的,责令停止违法行为,处10万元罚款;有违法所得的,没收违法所得。取得武器装备科研生产许可的单位,出租、出借或者以其他形式转让武器装备科研生产许可证的,处10万元罚款;情节严重的,吊销武器装备科研生产许可证。违法接受并使用他人提供的武器装备科研生产许可证的,责令停止武器装备生产活动,没收违法生产的产品,处违法生产产品货值金额1倍以上3倍以下的罚款;有违法所得的,没收违法所得。取得武器装备科研生产许可的单位及其人员违反本条例第十九条、第二十条、第二十一条、第二十二条、第二十八条规定的,责令限期改正;逾期未改正的,处5万元以上20万元以下的罚款,对直接负责的主管人员和其他直接责任人员依法给予处分。取得武器装备科研生产许可的单位及其人员违反本条例第二十三条、第二十四条、第二十五条、第二十六条、第二十七条规定的,责令改正,处5万元以上20万元以下的罚款,对直接负责的主管人员和其他直接责任人员依法给予处分;情节严重的,责令停业整顿直至吊销武器装备科研生产许可证。以及取得武器装备科研生产许可的单位违反本条例规定,被吊销武器装备科研生产许可证的,在3年内不得再次申请武器装备科研生产许可等。

二是,明确规定武器装备科研生产许可管理政府部门及其工作人员的法律责任。包括:国务院国防科技工业主管部门和省、自治区、直辖市人民政府负责国防科技工业管理的部门及其工作人员违反本条例的规定,有下列情形之一的,由同级监察机关责令改正;情节严重的,对直接负责的主管人员和其他直接责任人员依法给予处分:(一)对符合本条例规定条件的申请不予受理的;(二)未依法说明不准予许可的理由的。国务院国防科技工业主管部门和省、自治区、直辖市人民政府负责国防科技工业管理的部门有下列情形之一的,由同级监察机关责令改正,对直接负责的主管人员和其他直接责任人员依法给予处分:(一)对不符合本条例规定条件的申请人准予许可或者超越法定职权做出准予许可决定的;(二)对符合本条例规定的条件的申请人不予许可或者不在法定期限内做出准予许可决定的;(三)发现未依照本条例规定申请取得武器装备科研生产许可而擅自从事列入目录的武器装备科研生产活动,而不及时依法查处的。

（中国政府网 2008 年 4 月 15 日）

中华人民共和国国务院令

第 522 号

《证券公司监督管理条例》已经2008年4月23日国务院第6次常务会议通过,现予公布,自2008年6月1日起施行。

总理 温家宝

二〇〇八年四月二十三日

证券公司监督管理条例

第一章 总 则

第一条 为了加强对证券公司的监督管理,规范证券公司的行为,防范证券公司的风险,保护客户的合法权益和社会公共利益,促进证券业健康发展,根据《中华人民共和国公司法》(以下简称《公司法》)、《中华人民共和国证券法》(以下简称《证券法》),制定本条例。

第二条 证券公司应当遵守法律、行政法规和国务院证券监督管理机构的规定,审慎经营,履行对客户的诚信义务。

第三条 证券公司的股东和实际控制人不得滥用权利,占用证券公司或者客户的资产,损害证券公司或者客户的合法权益。

第四条 国家鼓励证券公司在有效控制风险的前提下,依法开展经营方式创新、业务或者产品创新、组织创新和激励约束机制创新。

国务院证券监督管理机构、国务院有关部门应当采取有效措施,促进证券公司的创新活动规范、有序进行。

第五条 证券公司按照国家规定,可以发行、交易、销售证券类金融产品。

第六条 国务院证券监督管理机构依法履行对证券公司的监督管理职责。国务院证券监督管理机构的派出机构在国务院证券监督管理机构的授权范围内,履行对证券公司的监督管理职责。

第七条 国务院证券监督管理机构、中国人民银行、国务院其他金融监督管理机构应当建立证券公司监督管理的信息共享机制。

国务院证券监督管理机构和地方人民政府应当建立证券公司的有关情况通报机制。

第二章 设立与变更

第八条 设立证券公司,应当具备《公司法》、《证券法》和本条例规定的条件,并经国务院证券监督管理机构批准。

第九条 证券公司的股东应当用货币或者证券公司经营必需的非货币财产出资。证券公司股东的非货币财产出资总额不得超过证券公司注册资本的30%。

证券公司股东的出资,应当经具有证券、期货相关业务资格的会计师事务所验资并出具证明;出资中的非货币财产,应当经具有证券相关业务资格的资产评估机构评估。

在证券公司经营过程中,证券公司的债权人将其债权转为证券公司股权的,不受本条第一款规定的限制。

第十条 有下列情形之一的单位或者个人,不得成为持有证券公司5%以上股权的股东、实际控制人:

(一)因故意犯罪被判处刑罚,刑罚执行完毕未逾3年;

(二)净资产低于实收资本的50%,或者或有负债达到净资产的50%;

(三)不能清偿到期债务;

(四)国务院证券监督管理机构认定的其他情形。

证券公司的其他股东应当符合国务院证券监督管理机构的相关要求。

第十一条 证券公司应当有3名以上在证券业担任高级管理人员满2年的高级管理人员。

第十二条 证券公司设立时,其业务范围应当与其财务状况、内部控制制度、合规制度和人力资源状况相适应;证券公司在经营过程中,经其申请,国务院证券监督管理机构可以根据其财务状况、内部控制水平、合规程度、高级管理人员业务管理能力、专业人员数量,对其业务范围进行调整。

第十三条 证券公司变更注册资本、业务范围、公司形式或者公司章程中的重要条款,合并、分立,设立、收购或者撤销境内分支机构,变更境内分支机构的营业场所,在境外设立、收购、参股证券经营机构,应当经国务院证券监督管理机构批准。

前款所称公司章程中的重要条款,是指规定下列事项的条款:

(一)证券公司的名称、住所;

(二)证券公司的组织机构及其产生办法、职权、议事规则;

(三)证券公司对外投资、对外提供担保的类型、金额和内部审批程序;

(四)证券公司的解散事由与清算办法;

(五)国务院证券监督管理机构要求证券公司章程规定的其他事项。

本条第一款所称证券公司分支机构,是指从事业务经营活动的分公司、证券营业部等证券公司下属的非法人单位。

第十四条 任何单位或者个人有下列情形之一的,应当事先告知证券公司,由证券公司报国务院证券监督管理机构批准:

(一)认购或者受让证券公司的股权后,其持股比例达到证券公司注册资本的5%;

(二)以持有证券公司股东的股权或者其他方式,实际控制证券公司5%以上的股权。

未经国务院证券监督管理机构批准,任何单位或者个人不得委托他人或者接受他人委托持有或者管理证券公司的股权。证券公司的股东不得违反国家规定,约定不按照出资比例行使表决权。

第十五条 证券公司合并、分立的,涉及客户权益的重大资产转让应当经具有证券相关业务资格的资产评估机构评估。

证券公司停业、解散或者破产的,应当经国务院证券监督管理机构批准,并按照有关规定安置客户、处理未了结的业务。

第十六条 国务院证券监督管理机构应当对下列申请进行审查,并在下列期限内,作出批准或者不予批准的书面决定:

(一)对在境内设立证券公司或者在境外设立、收购或者参股证券经营机构的申请,自受理之日起 6 个月;

(二)对变更注册资本、合并、分立或者要求审查股东、实际控制人资格的申请,自受理之日起 3 个月;

(三)对变更业务范围、公司形式、公司章程中的重要条款或者要求审查高级管理人员任职资格的申请,自受理之日起 45 个工作日;

(四)对设立、收购、撤销境内分支机构,变更境内分支机构的营业场所,或者停业、解散、破产的申请,自受理之日起 30 个工作日;

(五)对要求审查董事、监事、境内分支机构负责人任职资格的申请,自受理之日起 20 个工作日。

国务院证券监督管理机构审批证券公司及其分支机构的设立申请,应当考虑证券市场发展和公平竞争的需要。

第十七条 公司登记机关应当依照法律、行政法规的规定,凭国务院证券监督管理机构的批准文件,办理证券公司及其境内分支机构的设立、变更、注销登记。

证券公司在取得公司登记机关颁发或者换发的证券公司或者境内分支机构的营业执照后,应当向国务院证券监督管理机构申请颁发或者换发经营证券业务许可证。经营证券业务许可证应当载明证券公司或者境内分支机构的证券业务范围。

未取得经营证券业务许可证,证券公司及其境内分支机构不得经营证券业务。

证券公司停止全部证券业务、解散、破产或者撤销境内分支机构的,应当在国务院证券监督管理机构指定的报刊上公告,并按照规定将经营证券业务许可证交国务院证券监督管理机构注销。

第三章　组织机构

第十八条　证券公司应当依照《公司法》、《证券法》和本条例的规定,建立健全组织机构,明确决策、执行、监督机构的职权。

第十九条　证券公司可以设独立董事。证券公司的独立董事,不得在本证券公司担任董事会外的职务,不得与本证券公司存在可能妨碍其做出独立、客观判断的关系。

第二十条　证券公司经营证券经纪业务、证券资产管理业务、融资融券业务和证券承销与保荐业务中两种以上业务的,其董事会应当设薪酬与提名委员会、审计委员会和风险控制委员会,行使公司章程规定的职权。

证券公司董事会设薪酬与提名委员会、审计委员会的,委员会负责人由独立董事担任。

第二十一条　证券公司设董事会秘书,负责股东会和董事会会议的筹备、文件的保管以及股东资料的管理,按照规定或者根据国务院证券监督管理机构、股东等有关单位或者个人的要求,依法提供有关资料,办理信息报送或者信息披露事项。董事会秘书为证券公司高级管理人员。

第二十二条　证券公司设立行使证券公司经营管理职权的机构,应当在公司章程中明确其名称、组成、职责和议事规则,该机构的成员为证券公司高级管理人员。

第二十三条　证券公司设合规负责人,对证券公司经营管理行为的合法合规性进行审查、监督或者检查。合规负责人为证券公司高级管理人员,由董事会决定聘任,并应当经国务院证券监督管理机构认可。合规负责人不得在证券公司兼任负责经营管理的职务。

合规负责人发现违法违规行为,应当向公司章程规定的机构报告,同时按照规定向国务院证券监督管理机构或者有关自律组织报告。

证券公司解聘合规负责人,应当有正当理由,并自解聘之日起3个工作日内将解聘的事实和理由书面报告国务院证券监督管理机构。

第二十四条 证券公司的董事、监事、高级管理人员和境内分支机构负责人应当在任职前取得经国务院证券监督管理机构核准的任职资格。

证券公司不得聘任、选任未取得任职资格的人员担任前款规定的职务;已经聘任、选任的,有关聘任、选任的决议、决定无效。

第二十五条 证券公司的法定代表人或者高级管理人员离任的,证券公司应当对其进行审计,并自其离任之日起2个月内将审计报告报送国务院证券监督管理机构;证券公司的法定代表人或者经营管理的主要负责人离任的,应当聘请具有证券、期货相关业务资格的会计师事务所对其进行审计。

前款规定的审计报告未报送国务院证券监督管理机构的,离任人员不得在其他证券公司任职。

第四章 业务规则与风险控制

第一节 一般规定

第二十六条 证券公司及其境内分支机构从事《证券法》第一百二十五条规定的证券业务,应当遵守《证券法》和本条例的规定。

证券公司及其境内分支机构经营的业务应当经国务院证券监督管理机构批准,不得经营未经批准的业务。

2 个以上的证券公司受同一单位、个人控制或者相互之间存在控制关系的,不得经营相同的证券业务,但国务院证券监督管理机构另有规定的除外。

第二十七条 证券公司应当按照审慎经营的原则,建立健全风险管理与内部控制制度,防范和控制风险。

证券公司应当对分支机构实行集中统一管理,不得与他人合资、合作经营管理分支机构,也不得将分支机构承包、租赁或者委托给他人经营管理。

第二十八条 证券公司受证券登记结算机构委托,为客户开立证券账户,应当按照证券账户管理规则,对客户申报的姓名或者名称、身份的真实性进行审查。同一客户开立的资金账户和证券账户的姓名或者名称应当一致。

证券公司为证券资产管理客户开立的证券账户,应当自开户之日起 3 个交易日内报证券交易所备案。

证券公司不得将客户的资金账户、证券账户提供给他人使用。

第二十九条 证券公司从事证券资产管理业务、融资融券业务,销售证券类金融产品,应当按照规定程序,了解客户的身份、财产与收入状况、证券投资经验和风险偏好,并以书面和电子方式予以记载、保存。证券公司应当根据所了解的客户情况推荐适当的产品或者服务。具体规则由中国证券业协会制定。

第三十条 证券公司与客户签订证券交易委托、证券资产管理、融资融券等业务合同,应当事先指定专人向客户讲解有关业务规则和合同内容,并将风险揭示书交由客户签字确认。业务合同的必备条款和风险揭示书的标准格式,由中国证券业协会制定,并报国务院证券监督管理机构备案。

第三十一条 证券公司从事证券资产管理业务、融资融券业务,应当按照规定编制对账单,按月寄送客户。证券公司与客户对对账单送交时间或者方式另有约定的,从其约定。

第三十二条 证券公司应当建立信息查询制度,保证客户在证券公司营业时间内能够随时查询其委托记录、交易记录、证券和资金余额,以及证券公司业务经办人员和证券经纪人的姓名、执业证书、证券经纪人证书编号等信息。

客户认为有关信息记录与实际情况不符的,可以向证券公司或者国务院证券监督管理机构投诉。证券公司应当指定专门部门负责处理客户投诉。国务院证券监督管理机构应当根据客户的投诉,采取相应措施。

第三十三条 证券公司不得违反规定委托其他单位或者个人进行客户招揽、客户服务、产品销售活动。

第三十四条 证券公司向客户提供投资建议,不得对证券价格的涨跌或者市场走势做出确定性的判断。

证券公司及其从业人员不得利用向客户提供投资建议而谋取不正当利益。

第三十五条 证券公司应当建立并实施有效的管理制度,防范其从业人员直接或者以化名、他人名义持有、买卖股票,收受他人赠送的股票。

第三十六条 证券公司应当按照规定提取一般风险准备金,用于弥补经营亏损。

第二节 证券经纪业务

第三十七条 证券公司从事证券经纪业务,应当对客户账户内的资金、证券是否充足进行审查。客户资金账户内的资金不足的,不得接受其买入委托;客户证券账户内的证券不足的,不得接受其卖出委托。

第三十八条 证券公司从事证券经纪业务,可以委托证券公司以外的人员作为证券经纪人,代理其进行客户招揽、客户服务等活动。证券经纪人应当具有证券从业资格。

证券公司应当与接受委托的证券经纪人签订委托合同,颁发证券经纪人证书,明确对证券经纪人的授权范围,并对证券经纪人的执业行为进行监督。

证券经纪人应当在证券公司的授权范围内从事业务,并应当向客户出示证券经纪人证书。

第三十九条 证券经纪人应当遵守证券公司从业人员的管理规定,其在证券公司授权范围内的行为,由证券公司依法承担相应的法律责任;超出授权范围的行为,证券经纪人应当依法承担相应的法律责任。

证券经纪人只能接受一家证券公司的委托,进行客户招揽、客户服务等活动。

证券经纪人不得为客户办理证券认购、交易等事项。

第四十条 证券公司向客户收取证券交易费用,应当符合国家有关规定,并将收费项目、收费标准在营业场所的显著位置予以公示。

第三节 证券自营业务

第四十一条 证券公司从事证券自营业务,限于买卖依法公开发行的股票、债券、权证、证券投资基金或者国务院证券监督管理机构认可的其他证券。

第四十二条 证券公司从事证券自营业务,应当使用实名证券自营账户。

证券公司的证券自营账户,应当自开户之日起 3 个交易日内报证券交易所备案。

第四十三条 证券公司从事证券自营业务,不得有下列行为:

(一)违反规定购买本证券公司控股股东或者与本证券公司有

其他重大利害关系的发行人发行的证券；

（二）违反规定委托他人代为买卖证券；

（三）利用内幕信息买卖证券或者操纵证券市场；

（四）法律、行政法规或者国务院证券监督管理机构禁止的其他行为。

第四十四条 证券公司从事证券自营业务，自营证券总值与公司净资本的比例、持有一种证券的价值与公司净资本的比例、持有一种证券的数量与该证券发行总量的比例等风险控制指标，应当符合国务院证券监督管理机构的规定。

第四节 证券资产管理业务

第四十五条 证券公司可以依照《证券法》和本条例的规定，从事接受客户的委托、使用客户资产进行投资的证券资产管理业务。投资所产生的收益由客户享有，损失由客户承担，证券公司可以按照约定收取管理费用。

证券公司从事证券资产管理业务，应当与客户签订证券资产管理合同，约定投资范围、投资比例、管理期限及管理费用等事项。

第四十六条 证券公司从事证券资产管理业务，不得有下列行为：

（一）向客户做出保证其资产本金不受损失或者保证其取得最低收益的承诺；

（二）接受一个客户的单笔委托资产价值，低于国务院证券监督管理机构规定的最低限额；

（三）使用客户资产进行不必要的证券交易；

（四）在证券自营账户与证券资产管理账户之间或者不同的证券资产管理账户之间进行交易，且无充分证据证明已依法实现有效隔离；

（五）法律、行政法规或者国务院证券监督管理机构禁止的其他行为。

第四十七条 证券公司使用多个客户的资产进行集合投资,或者使用客户资产专项投资于特定目标产品的,应当符合国务院证券监督管理机构的有关规定,并报国务院证券监督管理机构批准。

国务院证券监督管理机构应当自受理申请之日起 2 个月内,对前款规定的事项作出批准或者不予批准的书面决定。

第五节　融资融券业务

第四十八条 本条例所称融资融券业务,是指在证券交易所或者国务院批准的其他证券交易场所进行的证券交易中,证券公司向客户出借资金供其买入证券或者出借证券供其卖出,并由客户交存相应担保物的经营活动。

第四十九条 证券公司经营融资融券业务,应当具备下列条件:

（一）证券公司治理结构健全,内部控制有效;

（二）风险控制指标符合规定,财务状况、合规状况良好;

（三）有经营融资融券业务所需的专业人员、技术条件、资金和证券;

（四）有完善的融资融券业务管理制度和实施方案;

（五）国务院证券监督管理机构规定的其他条件。

第五十条 证券公司从事融资融券业务,应当与客户签订融资融券合同,并按照国务院证券监督管理机构的规定,以证券公司的名义在证券登记结算机构开立客户证券担保账户,在指定商业银行开立客户资金担保账户。客户资金担保账户内的资金应当参照本条例第五十七条的规定进行管理。

在以证券公司名义开立的客户证券担保账户和客户资金担保账户内,应当为每一客户单独开立授信账户。

第五十一条 证券公司向客户融资,应当使用自有资金或者依法筹集的资金;向客户融券,应当使用自有证券或者依法取得处分权的证券。

第五十二条 证券公司向客户融资融券时,客户应当交存一定比例的保证金。保证金可以用证券充抵。

客户交存的保证金以及通过融资融券交易买入的全部证券和卖出证券所得的全部资金,均为对证券公司的担保物,应当存入证券公司客户证券担保账户或者客户资金担保账户并记入该客户授信账户。

第五十三条 客户证券担保账户内的证券和客户资金担保账户内的资金为信托财产。证券公司不得违背受托义务侵占客户担保账户内的证券或者资金。除本条例第五十四条规定的情形或者证券公司和客户依法另有约定的情形外,证券公司不得动用客户担保账户内的证券或者资金。

第五十四条 证券公司应当逐日计算客户担保物价值与其债务的比例。当该比例低于规定的最低维持担保比例时,证券公司应当通知客户在一定的期限内补交差额。客户未能按期交足差额,或者到期未偿还融资融券债务的,证券公司应当立即按照约定处分其担保物。

第五十五条 客户依照本条例第五十二条第一款规定交存保证金的比例,由国务院证券监督管理机构授权的单位规定。

证券公司可以向客户融出的证券和融出资金可以买入证券的种类,可充抵保证金的有价证券的种类和折算率,融资融券的期限,最低维持担保比例和补交差额的期限,由证券交易所规定。

本条第一款、第二款规定由被授权单位或者证券交易所做出的相关规定,应当向国务院证券监督管理机构备案,且不得违反国家货币政策。

第五十六条 证券公司从事融资融券业务,自有资金或者证券不足的,可以向证券金融公司借入。证券金融公司的设立和解散由国务院决定。

第五章　客户资产的保护

第五十七条　证券公司从事证券经纪业务,其客户的交易结算资金应当存放在指定商业银行,以每个客户的名义单独立户管理。

指定商业银行应当与证券公司及其客户签订客户的交易结算资金存管合同,约定客户的交易结算资金存取、划转、查询等事项,并按照证券交易净额结算、货银对付的要求,为证券公司开立客户的交易结算资金汇总账户。

客户的交易结算资金的存取,应当通过指定商业银行办理。指定商业银行应当保证客户能够随时查询客户的交易结算资金的余额及变动情况。

指定商业银行的名单,由国务院证券监督管理机构会同国务院银行业监督管理机构确定并公告。

第五十八条　证券公司从事证券资产管理业务,应当将客户的委托资产交由本条例第五十七条第四款规定的指定商业银行或者国务院证券监督管理机构认可的其他资产托管机构托管。

资产托管机构应当按照国务院证券监督管理机构的规定和证券资产管理合同的约定,履行安全保管客户的委托资产、办理资金收付事项、监督证券公司投资行为等职责。

第五十九条　客户的交易结算资金、证券资产管理客户的委托资产属于客户,应当与证券公司、指定商业银行、资产托管机构的自有资产相互独立、分别管理。非因客户本身的债务或者法律规定的其他情形,任何单位或者个人不得对客户的交易结算资金、委托资产申请查封、冻结或者强制执行。

第六十条　除下列情形外,不得动用客户的交易结算资金或者委托资金：

（一）客户进行证券的申购、证券交易的结算或者客户提款；

（二）客户支付与证券交易有关的佣金、费用或者税款；

（三）法律规定的其他情形。

第六十一条 证券公司不得以证券经纪客户或者证券资产管理客户的资产向他人提供融资或者担保。任何单位或者个人不得强令、指使、协助、接受证券公司以其证券经纪客户或者证券资产管理客户的资产提供融资或者担保。

第六十二条 指定商业银行、资产托管机构和证券登记结算机构应当对存放在本机构的客户的交易结算资金、委托资金和客户担保账户内的资金、证券的动用情况进行监督，并按照规定定期向国务院证券监督管理机构报送客户的交易结算资金、委托资金和客户担保账户内的资金、证券的存管或者动用情况的有关数据。

指定商业银行、资产托管机构和证券登记结算机构对超出本条例第五十三条、第五十四条、第六十条规定的范围，动用客户的交易结算资金、委托资金和客户担保账户内的资金、证券的申请、指令，应当拒绝；发现客户的交易结算资金、委托资金和客户担保账户内的资金、证券被违法动用或者有其他异常情况的，应当立即向国务院证券监督管理机构报告，并抄报有关监督管理机构。

第六章 监督管理措施

第六十三条 证券公司应当自每一会计年度结束之日起4个月内，向国务院证券监督管理机构报送年度报告；自每月结束之日起7个工作日内，报送月度报告。

发生影响或者可能影响证券公司经营管理、财务状况、风险控制指标或者客户资产安全的重大事件的，证券公司应当立即向国务院证券监督管理机构报送临时报告，说明事件的起因、目前的状态、可能产生的后果和拟采取的相应措施。

第六十四条 证券公司年度报告中的财务会计报告、风险控制指标报告以及国务院证券监督管理机构规定的其他专项报告,应当经具有证券、期货相关业务资格的会计师事务所审计。证券公司年度报告应当附有该会计师事务所出具的内部控制评审报告。

证券公司的董事、高级管理人员应当对证券公司年度报告签署确认意见;经营管理的主要负责人和财务负责人应当对月度报告签署确认意见。在证券公司年度报告、月度报告上签字的人员,应当保证报告的内容真实、准确、完整;对报告内容持有异议的,应当注明自己的意见和理由。

第六十五条 对证券公司报送的年度报告、月度报告,国务院证券监督管理机构应当指定专人进行审核,并制作审核报告。审核人员应当在审核报告上签字。审核中发现问题的,国务院证券监督管理机构应当及时采取相应措施。

国务院证券监督管理机构应当对有关机构报送的客户的交易结算资金、委托资金和客户担保账户内的资金、证券的有关数据进行比对、核查,及时发现资金或者证券被违法动用的情况。

第六十六条 证券公司应当依法向社会公开披露其基本情况、参股及控股情况、负债及或有负债情况、经营管理状况、财务收支状况、高级管理人员薪酬和其他有关信息。具体办法由国务院证券监督管理机构制定。

第六十七条 国务院证券监督管理机构可以要求下列单位或者个人,在指定的期限内提供与证券公司经营管理和财务状况有关的资料、信息:

(一)证券公司及其董事、监事、工作人员;

(二)证券公司的股东、实际控制人;

(三)证券公司控股或者实际控制的企业;

(四)证券公司的开户银行、指定商业银行、资产托管机构、证券交易所、证券登记结算机构；

（五）为证券公司提供服务的证券服务机构。

第六十八条 国务院证券监督管理机构有权采取下列措施，对证券公司的业务活动、财务状况、经营管理情况进行检查：

（一）询问证券公司的董事、监事、工作人员，要求其对有关检查事项作出说明；

（二）进入证券公司的办公场所或者营业场所进行检查；

（三）查阅、复制与检查事项有关的文件、资料，对可能被转移、隐匿或者毁损的文件、资料、电子设备予以封存；

（四）检查证券公司的计算机信息管理系统，复制有关数据资料。

国务院证券监督管理机构为查清证券公司的业务情况、财务状况，经国务院证券监督管理机构负责人批准，可以查询证券公司及与证券公司有控股或者实际控制关系企业的银行账户。

第六十九条 证券公司以及有关单位和个人披露、报送或者提供的资料、信息应当真实、准确、完整，不得有虚假记载、误导性陈述或者重大遗漏。

第七十条 国务院证券监督管理机构对治理结构不健全、内部控制不完善、经营管理混乱、设立账外账或者进行账外经营、拒不执行监督管理决定、违法违规的证券公司，应当责令其限期改正，并可以采取下列措施：

（一）责令增加内部合规检查的次数并提交合规检查报告；

（二）对证券公司及其有关董事、监事、高级管理人员、境内分支机构负责人给予谴责；

（三）责令处分有关责任人员，并报告结果；

（四）责令更换董事、监事、高级管理人员或者限制其权利；

（五）对证券公司进行临时接管，并进行全面核查；

（六）责令暂停证券公司或者其境内分支机构的部分或者全部

业务、限期撤销境内分支机构。

证券公司被暂停业务、限期撤销境内分支机构的,应当按照有关规定安置客户、处理未了结的业务。

对证券公司的违法违规行为,合规负责人已经依法履行制止和报告职责的,免除责任。

第七十一条 任何单位或者个人未经批准,持有或者实际控制证券公司5%以上股权的,国务院证券监督管理机构应当责令其限期改正;改正前,相应股权不具有表决权。

第七十二条 任何人未取得任职资格,实际行使证券公司董事、监事、高级管理人员或者境内分支机构负责人职权的,国务院证券监督管理机构应当责令其停止行使职权,予以公告,并可以按照规定对其采取证券市场禁入的措施。

第七十三条 证券公司董事、监事、高级管理人员或者境内分支机构负责人不再具备任职资格条件的,证券公司应当解除其职务并向国务院证券监督管理机构报告;证券公司未解除其职务的,国务院证券监督管理机构应当责令其解除。

第七十四条 证券公司聘请或者解聘会计师事务所的,应当自做出决定之日起3个工作日内报国务院证券监督管理机构备案;解聘会计师事务所的,应当说明理由。

第七十五条 会计师事务所对证券公司或者其有关人员进行审计,可以查阅、复制与审计事项有关的客户信息或者证券公司的其他有关文件、资料,并可以调取证券公司计算机信息管理系统内的有关数据资料。

会计师事务所应当对所知悉的信息保密。法律、行政法规另有规定的除外。

第七十六条 证券交易所应当对证券公司证券自营账户和证券资产管理账户的交易行为进行实时监控;发现异常情况的,应当及时按照交易规则和会员管理规则处理,并向国务院证券监督管理机构报告。

第七章 法律责任

第七十七条 证券公司有下列情形之一的,依照《证券法》第一百九十八条的规定处罚:

(一)聘任不具有任职资格的人员担任境内分支机构的负责人;

(二)未按照国务院证券监督管理机构依法做出的决定,解除不再具备任职资格条件的董事、监事、高级管理人员、境内分支机构负责人的职务。

第七十八条 证券公司从事证券经纪业务,客户资金不足而接受其买入委托,或者客户证券不足而接受其卖出委托的,依照《证券法》第二百零五条的规定处罚。

第七十九条 证券公司将客户的资金账户、证券账户提供给他人使用的,依照《证券法》第二百零八条的规定处罚。

第八十条 证券公司诱使客户进行不必要的证券交易,或者从事证券资产管理业务时,使用客户资产进行不必要的证券交易的,依照《证券法》第二百一十条的规定处罚。

第八十一条 证券公司有下列情形之一的,依照《证券法》第二百一十九条的规定处罚:

(一)证券公司或者其境内分支机构超出国务院证券监督管理机构批准的范围经营业务;

(二)未经批准,用多个客户的资产进行集合投资,或者将客户资产专项投资于特定目标产品。

第八十二条 证券公司在证券自营账户与证券资产管理账户之间或者不同的证券资产管理账户之间进行交易,且无充分证据证明已依法实现有效隔离的,依照《证券法》第二百二十条的规定处罚。

第八十三条 证券公司违反本条例的规定,有下列情形之一的,责令改正,给予警告,没收违法所得,并处以违法所得 1 倍以上 5 倍以下的罚款;没有违法所得或者违法所得不足 10 万元的,处以 10 万元以上 30 万元以下的罚款;情节严重的,暂停或者撤销其相关证券业务许可。对直接负责的主管人员和其他直接责任人员,给予警告,并处以 3 万元以上 10 万元以下的罚款;情节严重的,撤销任职资格或者证券从业资格:

(一)违反规定委托其他单位或者个人进行客户招揽、客户服务或者产品销售活动;

(二)向客户提供投资建议,对证券价格的涨跌或者市场走势作出确定性的判断;

(三)违反规定委托他人代为买卖证券;

(四)从事证券自营业务、证券资产管理业务,投资范围或者投资比例违反规定;

(五)从事证券资产管理业务,接受一个客户的单笔委托资产价值低于规定的最低限额。

第八十四条 证券公司违反本条例的规定,有下列情形之一的,责令改正,给予警告,没收违法所得,并处以违法所得 1 倍以上 5 倍以下的罚款;没有违法所得或者违法所得不足 3 万元的,处以 3 万元以上 30 万元以下的罚款。对直接负责的主管人员和其他直接责任人员单处或者并处警告、3 万元以上 10 万元以下的罚款;情节严重的,撤销任职资格或者证券从业资格:

(一)未按照规定对离任的法定代表人或者高级管理人员进行审计,并报送审计报告;

(二)与他人合资、合作经营管理分支机构,或者将分支机构承包、租赁或者委托给他人经营管理;

(三)未按照规定将证券自营账户或者证券资产管理客户的证券账户报证券交易所备案;

(四)未按照规定程序了解客户的身份、财产与收入状况、证券

投资经验和风险偏好;

（五）推荐的产品或者服务与所了解的客户情况不相适应;

（六）未按照规定指定专人向客户讲解有关业务规则和合同内容,并以书面方式向其揭示投资风险;

（七）未按照规定与客户签订业务合同,或者未在与客户签订的业务合同中载入规定的必备条款;

（八）未按照规定编制并向客户送交对账单,或者未按照规定建立并有效执行信息查询制度;

（九）未按照规定指定专门部门处理客户投诉;

（十）未按照规定提取一般风险准备金;

（十一）未按照规定存放、管理客户的交易结算资金、委托资金和客户担保账户内的资金、证券;

（十二）聘请、解聘会计师事务所,未按照规定向国务院证券监督管理机构备案,解聘会计师事务所未说明理由。

第八十五条 证券公司未按照规定为客户开立账户的,责令改正;情节严重的,处以 20 万元以上 50 万元以下的罚款,并对直接负责的董事、高级管理人员和其他直接责任人员,处以 1 万元以上 5 万元以下的罚款。

第八十六条 违反本条例的规定,有下列情形之一的,责令改正,给予警告,没收违法所得,并处以违法所得 1 倍以上 5 倍以下的罚款;没有违法所得或者违法所得不足 10 万元的,处以 10 万元以上 60 万元以下的罚款;情节严重的,撤销相关业务许可。对直接负责的主管人员和其他直接责任人员给予警告,撤销任职资格或者证券从业资格,并处以 3 万元以上 30 万元以下的罚款:

（一）未经批准,委托他人或者接受他人委托持有或者管理证券公司的股权,或者认购、受让或者实际控制证券公司的股权;

（二）证券公司股东、实际控制人强令、指使、协助、接受证券公司以证券经纪客户或者证券资产管理客户的资产提供融资或者

担保;

（三）证券公司、资产托管机构、证券登记结算机构违反规定动用客户的交易结算资金、委托资金和客户担保账户内的资金、证券;

（四）资产托管机构、证券登记结算机构对违反规定动用委托资金和客户担保账户内的资金、证券的申请、指令予以同意、执行;

（五）资产托管机构、证券登记结算机构发现委托资金和客户担保账户内的资金、证券被违法动用而未向国务院证券监督管理机构报告。

第八十七条　指定商业银行有下列情形之一的,由国务院证券监督管理机构责令改正,给予警告,没收违法所得,并处以违法所得1倍以上5倍以下的罚款;没有违法所得或者违法所得不足10万元的,处以10万元以上60万元以下的罚款。对直接负责的主管人员和其他直接责任人员给予警告,并处以3万元以上30万元以下的罚款:

（一）违反规定动用客户的交易结算资金;

（二）对违反规定动用客户的交易结算资金的申请、指令予以同意或者执行;

（三）发现客户的交易结算资金被违法动用而未向国务院证券监督管理机构报告。

指定商业银行有前款规定的行为,情节严重的,由国务院证券监督管理机构会同国务院银行业监督管理机构责令其暂停或者终止客户的交易结算资金存管业务;对直接负责的主管人员和其他直接责任人员,国务院证券监督管理机构可以建议国务院银行业监督管理机构依法处罚。

第八十八条　违反本条例的规定,有下列情形之一的,责令改正,给予警告,并处以3万元以上20万元以下的罚款;对直接负责的主管人员和其他直接责任人员,给予警告,可以处以3万元以下的罚款:

（一）证券公司未按照本条例第六十六条的规定公开披露信息，或者公开披露的信息中有虚假记载、误导性陈述或者重大遗漏；

（二）证券公司控股或者实际控制的企业、资产托管机构、证券服务机构未按照规定向国务院证券监督管理机构报送、提供有关信息、资料，或者报送、提供的信息、资料中有虚假记载、误导性陈述或者重大遗漏。

第八十九条 违反本条例的规定，有下列情形之一的，责令改正，给予警告，没收违法所得，并处以违法所得等值罚款；没有违法所得或者违法所得不足 3 万元的，处以 3 万元以下的罚款；情节严重的，撤销任职资格或者证券从业资格：

（一）合规负责人未按照规定向国务院证券监督管理机构或者有关自律组织报告违法违规行为；

（二）证券经纪人从事业务未向客户出示证券经纪人证书；

（三）证券经纪人同时接受多家证券公司的委托，进行客户招揽、客户服务等活动；

（四）证券经纪人接受客户的委托，为客户办理证券认购、交易等事项。

第九十条 证券公司违反规定收取费用的，由有关主管部门依法给予处罚。

第八章 附 则

第九十一条 证券公司经营证券业务不符合本条例第二十六条第三款规定的，应当在国务院证券监督管理机构规定的期限内达到规定要求。

第九十二条 证券公司客户的交易结算资金存管方式不符合本条例第五十七条规定的，国务院证券监督管理机构应当责令其限期调整。

证券公司客户的交易结算资金存管方式,应当自本条例实施之日起 1 年内达到规定要求。

第九十三条 经国务院证券监督管理机构批准,证券公司可以向股东或者其他单位借入偿还顺序在普通债务之后的债,具体管理办法由国务院证券监督管理机构制定。

第九十四条 外商投资证券公司的业务范围、境外股东的资格条件和出资比例,由国务院证券监督管理机构规定,报国务院批准。

第九十五条 境外证券经营机构在境内经营证券业务或者设立代表机构,应当经国务院证券监督管理机构批准。具体办法由国务院证券监督管理机构制定,报国务院批准。

第九十六条 本条例所称证券登记结算机构,是指《证券法》第一百五十五条规定的证券登记结算机构。

第九十七条 本条例自 2008 年 6 月 1 日起施行。

国务院法制办、中国证监会负责人就《证券公司监督管理条例》有关问题答记者问

2008 年 4 月 23 日,温家宝总理签署国务院令公布《证券公司监督管理条例》(以下简称条例)。条例将于 2008 年 6 月 1 日起施行。就条例的有关问题,国务院法制办、中国证监会负责人接受了记者的采访。

一、问:条例的起草背景是什么?

答:经过十多年的改革和发展,我国资本市场的基础性制度建设明显加强,上市公司质量不断提高,证券公司的整体状况显著好转,投资者结构逐步改善,市场监管进一步加强,市场运行机制改革不断深化,资本市场已经成为国民经济的重要组成部分,增强了经济发展的活力。然而,构建透明高效、结构合理、功能完善、运行安全的资本市场是一项长期任务,不可能一蹴而就。要坚持以科学发展观为指导,不断深化对资本市场发展和运行规律的认识,继续强化基础性制度建设和市场监管,维护公开、公平、公正的市场秩序,推动资本市场的稳定健康发展。

证券公司是证券市场重要的中介机构,在我国证券市场的培育和发展过程中发挥了十分重要的作用,但也出现了一些问题,前些年暴露出来的主要问题是:挪用客户资产,侵害客户利益;账表不实,账外经营;公司治理结构不健全、内控失效,部分高级管理人员失职、渎

职;经营模式僵化,盈利空间狭窄;同时,监管法律制度不够适应,监管机构缺乏有效的监管措施和手段。针对这些问题,按照国务院的统一部署,从2004年8月开始,证监会在有关部门、司法机关和地方政府的大力支持下,按照防治结合、以防为主,标本兼治、重在治本的原则,对证券公司实施综合治理。目前,综合治理工作已圆满结束,并取得了明显的成效。2005年10月全国人大常委会修订的《中华人民共和国证券法》(以下简称《证券法》),对证券公司监管的基本制度作了规定。为了巩固综合治理取得的成果,落实《证券法》的有关规定,有必要制定《证券公司监督管理条例》,以进一步完善证券公司监管的法律法规,使证券公司的运行与监管更加规范。

二、问:条例起草过程中遵循了怎样的指导思想?

答:起草工作中,我们遵循的指导思想是,贯彻落实国务院《关于推进资本市场改革开放和稳定发展的若干意见》,认真分析前些年证券公司暴露出来的突出问题及其成因,总结十多年来证券公司运行与监管的经验教训,特别是近年来在证券公司综合治理过程中的改革措施和成功做法,精心设计证券公司的运行规范和监管制度,为加强和改进证券公司监管,保护客户的合法权益,防范证券公司的风险,实现证券行业的规范发展,进而促进资本市场的健康发展提供法律保障。

三、问:条例规定了哪些保护客户资产方面的措施?

答:证券公司挪用客户资产是前些年证券公司出现风险的主要原因。证券公司挪用客户资产,严重侵害客户权益,使企业经营风险直接转为社会风险,不但危害金融安全,而且严重影响社会稳定。为从根本上杜绝证券公司挪用客户资产,《证券法》要求,证券公司客户的交易结算资金应当存放在指定商业银行。根据《证券法》确立的原则,条例对客户资产保护措施做了三方面的规定:

1.明确规定证券公司客户资产的存管、托管制度。

条例规定:(1)从事证券经纪业务的证券公司应当将客户的交

易结算资金存放在指定商业银行,以每个客户的名义单独立户管理,客户的交易结算资金的存取,应当通过指定商业银行办理;(2)从事证券资产管理业务的证券公司应当将客户的委托资产交由指定商业银行等资产托管机构托管;(3)从事融资融券业务的证券公司应当参照客户交易结算资金第三方存管的办法,对客户资金担保账户内的资金进行管理。这样,就建立了防范证券公司挪用客户资产的机制。

2.明确了证券公司客户资产的性质。

条例规定,客户的交易结算资金、委托资产属于客户,应当与证券公司、指定商业银行、资产托管机构的自有资产相互独立、分别管理。任何单位或者个人不得有下列行为:(1)非因客户本身的债务,对客户的交易结算资金、委托资产申请查封、冻结或者强制执行;(2)除法定情形外,动用客户的交易结算资金、委托资金;(3)以客户的资产向他人提供融资或者担保,强令、指使、协助、接受证券公司以客户的资产提供融资或者担保。

3.对交易信息、资金信息的寄送、查询做了具体规定。

条例规定,证券公司应当建立信息查询制度,保证客户可以随时查询有关信息;指定商业银行应当保证客户能够随时查询客户的交易结算资金的余额及变动情况;证券公司从事资产管理业务、融资融券业务,应当按照规定编制对账单寄送客户。

四、问:条例为防范证券公司进行账外经营做了哪些规定?

答:账外经营证券自营业务和违规资产管理业务,是证券公司出现风险的一个重要原因。账外经营,就逃避了监管,必须建立有效机制,坚决制止。条例除了规定证券公司应将客户资产交由第三方存管外,同时还对证券公司证券自营业务和证券资产管理业务的账户管理、信息报送、监管措施等做了三方面的规定:

1.明确规定证券自营业务和证券资产管理业务的账户应当实名,证券账户应当报备。

条例规定,证券公司从事证券自营业务,应当使用实名证券自营账户,并应当将其证券自营账户报证券交易所备案;证券公司不得违反规定委托他人代为买卖证券;证券公司应当将为证券资产管理客户开立的证券账户报证券交易所备案,以防止证券公司利用虚假账户进行账外经营。

2. 明确了证券公司、指定商业银行、资产托管机构以及证券登记结算机构的信息报送制度。

条例规定,证券公司应当自每一会计年度结束之日起4个月内,向证监会报送年度报告;自每月结束之日起7个工作日内,报送月度报告。同时,条例还规定,指定商业银行、资产托管机构和证券登记结算机构应当对存放在本机构的客户交易结算资金、委托资金和客户担保账户内的资金、证券的动用情况进行监督,并按照规定定期向证监会报送有关数据;发现客户的交易结算资金、委托资金和客户担保账户内的资金、证券被违法动用或者有其他异常情况的,应当立即向证监会报告,同时抄报有关监管机构。多渠道的信息报送制度保证了证监会可以及时掌握证券公司资产、负债及其客户资产的变化情况。

3. 强化了证监会的监管责任和监管措施。

在保证证监会能够及时掌握证券公司有关信息的基础上,条例规定,证监会应当对各有关机构报送的数据进行比对、核查,及时发现资金或者证券被违法动用的情况。对证券公司报送的年度报告和月度报告,证监会应当指定专人审核,并制作审核报告。审核人员应当在审核报告上签字。审核中发现问题的,证监会应当及时采取相应措施。对治理结构不健全、内部控制不完善以及设立账外账或者进行账外经营、拒不执行监管决定、违法违规的证券公司,证监会应当责令其限期改正,并可以采取相应监管措施。

五、问:条例对证券公司市场准入条件做了哪些规定?

答:目前正常经营的证券公司有106家,从数量上看已经能够满足市场发展的需要,关键是提高证券公司的质量,这是做好证券公司监管工作、防范证券公司风险的基础。条例按照这一思路,对证券公司市场准入条件做了以下四方面的规定:

1. 为了防止股东将不良资产带入证券公司,保证新设证券公司的资产质量,条例对证券公司股东的出资方式做了规定:证券公司股东的出资应当是货币或者证券公司经营中必需的非货币财产;证券公司股东的非货币财产出资总额不得超过证券公司注册资本的30%。

2. 为了防止不良单位或者个人入股证券公司并滥用其股东权利,损害证券公司及其客户的利益,条例规定,有因故意犯罪被判处刑罚,刑罚执行完毕未逾3年以及不能清偿到期债务等四种情形之一的单位或者个人,不得成为证券公司持股5%以上的股东或者实际控制人。持有或者实际控制证券公司5%以上股权的,要经证监会批准。证券公司的其他股东,应当符合国务院证券监督管理机构的相关要求。

3. 为了防止不良单位或者个人幕后操控、规避审批和监管,条例规定,未经证监会批准,任何单位或者个人不得委托他人或者接受他人委托,持有或者管理证券公司的股权。证券公司的股东不得违反国家规定,约定不按照出资比例行使表决权。

4. 为了促进新设证券公司人力资源保持良好状况,条例规定:证券公司应当有3名以上在证券业担任高级管理人员满2年的高级管理人员。

六、问:条例对进一步完善证券公司的治理结构做了哪些规定?

答:证券公司应当依照《公司法》、《证券法》的规定,建立健全组织机构,明确决策、执行、监督机构的职权。在此基础上,条例对进一步完善证券公司的治理结构做了以下五方面的规定:

1. 证券公司可以设独立董事,独立董事不得在本证券公司担任除董事、董事会专门委员会成员以外的职务,不得与本证券公司存在可能妨碍其作出独立、客观判断的关系。

2. 证券公司经营证券经纪业务、证券资产管理业务、融资融券业务和证券承销与保荐业务中两种以上业务的,其董事会应当设薪酬与提名委员会、审计委员会和风险控制委员会,行使公司章程规定的职权。薪酬与提名委员会、审计委员会的负责人由独立董事担任。

3. 证券公司设董事会秘书,负责股东会和董事会会议的筹备、文件的保管以及股东资料的管理,按照规定和要求,依法提供有关资料,办理信息报送或者信息披露事项。董事会秘书为证券公司高级管理人员。

4. 证券公司设立董事会执行委员会、管理委员会等行使证券公司经营管理职权的机构,应当在公司章程中明确其名称、组成、职责和议事规则,该机构的成员为证券公司高级管理人员。

5. 证券公司设合规负责人,对证券公司经营管理行为的合法合规性进行审查、监督或者检查。合规负责人为证券公司高级管理人员,由董事会决定聘任,并应当经国务院证券监督管理机构认可。条例规定,合规负责人不得在证券公司兼任负责经营管理的职务;合规负责人发现违法违规行为,应当向公司章程规定的机构、国务院证券监督管理机构或者有关自律组织报告。条例还规定,证券公司解聘合规负责人,应当有正当理由,并自解聘之日起3个工作日内将解聘的事实和理由书面报告国务院证券监督管理机构。

七、问:条例是如何进一步完善证券公司高管人员的监管制度的?

答:强化对高管人员的监管,是证券公司综合治理的重要措施,是增强证券公司监管有效性的重要方法。前些年证券公司风险的形成,与部分高管人员严重失职甚至违法犯罪有着十分密切的关系。管住人,才能管住公司。为此,条例在《证券法》关于高管人员任职资格规定的基础上,对证券公司高管人员的监管制度做了以下两方面的规定。

1. 在证券公司董事、监事、高管人员任职资格方面,防止高管人员无资格任职,条例规定:(1)证券公司不得聘任、选任未取得任职资格的人员担任证券公司的董事、监事、高级管理人员、境内分支机构负责人;已经聘任、选任的,有关聘任、选任的决议、决定无效。(2)任何人未取得任职资格,实际行使证券公司董事、监事、高级管理人员或者境内分支机构负责人职权的,国务院证券监督管理机构应当责令其停止行使职权,予以公告,并可以按照规定对其实施证券市场禁入。(3)证券公司董事、监事、高级管理人员或者境内分支机构负责人不再具备任职资格条件的,证券公司应当解除其职务并向国务院证券监督管理机构报告;证券公司未解除的,国务院证券监督管理机构应当责令证券公司解除。

2. 在高管人员的持续监管方面,条例规定:当证券公司出现经营管理混乱、违法违规等情形时,国务院证券监督管理机构可以对其高级管理人员、境内分支机构负责人予以谴责,责令证券公司更换高级管理人员或者限制其权利。同时,条例规定,证券公司高级管理人员离任的,公司应当对其进行审计,并自其离任之日起2个月内将审计报告报送国务院证券监督管理机构,未报送审计报告的,离任的高级管理人员不得在其他证券公司任职。

八、问:条例重点规定了证券公司哪些业务的基本规则和风险控制措施?

答:条例以保护投资者利益和防范证券公司风险为出发点,重点规定了证券经纪业务、证券自营业务、证券资产管理业务和融资融券等主要业务的规则和风险控制措施。从账户实名、持股分散、规模控制等方面,对证券公司自营业务进行了规定;从账户报备、风险揭示、信息披露、禁止保本保底、对有关账户的交易行为实行实时监控等方面,对证券资产管理业务做了规定;从账户开立、融资融券比例、担保品的收取、逐日盯市制度等方面,对融资融券业务做了规定。

九、问:条例是如何细化和完善监管机关的监管措施的?

答:《证券法》规定,证监会可以对证券公司进行现场检查,可以进入涉嫌违法行为发生场所调查取证,可以查询当事人和与被调查事件有关的单位或者个人的资金账户、证券账户和银行账户等。在此基础上,为进一步完善监管机关的监管措施,条例做了以下四方面的规定:

1.进一步明确证券公司应当向国务院证券监督管理机构报送年度报告、月度报告和临时报告;年度报告中的一些重要报告应当经有资格的会计师事务所审计;公司有关人员应当在年度报告、月度报告上签字,保证报告的内容真实、准确、完整。

2.国务院证券监督管理机构有权要求证券公司以及与其有关的单位和个人在指定的期限内提供有关信息、资料。

3.国务院证券监督管理机构可以采取一定的方式,对证券公司进行现场检查。

4.对违法的机构和个人除责令其限期改正外,国务院证券监督管理机构还有权采取一些强制性监管措施,如:责令更换董事、监事、高级管理人员或者限制其权利;对证券公司进行临时接管,并进行全面核查;责令暂停证券公司或者其境内分支机构的部分或者全部业务、限期撤销境内分支机构等。

条例出台实施后,证监会及各地派出机构对证券公司的监管势必更为严格,对证券公司违法违规的查处打击也将更加及时有效。这有利于更好地维护市场秩序,保护投资者的合法权益。

十、问:条例是否为证券公司的创新发展留下了必要的空间?

答:证券公司盈利模式僵化、适应市场变化的能力弱也是前些年证券公司违规与形成风险的重要原因之一。对证券公司加强监管,同时也要促进证券公司改善盈利模式,在严格控制风险的前提下创新发展。条例规定:国家鼓励证券公司在有效控制风险的前提下,依法开展经营方式创新、业务或者产品创新、组织创新和激励约束机制创新。证监会和国务院有关部门应当采取有效措施,促进证券公司的创新活动规范、有序进行。条例还规定：证券公司按照国家规定，可以发行、交易、销售证券类金融产品。

（中国政府网 2008 年 4 月 24 日）

中华人民共和国国务院令

第 523 号

　　《证券公司风险处置条例》已经 2008 年 4 月 23 日国务院第 6
次常务会议通过,现予公布,自公布之日起施行。

总理　**温家宝**

二〇〇八年四月二十三日

证券公司风险处置条例

第一章　总　　则

第一条　为了控制和化解证券公司风险,保护投资者合法权益和社会公共利益,保障证券业健康发展,根据《中华人民共和国证券法》(以下简称《证券法》)、《中华人民共和国企业破产法》(以下简称《企业破产法》),制定本条例。

第二条　国务院证券监督管理机构依法对处置证券公司风险工作进行组织、协调和监督。

第三条　国务院证券监督管理机构应当会同中国人民银行、国务院财政部门、国务院公安部门、国务院其他金融监督管理机构以及省级人民政府建立处置证券公司风险的协调配合与快速反应机制。

第四条　处置证券公司风险过程中,有关地方人民政府应当采取有效措施维护社会稳定。

第五条　处置证券公司风险过程中,应当保障证券经纪业务正常进行。

第二章　停业整顿、托管、接管、行政重组

第六条　国务院证券监督管理机构发现证券公司存在重大风险隐患,可以派出风险监控现场工作组对证券公司进行专项检查,对证券公司划拨资金、处置资产、调配人员、使用印章、订立以及履行合同

等经营、管理活动进行监控,并及时向有关地方人民政府通报情况。

第七条 证券公司风险控制指标不符合有关规定,在规定期限内未能完成整改的,国务院证券监督管理机构可以责令证券公司停止部分或者全部业务进行整顿。停业整顿的期限不超过 3 个月。

证券经纪业务被责令停业整顿的,证券公司在规定的期限内可以将其证券经纪业务委托给国务院证券监督管理机构认可的证券公司管理,或者将客户转移到其他证券公司。证券公司逾期未按照要求委托证券经纪业务或者未转移客户的,国务院证券监督管理机构应当将客户转移到其他证券公司。

第八条 证券公司有下列情形之一的,国务院证券监督管理机构可以对其证券经纪等涉及客户的业务进行托管;情节严重的,可以对该证券公司进行接管:

(一)治理混乱,管理失控;

(二)挪用客户资产并且不能自行弥补;

(三)在证券交易结算中多次发生交收违约或者交收违约数额较大;

(四)风险控制指标不符合规定,发生重大财务危机;

(五)其他可能影响证券公司持续经营的情形。

第九条 国务院证券监督管理机构决定对证券公司证券经纪等涉及客户的业务进行托管的,应当按照规定程序选择证券公司等专业机构成立托管组,行使被托管证券公司的证券经纪等涉及客户的业务的经营管理权。

托管组自托管之日起履行下列职责:

(一)保障证券公司证券经纪业务正常合规运行,必要时依照规定垫付营运资金和客户的交易结算资金;

(二)采取有效措施维护托管期间客户资产的安全;

(三)核查证券公司存在的风险,及时向国务院证券监督管理机构报告业务运行中出现的紧急情况,并提出解决方案;

（四）国务院证券监督管理机构要求履行的其他职责。

托管期限一般不超过 12 个月。满 12 个月,确需继续托管的,国务院证券监督管理机构可以决定延长托管期限,但延长托管期限最长不得超过 12 个月。

第十条 被托管证券公司应当承担托管费用和托管期间的营运费用。国务院证券监督管理机构应当对托管费用和托管期间的营运费用进行审核。

托管组不承担被托管证券公司的亏损。

第十一条 国务院证券监督管理机构决定对证券公司进行接管的,应当按照规定程序组织专业人员成立接管组,行使被接管证券公司的经营管理权,接管组负责人行使被接管证券公司法定代表人职权,被接管证券公司的股东会或者股东大会、董事会、监事会以及经理、副经理停止履行职责。

接管组自接管之日起履行下列职责:

（一）接管证券公司的财产、印章和账簿、文书等资料;

（二）决定证券公司的管理事务;

（三）保障证券公司证券经纪业务正常合规运行,完善内控制度;

（四）清查证券公司财产,依法保全、追收资产;

（五）控制证券公司风险,提出风险化解方案;

（六）核查证券公司有关人员的违法行为;

（七）国务院证券监督管理机构要求履行的其他职责。

接管期限一般不超过 12 个月。满 12 个月,确需继续接管的,国务院证券监督管理机构可以决定延长接管期限,但延长接管期限最长不得超过 12 个月。

第十二条 证券公司出现重大风险,但具备下列条件的,可以直接向国务院证券监督管理机构申请进行行政重组:

（一）财务信息真实、完整;

(二)省级人民政府或者有关方面予以支持;

(三)整改措施具体,有可行的重组计划。

被停业整顿、托管、接管的证券公司,具备前款规定条件的,也可以向国务院证券监督管理机构申请进行行政重组。

国务院证券监督管理机构应当自受理行政重组申请之日起30个工作日内做出批准或者不予批准的决定;不予批准的,应当说明理由。

第十三条 证券公司进行行政重组,可以采取注资、股权重组、债务重组、资产重组、合并或者其他方式。

行政重组期限一般不超过12个月。满12个月,行政重组未完成的,证券公司可以向国务院证券监督管理机构申请延长行政重组期限,但延长行政重组期限最长不得超过6个月。

国务院证券监督管理机构对证券公司的行政重组进行协调和指导。

第十四条 国务院证券监督管理机构对证券公司做出责令停业整顿、托管、接管、行政重组的处置决定,应当予以公告,并将公告张贴于被处置证券公司的营业场所。

处置决定包括被处置证券公司的名称、处置措施、事由以及范围等有关事项。

处置决定的公告日期为处置日,处置决定自公告之时生效。

第十五条 证券公司被责令停业整顿、托管、接管、行政重组的,其债权债务关系不因处置决定而变化。

第十六条 证券公司经停业整顿、托管、接管或者行政重组在规定期限内达到正常经营条件的,经国务院证券监督管理机构批准,可以恢复正常经营。

第十七条 证券公司经停业整顿、托管、接管或者行政重组在规定期限内仍达不到正常经营条件,但能够清偿到期债务的,国务院证券监督管理机构依法撤销其证券业务许可。

第十八条 被撤销证券业务许可的证券公司应当停止经营证券业务,按照客户自愿的原则将客户安置到其他证券公司,安置过程中相关各方应当采取必要措施保证客户证券交易的正常进行。

被撤销证券业务许可的证券公司有未安置客户等情形的,国务院证券监督管理机构可以比照本条例第三章的规定,成立行政清理组,清理账户、安置客户、转让证券类资产。

第三章 撤 销

第十九条 证券公司同时有下列情形的,国务院证券监督管理机构可以直接撤销该证券公司:

(一)违法经营情节特别严重、存在巨大经营风险;

(二)不能清偿到期债务,并且资产不足以清偿全部债务或者明显缺乏清偿能力;

(三)需要动用证券投资者保护基金。

第二十条 证券公司经停业整顿、托管、接管或者行政重组在规定期限内仍达不到正常经营条件,并且有本条例第十九条第(二)项或者第(三)项规定情形的,国务院证券监督管理机构应当撤销该证券公司。

第二十一条 国务院证券监督管理机构撤销证券公司,应当做出撤销决定,并按照规定程序选择律师事务所、会计师事务所等专业机构成立行政清理组,对该证券公司进行行政清理。

撤销决定应当予以公告,撤销决定的公告日期为处置日,撤销决定自公告之时生效。

本条例施行前,国务院证券监督管理机构已经对证券公司进行行政清理的,行政清理的公告日期为处置日。

第二十二条 行政清理期间,行政清理组负责人行使被撤销证券公司法定代表人职权。

行政清理组履行下列职责：

（一）管理证券公司的财产、印章和账簿、文书等资料；

（二）清理账户，核实资产负债有关情况，对符合国家规定的债权进行登记；

（三）协助甄别确认、收购符合国家规定的债权；

（四）协助证券投资者保护基金管理机构弥补客户的交易结算资金；

（五）按照客户自愿的原则安置客户；

（六）转让证券类资产；

（七）国务院证券监督管理机构要求履行的其他职责。

前款所称证券类资产，是指证券公司为维持证券经纪业务正常进行所必需的计算机信息管理系统、交易系统、通信网络系统、交易席位等资产。

第二十三条　被撤销证券公司的股东会或者股东大会、董事会、监事会以及经理、副经理停止履行职责。

行政清理期间，被撤销证券公司的股东不得自行组织清算，不得参与行政清理工作。

第二十四条　行政清理期间，被撤销证券公司的证券经纪等涉及客户的业务，由国务院证券监督管理机构按照规定程序选择证券公司等专业机构进行托管。

第二十五条　证券公司设立或者实际控制的关联公司，其资产、人员、财务或者业务与被撤销证券公司混合的，经国务院证券监督管理机构审查批准，纳入行政清理范围。

第二十六条　证券公司的债权债务关系不因其被撤销而变化。

自证券公司被撤销之日起，证券公司的债务停止计算利息。

第二十七条　行政清理组清理被撤销证券公司账户的结果，应当经具有证券、期货相关业务资格的会计师事务所审计，并报国务院证券监督管理机构认定。

行政清理组根据经国务院证券监督管理机构认定的账户清理结果,向证券投资者保护基金管理机构申请弥补客户的交易结算资金的资金。

第二十八条 行政清理组应当自成立之日起 10 日内,将债权人需要登记的相关事项予以公告。

符合国家有关规定的债权人应当自公告之日起 90 日内,持相关证明材料向行政清理组申报债权,行政清理组按照规定登记。无正当理由逾期申报的,不予登记。

已登记债权经甄别确认符合国家收购规定的,行政清理组应当及时按照国家有关规定申请收购资金并协助收购;经甄别确认不符合国家收购规定的,行政清理组应当告知申报的债权人。

第二十九条 行政清理组应当在具备证券业务经营资格的机构中,采用招标、公开询价等公开方式转让证券类资产。证券类资产转让方案应当报国务院证券监督管理机构批准。

第三十条 行政清理组不得转让证券类资产以外的资产,但经国务院证券监督管理机构批准,易贬损并可能遭受损失的资产或者确为保护客户和债权人利益的其他情形除外。

第三十一条 行政清理组不得对债务进行个别清偿,但为保护客户和债权人利益的下列情形除外:

(一)因行政清理组请求对方当事人履行双方均未履行完毕的合同所产生的债务;

(二)为维持业务正常进行而应当支付的职工劳动报酬和社会保险费用等正常支出;

(三)行政清理组履行职责所产生的其他费用。

第三十二条 为保护债权人利益,经国务院证券监督管理机构批准,行政清理组可以向人民法院申请对处置前被采取查封、扣押、冻结等强制措施的证券类资产以及其他资产进行变现处置,变现后的资金应当予以冻结。

第三十三条　行政清理费用经国务院证券监督管理机构审核后,从被处置证券公司财产中随时清偿。

前款所称行政清理费用,是指行政清理组管理、转让证券公司财产所需的费用,行政清理组履行职务和聘用专业机构的费用等。

第三十四条　行政清理期限一般不超过 12 个月。满 12 个月,行政清理未完成的,国务院证券监督管理机构可以决定延长行政清理期限,但延长行政清理期限最长不得超过 12 个月。

第三十五条　行政清理期间,被处置证券公司免缴行政性收费和增值税、营业税等行政法规规定的税收。

第三十六条　证券公司被国务院证券监督管理机构依法责令关闭,需要进行行政清理的,比照本章的有关规定执行。

第四章　破产清算和重整

第三十七条　证券公司被依法撤销、关闭时,有《企业破产法》第二条规定情形的,行政清理工作完成后,国务院证券监督管理机构或者其委托的行政清理组依照《企业破产法》的有关规定,可以向人民法院申请对被撤销、关闭证券公司进行破产清算。

第三十八条　证券公司有《企业破产法》第二条规定情形的,国务院证券监督管理机构可以直接向人民法院申请对该证券公司进行重整。

证券公司或者其债权人依照《企业破产法》的有关规定,可以向人民法院提出对证券公司进行破产清算或者重整的申请,但应当依照《证券法》第一百二十九条的规定报经国务院证券监督管理机构批准。

第三十九条　对不需要动用证券投资者保护基金的证券公司,国务院证券监督管理机构应当在批准破产清算前撤销其证券业务许可。证券公司应当依照本条例第十八条的规定停止经营证券业务,安置客户。

对需要动用证券投资者保护基金的证券公司,国务院证券监督管理机构对该证券公司或者其债权人的破产清算申请不予批准,并依照本条例第三章的规定撤销该证券公司,进行行政清理。

第四十条 人民法院裁定受理证券公司重整或者破产清算申请的,国务院证券监督管理机构可以向人民法院推荐管理人人选。

第四十一条 证券公司进行破产清算的,行政清理时已登记的不符合国家收购规定的债权,管理人可以直接予以登记。

第四十二条 人民法院裁定证券公司重整的,证券公司或者管理人应当同时向债权人会议、国务院证券监督管理机构和人民法院提交重整计划草案。

第四十三条 自债权人会议各表决组通过重整计划草案之日起10日内,证券公司或者管理人应当向人民法院提出批准重整计划的申请。重整计划涉及《证券法》第一百二十九条规定相关事项的,证券公司或者管理人应当同时向国务院证券监督管理机构提出批准相关事项的申请,国务院证券监督管理机构应当自收到申请之日起15日内做出批准或者不予批准的决定。

第四十四条 债权人会议部分表决组未通过重整计划草案,但重整计划草案符合《企业破产法》第八十七条第二款规定条件的,证券公司或者管理人可以申请人民法院批准重整计划草案。重整计划草案涉及《证券法》第一百二十九条规定相关事项的,证券公司或者管理人应当同时向国务院证券监督管理机构提出批准相关事项的申请,国务院证券监督管理机构应当自收到申请之日起15日内做出批准或者不予批准的决定。

第四十五条 经批准的重整计划由证券公司执行,管理人负责监督。监督期届满,管理人应当向人民法院和国务院证券监督管理机构提交监督报告。

第四十六条 重整计划的相关事项未获国务院证券监督管理机

构批准,或者重整计划未获人民法院批准的,人民法院裁定终止重整程序,并宣告证券公司破产。

第四十七条 重整程序终止,人民法院宣告证券公司破产的,国务院证券监督管理机构应当对证券公司做出撤销决定,人民法院依照《企业破产法》的规定组织破产清算。涉及税收事项,依照《企业破产法》和《中华人民共和国税收征收管理法》的规定执行。

人民法院认为应当对证券公司进行行政清理的,国务院证券监督管理机构比照本条例第三章的规定成立行政清理组,负责清理账户,协助甄别确认、收购符合国家规定的债权,协助证券投资者保护基金管理机构弥补客户的交易结算资金,转让证券类资产等。

第五章 监督协调

第四十八条 国务院证券监督管理机构在处置证券公司风险工作中,履行下列职责:

(一)制订证券公司风险处置方案并组织实施;

(二)派驻风险处置现场工作组,对被处置证券公司、托管组、接管组、行政清理组、管理人以及参与风险处置的其他机构和人员进行监督和指导;

(三)协调证券交易所、证券登记结算机构、证券投资者保护基金管理机构,保障被处置证券公司证券经纪业务正常进行;

(四)对证券公司的违法行为立案稽查并予以处罚;

(五)及时向公安机关等通报涉嫌刑事犯罪的情况,按照有关规定移送涉嫌犯罪的案件;

(六)向有关地方人民政府通报证券公司风险状况以及影响社会稳定的情况;

(七)法律、行政法规要求履行的其他职责。

第四十九条 处置证券公司风险过程中,发现涉嫌犯罪的案件,属公安机关管辖的,应当由国务院公安部门统一组织依法查处。有关地方人民政府应当予以支持和配合。

风险处置现场工作组、行政清理组和管理人需要从公安机关扣押资料中查询、复制与其工作有关资料的,公安机关应当支持和配合。证券公司进入破产程序的,公安机关应当依法将冻结的涉案资产移送给受理破产案件的人民法院,并留存必需的相关证据材料。

第五十条 国务院证券监督管理机构依照本条例第二章、第三章对证券公司进行处置的,可以向人民法院提出申请中止以该证券公司以及其分支机构为被告、第三人或者被执行人的民事诉讼程序或者执行程序。

证券公司设立或者实际控制的关联公司,其资产、人员、财务或者业务与被处置证券公司混合的,国务院证券监督管理机构可以向人民法院提出申请中止以该关联公司为被告、第三人或者被执行人的民事诉讼程序或者执行程序。

采取前两款规定措施期间,除本条例第三十一条规定的情形外,不得对被处置证券公司债务进行个别清偿。

第五十一条 被处置证券公司或者其关联客户可能转移、隐匿违法资金、证券,或者证券公司违反本条例规定可能对债务进行个别清偿的,国务院证券监督管理机构可以禁止相关资金账户、证券账户的资金和证券转出。

第五十二条 被处置证券公司以及其分支机构所在地人民政府,应当按照国家有关规定配合证券公司风险处置工作,制订维护社会稳定的预案,排查、预防和化解不稳定因素,维护被处置证券公司正常的营业秩序。

被处置证券公司以及其分支机构所在地人民政府,应当组织相关单位的人员成立个人债权甄别确认小组,按照国家规定对已登记的个人债权进行甄别确认。

第五十三条 证券投资者保护基金管理机构应当按照国家规

定,收购债权、弥补客户的交易结算资金。

证券投资者保护基金管理机构可以对证券投资者保护基金的使用情况进行检查。

第五十四条 被处置证券公司的股东、实际控制人、债权人以及与被处置证券公司有关的机构和人员,应当配合证券公司风险处置工作。

第五十五条 被处置证券公司的董事、监事、高级管理人员以及其他有关人员应当妥善保管其使用和管理的证券公司财产、印章和账簿、文书等资料以及其他物品,按照要求向托管组、接管组、行政清理组或者管理人移交,并配合风险处置现场工作组、托管组、接管组、行政清理组的调查工作。

第五十六条 托管组、接管组、行政清理组以及被责令停业整顿、托管和行政重组的证券公司,应当按照规定向国务院证券监督管理机构报告工作情况。

第五十七条 托管组、接管组、行政清理组以及其工作人员应当勤勉尽责,忠实履行职责。

被处置证券公司的股东以及债权人有证据证明托管组、接管组、行政清理组以及其工作人员未依法履行职责的,可以向国务院证券监督管理机构投诉。经调查核实,由国务院证券监督管理机构责令托管组、接管组、行政清理组以及其工作人员改正或者对其予以更换。

第五十八条 有下列情形之一的机构或者人员,禁止参与处置证券公司风险工作:

(一)曾受过刑事处罚或者涉嫌犯罪正在被立案侦查、起诉;

(二)涉嫌严重违法正在被行政管理部门立案稽查或者曾因严重违法行为受到行政处罚未逾3年;

(三)仍处于证券市场禁入期;

(四)内部控制薄弱、存在重大风险隐患;

（五）与被处置证券公司处置事项有利害关系；

（六）国务院证券监督管理机构认定不宜参与处置证券公司风险工作的其他情形。

第六章　法律责任

第五十九条　证券公司的董事、监事、高级管理人员等对该证券公司被处置负有主要责任的,暂停其任职资格 1 至 3 年;情节严重的,撤销其任职资格、证券从业资格,并可以按照规定对其采取证券市场禁入的措施。

第六十条　被处置证券公司的董事、监事、高级管理人员等有关人员有下列情形之一的,处以其年收入 1 倍以上 2 倍以下的罚款,并可以暂停其任职资格、证券从业资格;情节严重的,撤销其任职资格、证券从业资格,处以其年收入 2 倍以上 5 倍以下的罚款,并可以按照规定对其采取证券市场禁入的措施:

（一）拒绝配合现场工作组、托管组、接管组、行政清理组依法履行职责;

（二）拒绝向托管组、接管组、行政清理组移交财产、印章或者账簿、文书等资料;

（三）隐匿、销毁、伪造有关资料,或者故意提供虚假情况;

（四）隐匿财产,擅自转移、转让财产;

（五）妨碍证券公司正常经营管理秩序和业务运行,诱发不稳定因素;

（六）妨碍处置证券公司风险工作正常进行的其他情形。

证券公司控股股东或者实际控制人指使董事、监事、高级管理人员有前款规定的违法行为的,对控股股东、实际控制人依照前款规定从重处罚。

第七章 附 则

第六十一条 证券公司因分立、合并或者出现公司章程规定的解散事由需要解散的,应当向国务院证券监督管理机构提出解散申请,并附解散理由和转让证券类资产、了结证券业务、安置客户等方案,经国务院证券监督管理机构批准后依法解散并清算,清算过程接受国务院证券监督管理机构的监督。

第六十二条 期货公司风险处置参照本条例的规定执行。

第六十三条 本条例自公布之日起施行。

国务院法制办、中国证监会负责人就
《证券公司风险处置条例》答记者问

2008 年 4 月 23 日,温家宝总理签署国务院令公布《证券公司风险处置条例》(以下简称条例),并自公布之日起施行。就条例的有关问题,国务院法制办、证监会负责人接受了记者的采访。

一、问:条例的起草背景和必要性是什么?

答:在 2003 年底至 2004 年上半年,随着证券市场行情的持续低迷和结构性调整,一批证券公司的问题急剧暴露,证券行业多年积累的风险呈现集中爆发态势,证券公司面临自行业建立以来的第一次系统性危机,不但严重危及资本市场的安全,而且波及社会稳定,情况十分严重,迫切需要采取措施进行综合治理。在国务院统一部署和坚强领导下,有关部门、司法机关和地方政府密切配合,按照国务院《证券公司综合治理工作方案》认真开展综合治理工作。证监会依法采取托管、接管、撤销或撤销业务许可、责令关闭等措施,对 30 多家严重违法违规的高风险证券公司进行了处置,彻底化解了历史遗留风险,并严格责任追究,依法打击违法违规行为,净化了市场,同时进一步健全了监管机制,完善了市场基础制度,证券公司的合法经营意识和风险管理能力普遍增强,行业整体状况显著好转。条例正是在证券公司综合治理这样的背景下制定的。

条例的制定和出台是很有必要的。首先,条例的出台是进一步细化和落实《证券法》、《企业破产法》的需要。2005 年 10 月全国人大常委会修订的《证券法》和 2006 年 8 月审议通过的《企业破产法》,对证券公司风险处置的基本制度做了原则性规定,为了细化和落实《证券法》《企业破产法》的有关规定,有必要制定条例。其次,条例的出台是总结风险处置现有经验,把风险处置政策和措施规范化、制度化的需要。在近几年的证券公司风险处置过程中,证券公司风险处置工作遇到大量的复杂问题,针对这些问题,证监会、公安部、人民银行、财政部、银监会、法制办等有关部门和最高人民法院共同研究并报经国务院批准后,采取了许多措施,出台了很多政策,这些政策和措施经过实践检验证明是成功的。通过条例,总结现有经验,把这些政策和措施规范化、制度化,并为今后及时化解证券公司风险,完善市场退出机制,保护投资者合法权益提供依据,十分必要。

二、问:起草条例的指导思想和基本原则是什么?

答:这次制定条例的指导思想是:总结近年来证券公司风险处置过程中好的措施和成功经验,立足现实需要,同时考虑将来的发展趋势,进一步健全和完善证券公司市场退出机制,巩固证券公司综合治理的成果,促进证券市场健康稳定发展。

制定条例的基本原则是:1. 化解证券市场风险,保障证券交易正常运行,促进证券业健康发展;2. 保护投资者合法权益和社会公共利益,维护社会稳定;3. 细化、落实《证券法》《企业破产法》,完善证券公司市场退出法律制度;4. 严肃市场法纪,惩处违法违规的证券公司和责任人。

三、问:条例对处置证券公司风险规定了哪些具体措施?

答:条例规定了五种主要的风险处置措施:停业整顿、托管、接管、行政重组、撤销。

1. 停业整顿。停业整顿是自我整改的一种处置措施。当证券公司风险控制指标不符合规定,在规定期限内未能完成整改时,证监会可以责令其停止部分或者全部业务进行整顿。

2. 托管、接管。托管、接管是无自我整改能力,需要借助外力进行整顿的一种处置措施。当证券公司治理混乱、管理失控,或者挪用客户资产且不能自行弥补,或者在证券交易结算中多次发生交收违约、交收违约数额较大,或者风险控制指标不符合规定、发生重大财务危机时,证监会按规定程序选择专业机构成立托管组,对其证券经纪等涉及客户的业务进行托管;情节严重的,证监会按规定程序组织专业人员成立接管组,接管该证券公司。

3.行政重组。行政重组是出现重大风险,但财务信息真实、完整,省级人民政府或者有关方面予以支持,有可行的重组计划的证券公司,向证监会申请进行行政重组。在停业整顿、托管、接管过程中,符合条件的,证券公司也可以向证监会申请行政重组。行政重组申请需经证监会批准。

4.撤销。撤销是对经停业整顿、托管、接管或者行政重组在规定期限内仍达不到正常经营条件的证券公司,采取的市场退出措施。证券公司违法经营特别严重,不能清偿到期债务,需要动用证券投资者保护基金的,证监会可以直接撤销该证券公司。

四、问:证券公司被撤销后为什么要进行行政清理?

答:证券公司属于金融企业,具有专业性强、涉及客户和债权人多、客户证券交易不能中断的特点,被撤销、关闭的证券公司往往资不抵债,并严重违法违规经营,需要动用证券投资者保护基金收购客户交易结算资金和个人债权,因此,为了保护广大投资者和社会公共利益,证券公司被撤销后由证监会选择专业机构成立行政清理组,对被处置证券公司进行行政清理。行政清理组接受证监会的监督和指导。行政清理工作只能由行政机关组织实施或授权实施,这是由证券公司风险处置的实际情况和行政清理阶段的任务性质所决定的。行政清理的主要任务是维持客户交易正常运行,清理账户和弥补客户交易结算资金,收购个人债权,转让证券类资产,查处违法违规行为并追究有关人员的责任。行政清理期间不涉及其他债务的清偿及财产的分配。

五、问：条例中有哪些保护客户及债权人合法权益的规定？

答：为保护客户及债权人合法权益，条例规定：

1. 处置证券公司风险过程中，应当保障证券经纪业务正常进行。

2. 证券投资者保护基金管理机构应当按照国家规定，收购个人债权、弥补客户的交易结算资金。

3. 行政清理组转让证券类资产应当采用招标、公开询价等公开方式，转让方案应由证监会批准。

4. 行政清理组清理账户的结果应当经具有证券、期货业务资格的会计师事务所审计，并报证监会认定。

5. 除易贬损并可能遭受损失的资产或者确为保护客户和债权人利益外，行政清理组不得转让证券类资产以外的资产。

6. 除为保护客户和债权人利益而支付的劳动报酬、社会保险等正常支出外，行政清理组不得对债务进行个别清偿。

六、问：条例中有关证券公司破产的规定是如何与《企业破产法》相衔接的？

答：2007 年 6 月 1 日实施的《企业破产法》第 134 条规定，金融机构破产可由国务院制定具体的实施办法。为细化和落实《企业破产法》的这一规定，条例对证券公司破产做了具体规定。

证券公司被依法撤销、关闭时，有《企业破产法》第二条规定情形的，行政清理工作完成后，证监会或者其委托的行政清理组可以申请对被撤销、关闭的证券公司进行破产清算。证券公司或者其债权人提出破产清算申请，不需要动用证券投资者保护基金的，证监会在批准破产清算前撤销其证券业务许可，证券公司停止经营证券业务，并安置客户；需要动用证券投资者保护基金的，证监会对证券公司作出撤销决定，进行行政清理。

证监会可以直接向人民法院申请对证券公司进行重整；经证监会批准，证券公司或者其债权人也可以向人民法院提出重整申请。重整不成的，由人民法院裁定证券公司破产，并组织破产清算；人民法院认为需要行政清理的,按规定进行行政清理。

证券公司实施重整或者破产清算的,证监会可以向人民法院推荐管理人人选;证券公司实施重整的,重整计划涉及需证监会批准事项的,如变更业务范围、主要股东、公司形式,公司合并、分立等,应当报经证监会批准。

七、问:全国各地都有证券公司,当证券公司出现风险时,危及当地社会稳定,地方人民政府有何职责,应该发挥什么作用?

答:证券公司及其分支机构遍及全国各地,当证券公司出现风险时可能会影响当地的社会稳定,地方人民政府从维护社会稳定、化解风险的角度出发,有责任和义务配合证券公司的风险处置工作,并且能够发挥非常重要的作用。条例规定,证监会发现证券公司存在重大风险隐患时,要及时向有关地方人民政府通报情况。对有关地方人民政府的责任和义务,条例规定:地方人民政府应当配合风险处置工作,制定维护社会稳定的预案,化解不稳定因素,维护被处置证券公司的营业秩序,采取措施维护社会稳定;地方人民政府应当组织相关单位的人员成立个人债权甄别确认小组,按照国家规定甄别确认个人债权;地方人民政府应当支持和配合公安部门查处证券公司风险处置中涉嫌犯罪的案件。

(中国政府网 2008 年 4 月 24 日)

中华人民共和国国务院令

第 524 号

《历史文化名城名镇名村保护条例》已经 2008 年 4 月 2 日国务院第 3 次常务会议通过,现予公布,自 2008 年 7 月 1 日起施行。

总理　温家宝

二〇〇八年四月二十二日

历史文化名城名镇名村保护条例

第一章 总 则

第一条 为了加强历史文化名城、名镇、名村的保护与管理,继承中华民族优秀历史文化遗产,制定本条例。

第二条 历史文化名城、名镇、名村的申报、批准、规划、保护,适用本条例。

第三条 历史文化名城、名镇、名村的保护应当遵循科学规划、严格保护的原则,保持和延续其传统格局和历史风貌,维护历史文化遗产的真实性和完整性,继承和弘扬中华民族优秀传统文化,正确处理经济社会发展和历史文化遗产保护的关系。

第四条 国家对历史文化名城、名镇、名村的保护给予必要的资金支持。

历史文化名城、名镇、名村所在地的县级以上地方人民政府,根据本地实际情况安排保护资金,列入本级财政预算。

国家鼓励企业、事业单位、社会团体和个人参与历史文化名城、名镇、名村的保护。

第五条 国务院建设主管部门会同国务院文物主管部门负责全国历史文化名城、名镇、名村的保护和监督管理工作。

地方各级人民政府负责本行政区域历史文化名城、名镇、名村的保护和监督管理工作。

第六条 县级以上人民政府及其有关部门对在历史文化名城、名镇、名村保护工作中做出突出贡献的单位和个人,按照国家有关规定给予表彰和奖励。

第二章 申报与批准

第七条 具备下列条件的城市、镇、村庄,可以申报历史文化名城、名镇、名村:

(一)保存文物特别丰富;

(二)历史建筑集中成片;

(三)保留着传统格局和历史风貌;

(四)历史上曾经作为政治、经济、文化、交通中心或者军事要地,或者发生过重要历史事件,或者其传统产业、历史上建设的重大工程对本地区的发展产生过重要影响,或者能够集中反映本地区建筑的文化特色、民族特色。

申报历史文化名城的,在所申报的历史文化名城保护范围内还应当有 2 个以上的历史文化街区。

第八条 申报历史文化名城、名镇、名村,应当提交所申报的历史文化名城、名镇、名村的下列材料:

(一)历史沿革、地方特色和历史文化价值的说明;

(二)传统格局和历史风貌的现状;

(三)保护范围;

(四)不可移动文物、历史建筑、历史文化街区的清单;

(五)保护工作情况、保护目标和保护要求。

第九条 申报历史文化名城,由省、自治区、直辖市人民政府提出申请,经国务院建设主管部门会同国务院文物主管部门组织有关部门、专家进行论证,提出审查意见,报国务院批准公布。

申报历史文化名镇、名村,由所在地县级人民政府提出申请,经省、自治区、直辖市人民政府确定的保护主管部门会同同级文物主管部门组织有关部门、专家进行论证，提出审查意见，报省、自治区、直辖市人民政府批准公布。

第十条　对符合本条例第七条规定的条件而没有申报历史文化名城的城市，国务院建设主管部门会同国务院文物主管部门可以向该城市所在地的省、自治区人民政府提出申报建议；仍不申报的，可以直接向国务院提出确定该城市为历史文化名城的建议。

对符合本条例第七条规定的条件而没有申报历史文化名镇、名村的镇、村庄，省、自治区、直辖市人民政府确定的保护主管部门会同同级文物主管部门可以向该镇、村庄所在地的县级人民政府提出申报建议；仍不申报的，可以直接向省、自治区、直辖市人民政府提出确定该镇、村庄为历史文化名镇、名村的建议。

第十一条　国务院建设主管部门会同国务院文物主管部门可以在已批准公布的历史文化名镇、名村中，严格按照国家有关评价标准，选择具有重大历史、艺术、科学价值的历史文化名镇、名村，经专家论证，确定为中国历史文化名镇、名村。

第十二条　已批准公布的历史文化名城、名镇、名村，因保护不力使其历史文化价值受到严重影响的，批准机关应当将其列入濒危名单，予以公布，并责成所在地城市、县人民政府限期采取补救措施，防止情况继续恶化，并完善保护制度，加强保护工作。

第三章　保护规划

第十三条　历史文化名城批准公布后，历史文化名城人民政府应当组织编制历史文化名城保护规划。

历史文化名镇、名村批准公布后，所在地县级人民政府应当组织编制历史文化名镇、名村保护规划。

保护规划应当自历史文化名城、名镇、名村批准公布之日起1年内编制完成。

第十四条　保护规划应当包括下列内容：

（一）保护原则、保护内容和保护范围；

（二）保护措施、开发强度和建设控制要求；

（三）传统格局和历史风貌保护要求；

（四）历史文化街区、名镇、名村的核心保护范围和建设控制地带；

（五）保护规划分期实施方案。

第十五条　历史文化名城、名镇保护规划的规划期限应当与城市、镇总体规划的规划期限相一致；历史文化名村保护规划的规划期限应当与村庄规划的规划期限相一致。

第十六条　保护规划报送审批前，保护规划的组织编制机关应当广泛征求有关部门、专家和公众的意见；必要时，可以举行听证。

保护规划报送审批文件中应当附具意见采纳情况及理由；经听证的，还应当附具听证笔录。

第十七条　保护规划由省、自治区、直辖市人民政府审批。

保护规划的组织编制机关应当将经依法批准的历史文化名城保护规划和中国历史文化名镇、名村保护规划，报国务院建设主管部门和国务院文物主管部门备案。

第十八条　保护规划的组织编制机关应当及时公布经依法批准的保护规划。

第十九条　经依法批准的保护规划，不得擅自修改；确需修改的，保护规划的组织编制机关应当向原审批机关提出专题报告，经同意后，方可编制修改方案。修改后的保护规划，应当按照原审批程序报送审批。

第二十条　国务院建设主管部门会同国务院文物主管部门应当加强对保护规划实施情况的监督检查。

县级以上地方人民政府应当加强对本行政区域保护规划实施情

况的监督检查,并对历史文化名城、名镇、名村保护状况进行评估;对发现的问题,应当及时纠正、处理。

第四章 保护措施

第二十一条 历史文化名城、名镇、名村应当整体保护,保持传统格局、历史风貌和空间尺度,不得改变与其相互依存的自然景观和环境。

第二十二条 历史文化名城、名镇、名村所在地县级以上地方人民政府应当根据当地经济社会发展水平,按照保护规划,控制历史文化名城、名镇、名村的人口数量,改善历史文化名城、名镇、名村的基础设施、公共服务设施和居住环境。

第二十三条 在历史文化名城、名镇、名村保护范围内从事建设活动,应当符合保护规划的要求,不得损害历史文化遗产的真实性和完整性,不得对其传统格局和历史风貌构成破坏性影响。

第二十四条 在历史文化名城、名镇、名村保护范围内禁止进行下列活动:

(一)开山、采石、开矿等破坏传统格局和历史风貌的活动;

(二)占用保护规划确定保留的园林绿地、河湖水系、道路等;

(三)修建生产、储存爆炸性、易燃性、放射性、毒害性、腐蚀性物品的工厂、仓库等;

(四)在历史建筑上刻划、涂污。

第二十五条 在历史文化名城、名镇、名村保护范围内进行下列活动,应当保护其传统格局、历史风貌和历史建筑;制订保护方案,经城市、县人民政府城乡规划主管部门会同同级文物主管部门批准,并依照有关法律、法规的规定办理相关手续:

(一)改变园林绿地、河湖水系等自然状态的活动;

(二)在核心保护范围内进行影视摄制、举办大型群众性活动;

（三）其他影响传统格局、历史风貌或者历史建筑的活动。

第二十六条 历史文化街区、名镇、名村建设控制地带内的新建建筑物、构筑物,应当符合保护规划确定的建设控制要求。

第二十七条 对历史文化街区、名镇、名村核心保护范围内的建筑物、构筑物,应当区分不同情况,采取相应措施,实行分类保护。

历史文化街区、名镇、名村核心保护范围内的历史建筑,应当保持原有的高度、体量、外观形象及色彩等。

第二十八条 在历史文化街区、名镇、名村核心保护范围内,不得进行新建、扩建活动。但是,新建、扩建必要的基础设施和公共服务设施除外。

在历史文化街区、名镇、名村核心保护范围内,新建、扩建必要的基础设施和公共服务设施的,城市、县人民政府城乡规划主管部门核发建设工程规划许可证、乡村建设规划许可证前,应当征求同级文物主管部门的意见。

在历史文化街区、名镇、名村核心保护范围内,拆除历史建筑以外的建筑物、构筑物或者其他设施的,应当经城市、县人民政府城乡规划主管部门会同同级文物主管部门批准。

第二十九条 审批本条例第二十八条规定的建设活动,审批机关应当组织专家论证,并将审批事项予以公示,征求公众意见,告知利害关系人有要求举行听证的权利。公示时间不得少于 20 日。

利害关系人要求听证的,应当在公示期间提出,审批机关应当在公示期满后及时举行听证。

第三十条 城市、县人民政府应当在历史文化街区、名镇、名村核心保护范围的主要出入口设置标志牌。

任何单位和个人不得擅自设置、移动、涂改或者损毁标志牌。

第三十一条 历史文化街区、名镇、名村核心保护范围内的消防设施、消防通道,应当按照有关的消防技术标准和规范设置。确因历史文化街区、名镇、名村的保护需要,无法按照标准和规范设置的,由城市、县人民政府公安机关消防机构会同同级城乡规划主管部门制订相应的防火安全保障方案。

第三十二条 城市、县人民政府应当对历史建筑设置保护标志，建立历史建筑档案。

历史建筑档案应当包括下列内容：

（一）建筑艺术特征、历史特征、建设年代及稀有程度；

（二）建筑的有关技术资料；

（三）建筑的使用现状和权属变化情况；

（四）建筑的修缮、装饰装修过程中形成的文字、图纸、图片、影像等资料；

（五）建筑的测绘信息记录和相关资料。

第三十三条 历史建筑的所有权人应当按照保护规划的要求，负责历史建筑的维护和修缮。

县级以上地方人民政府可以从保护资金中对历史建筑的维护和修缮给予补助。

历史建筑有损毁危险，所有权人不具备维护和修缮能力的，当地人民政府应当采取措施进行保护。

任何单位或者个人不得损坏或者擅自迁移、拆除历史建筑。

第三十四条 建设工程选址，应当尽可能避开历史建筑；因特殊情况不能避开的，应当尽可能实施原址保护。

对历史建筑实施原址保护的，建设单位应当事先确定保护措施，报城市、县人民政府城乡规划主管部门会同同级文物主管部门批准。

因公共利益需要进行建设活动，对历史建筑无法实施原址保护、必须迁移异地保护或者拆除的，应当由城市、县人民政府城乡规划主管部门会同同级文物主管部门，报省、自治区、直辖市人民政府确定的保护主管部门会同同级文物主管部门批准。

本条规定的历史建筑原址保护、迁移、拆除所需费用，由建设单位列入建设工程预算。

第三十五条　对历史建筑进行外部修缮装饰、添加设施以及改变历史建筑的结构或者使用性质的,应当经城市、县人民政府城乡规划主管部门会同同级文物主管部门批准,并依照有关法律、法规的规定办理相关手续。

第三十六条　在历史文化名城、名镇、名村保护范围内涉及文物保护的,应当执行文物保护法律、法规的规定。

第五章　法律责任

第三十七条　违反本条例规定,国务院建设主管部门、国务院文物主管部门和县级以上地方人民政府及其有关主管部门的工作人员,不履行监督管理职责,发现违法行为不予查处或者有其他滥用职权、玩忽职守、徇私舞弊行为,构成犯罪的,依法追究刑事责任;尚不构成犯罪的,依法给予处分。

第三十八条　违反本条例规定,地方人民政府有下列行为之一的,由上级人民政府责令改正,对直接负责的主管人员和其他直接责任人员,依法给予处分:

（一）未组织编制保护规划的;

（二）未按照法定程序组织编制保护规划的;

（三）擅自修改保护规划的;

（四）未将批准的保护规划予以公布的。

第三十九条　违反本条例规定,省、自治区、直辖市人民政府确定的保护主管部门或者城市、县人民政府城乡规划主管部门,未按照保护规划的要求或者未按照法定程序履行本条例第二十五条、第二十八条、第三十四条、第三十五条规定的审批职责的,由本级人民政府或者上级人民政府有关部门责令改正,通报批评;对直接负责的主管人员和其他直接责任人员,依法给予处分。

第四十条　违反本条例规定,城市、县人民政府因保护不力,导致已批准公布的历史文化名城、名镇、名村被列入濒危名单的,由上级人民政府通报批评;对直接负责的主管人员和其他直接责任人员,依法给予处分。

第四十一条　违反本条例规定,在历史文化名城、名镇、名村保护范围内有下列行为之一的,由城市、县人民政府城乡规划主管部门责令停止违法行为、限期恢复原状或者采取其他补救措施;有违法所得的,没收违法所得;逾期不恢复原状或者不采取其他补救措施的,城乡规划主管部门可以指定有能力的单位代为恢复原状或者采取其他补救措施,所需费用由违法者承担;造成严重后果的,对单位并处50万元以上100万元以下的罚款,对个人并处5万元以上10万元以下的罚款;造成损失的,依法承担赔偿责任:

（一）开山、采石、开矿等破坏传统格局和历史风貌的;

（二）占用保护规划确定保留的园林绿地、河湖水系、道路等的;

（三）修建生产、储存爆炸性、易燃性、放射性、毒害性、腐蚀性物品的工厂、仓库等的。

第四十二条　违反本条例规定,在历史建筑上刻划、涂污的,由城市、县人民政府城乡规划主管部门责令恢复原状或者采取其他补救措施,处50元的罚款。

第四十三条　违反本条例规定,未经城乡规划主管部门会同同级文物主管部门批准,有下列行为之一的,由城市、县人民政府城乡规划主管部门责令停止违法行为、限期恢复原状或者采取其他补救措施;有违法所得的,没收违法所得;逾期不恢复原状或者不采取其他补救措施的,城乡规划主管部门可以指定有能力的单位代为恢复原状或者采取其他补救措施,所需费用由违法者承担;造成严重后果的,对单位并处5万元以上10万元以下的罚款,对个人并处1万元以上5万元以下的罚款;造成损失的,依法承担赔偿责任:

（一）改变园林绿地、河湖水系等自然状态的;

（二）进行影视摄制、举办大型群众性活动的;

（三）拆除历史建筑以外的建筑物、构筑物或者其他设施的；

（四）对历史建筑进行外部修缮装饰、添加设施以及改变历史建筑的结构或者使用性质的；

（五）其他影响传统格局、历史风貌或者历史建筑的。

有关单位或者个人经批准进行上述活动，但是在活动过程中对传统格局、历史风貌或者历史建筑构成破坏性影响的，依照本条第一款规定予以处罚。

第四十四条　违反本条例规定，损坏或者擅自迁移、拆除历史建筑的，由城市、县人民政府城乡规划主管部门责令停止违法行为、限期恢复原状或者采取其他补救措施；有违法所得的，没收违法所得；逾期不恢复原状或者不采取其他补救措施的，城乡规划主管部门可以指定有能力的单位代为恢复原状或者采取其他补救措施，所需费用由违法者承担；造成严重后果的，对单位并处 20 万元以上 50 万元以下的罚款，对个人并处 10 万元以上 20 万元以下的罚款；造成损失的，依法承担赔偿责任。

第四十五条　违反本条例规定，擅自设置、移动、涂改或者损毁历史文化街区、名镇、名村标志牌的，由城市、县人民政府城乡规划主管部门责令限期改正；逾期不改正的，对单位处 1 万元以上 5 万元以下的罚款，对个人处 1000 元以上 1 万元以下的罚款。

第四十六条　违反本条例规定，对历史文化名城、名镇、名村中的文物造成损毁的，依照文物保护法律、法规的规定给予处罚；构成犯罪的，依法追究刑事责任。

第六章　附　　则

第四十七条　本条例下列用语的含义：

（一）历史建筑，是指经城市、县人民政府确定公布的具有一定保护价值，能够反映历史风貌和地方特色，未公布为文物保护单位，也未登记为不可移动文物的建筑物、构筑物。

（二）历史文化街区，是指经省、自治区、直辖市人民政府核定公布的保存文物特别丰富、历史建筑集中成片、能够较完整和真实地体现传统格局和历史风貌，并具有一定规模的区域。

历史文化街区保护的具体实施办法，由国务院建设主管部门会同国务院文物主管部门制定。

第四十八条　本条例自 2008 年 7 月 1 日起施行。

国务院法制办负责人就《历史文化名城名镇名村保护条例》答记者问

日前,国务院通过了《历史文化名城名镇名村保护条例》(以下简称条例),并将于 2008 年 7 月 1 日起施行。为准确理解条例精神,记者采访了国务院法制办公室负责人。

问: 为什么要制定该条例?

历史文化名城、名镇、名村是我国历史文化遗产的重要组成部分。切实保护好这些历史文化遗产,是保持民族文化传承、增强民族凝聚力的重要文化基础,也是建设社会主义先进文化、深入贯彻落实科学发展观和构建社会主义和谐社会的必然要求。随着国民经济和社会的发展,各地城镇化进程明显加快,建设与保护的矛盾日益突出,历史文化名城、名镇、名村保护工作面临着一些亟待解决的问题:

一是,由于一些地方的过度开发和不合理利用,许多重要历史文化遗产正在消失,传统格局和历史风貌遭到严重破坏。

二是,保护规划的编制、修改工作滞后,忽视对历史文化名城、名镇、名村的整体保护,保护规划的科学性和严肃性需要提高。

三是,保护措施不力,管理不到位。一些地方重开发、轻保护,不注重保护真实的历史遗存,新建"假古董",造成许多历史建筑被损毁。

四是,保护范围内的道路、供水、排水、供电等市政基础设施落后,历史建筑年久失修,居住环境差,不能满足人们日常生活的需要,甚至存在很大的安全隐患。

五是,对于破坏传统格局、历史风貌和历史建筑的违法行为,缺乏相应的法律责任。

党中央、国务院历来高度重视历史文化名城、名镇、名村的保护工作。《文物保护法》、《城乡规划法》确立了历史文化名城、名镇、名村保护制度,并明确规定由国务院制定保护办法。为此,国务院制定了该条例。条例的实施将进一步加强对历史文化名城、名镇、名村的保护,有利于保持和延续传统格局和历史风貌,维护历史文化遗产的真实性和完整性。

问:对于历史文化名城、名镇、名村的申报和批准,条例有哪些规定?

为了规范历史文化名城、名镇、名村的申报与批准,科学、合理地确定历史文化名城、名镇、名村,条例作了以下规定:

一是,明确历史文化名城、名镇、名村的申报条件,并规定了申报时应当提交的材料。

二是,明确历史文化名城、名镇、名村的审批程序和权限。历史文化名城由省、自治区、直辖市人民政府提出申请,报国务院批准公布;历史文化名镇、名村由所在地县级人民政府提出申请,省、自治区、直辖市人民政府批准公布。

三是,督促有关地方人民政府及时申报。对符合条件而没有申报历史文化名城、名镇、名村的,上级人民政府有关部门可以向当地人民政府提出申报建议;仍不申报的,可以直接向批准机关提出确定该城市、镇、村庄为历史文化名城、名镇、名村的建议。

四是,加强有关地方人民政府对历史文化名城、名镇、名村的保护责任。已批准公布的历史文化名城、名镇、名村,因保护不力使其历史文化价值受到严重影响的,批准机关应当将其列入濒危名单,予以公布,并责成所在地城市、县人民政府限期采取补救措施,防止情况继续恶化,完善保护制度,加强保护工作。

问：保护规划是做好历史文化名城、名镇、名村保护和管理工作的重要依据。条例对于保护规划作了哪些规定？如何保障制定保护规划的科学、民主和公开？

为了规范保护规划的编制、审批和修改，保障制定保护规划的科学、民主和公开，条例具体作了以下规定：

一是，明确保护规划的编制主体、编制时限和审批主体。历史文化名城保护规划由历史文化名城人民政府组织编制，历史文化名镇、名村保护规划由历史文化名镇、名村所在地县级人民政府组织编制。保护规划的组织编制机关应当自历史文化名城、名镇、名村批准公布之日起1年内编制完成保护规划，并报省、自治区、直辖市人民政府审批。

二是，明确保护规划的内容、期限和编制程序。保护规划报送审批前，保护规划的组织编制机关应当广泛征求有关部门、专家和公众的意见；必要时，可以举行听证。

三是，强调保护规划的权威性。保护规划的组织编制机关应当将经批准的保护规划予以公布，经依法批准的保护规划不得擅自修改，并规定了严格的修改程序。

四是，规定国务院有关部门和县级以上地方人民政府应当加强对保护规划实施情况的监督检查。对发现的问题，应当及时纠正、处理。

问：目前由于一些地方的过度开发和不合理利用，许多重要历史文化遗产正在消失，传统格局和历史风貌遭到严重破坏。请问条例采取了哪些方面的措施加强了对历史文化名城、名镇、名村的保护？

为了加强对历史文化名城、名镇、名村的保护，条例确立了对历史文化名城、名镇、名村实行整体保护的原则，强化了政府的保护责任，规定了严格的保护措施，明确了在保护范围内禁止从事的活动，重点加强了对历史建筑的保护。条例具体作了以下规定：

一是，明确历史文化名城、名镇、名村应当整体保护，保持传统格局、历史风貌和空间尺度,不得改变与其相互依存的自然景观和环境。

二是,强化政府的保护责任。历史文化名城、名镇、名村所在地县级以上地方人民政府应当根据当地经济社会发展水平,按照保护规划,控制人口数量,改善历史文化名城、名镇、名村的基础设施、公共服务设施和居住环境。

三是,在保护范围内的建设活动应当符合保护规划,不得损害历史文化遗产的真实性和完整性,不得对其传统格局和历史风貌构成破坏性影响。

四是,禁止在保护范围内进行开山、采石、开矿等活动;进行其他影响传统格局、历史风貌和历史建筑的活动的,应当制定保护方案,经城市、县人民政府城乡规划主管部门会同同级文物主管部门批准,并依法办理相关手续。

五是,明确对核心保护范围的保护要求。对核心保护范围内的建筑物、构筑物,区分不同情况,采取相应措施,实行分类保护,并要求核心保护范围内的历史建筑,应当保持原有的高度、体量、外观形象及色彩等。同时,对核心保护范围内的建设活动明确了审批程序,要求审批机关组织专家论证,并将审批事项予以公示,征求公众意见。

六是,强化对历史建筑的保护措施。城市、县人民政府应当对历史建筑设置保护标志,建立档案。历史建筑的所有权人负责历史建筑的维护和修缮,县级以上地方人民政府可以给予补助。历史建筑有损毁危险,所有权人不具备维护和修缮能力的,当地人民政府应当采取措施进行保护。对历史建筑原则上实施原址保护,必须迁移异地保护或者拆除的,应当经省、自治区、直辖市人民政府确定的保护主管部门会同同级文物主管部门批准。对历史建筑进行外部修缮装饰、添加设施以及改变历史建筑的结构或者使用性质的,应当经城市、县人民政府城乡规划主管部门会同同级文物主管部门批准。

问：对于违反条例规定，对历史文化名城、名镇、名村造成破坏的行为，条例设定了哪些法律责任？

为了切实加强对历史文化名城、名镇、名村的保护，有效遏制破坏历史文化遗产的违法行为，条例明确规定了政府及其有关主管部门的法律责任，对破坏传统格局和历史风貌的行为设定了严格的法律责任，并注重行政处罚种类和法律责任的多样化。

一是，明确政府及其有关主管部门不履行监督管理职责，发现违法行为不予查处、违法审批以及其他渎职行为应当承担的法律责任。

二是，对在保护范围内开山、采石、开矿等破坏传统格局和历史风貌的行为、未经批准擅自改变园林绿地、河湖水系等自然状态以及损坏或者擅自迁移、拆除历史建筑等行为，责令停止违法行为、限期恢复原状或者采取其他补救措施；有违法所得的，没收违法所得；逾期不恢复原状或者不采取其他补救措施的，城乡规划主管部门可以指定有能力的单位代为恢复原状或者采取其他补救措施，所需费用由违法者承担；造成严重后果的，处以罚款。

三是，区分违法行为的不同主体，对单位违法行为和个人违法行为分别规定了法律责任。

四是，把行政处罚与承担民事责任相结合。在对有关违法行为规定行政处罚的同时，明确违法者要承担民事责任，以增加其违法成本。

此外，条例规定，对历史文化名城、名镇、名村中的文物造成损毁的，依照文物保护法律、法规的规定给予处罚；构成犯罪的，依法追究刑事责任。

（中国政府网 2008 年 4 月 29 日）

中华人民共和国国务院令

第 525 号

　　《生猪屠宰管理条例》已经 2007 年 12 月 19 日国务院第 201 次常务会议修订通过,现将修订后的《生猪屠宰管理条例》公布,自 2008 年 8 月 1 日起施行。

总理　温家宝

二〇〇八年五月二十五日

生猪屠宰管理条例

(1997年12月19日中华人民共和国国务院令第238号发布 2007年12月19日国务院第201次常务会议修订通过)

第一章 总 则

第一条 为了加强生猪屠宰管理,保证生猪产品质量安全,保障人民身体健康,制定本条例。

第二条 国家实行生猪定点屠宰、集中检疫制度。

未经定点,任何单位和个人不得从事生猪屠宰活动。但是,农村地区个人自宰自食的除外。

在边远和交通不便的农村地区,可以设置仅限于向本地市场供应生猪产品的小型生猪屠宰场点,具体管理办法由省、自治区、直辖市制定。

第三条 国务院商务主管部门负责全国生猪屠宰的行业管理工作。县级以上地方人民政府商务主管部门负责本行政区域内生猪屠宰活动的监督管理。

县级以上人民政府有关部门在各自职责范围内负责生猪屠宰活动的相关管理工作。

第四条 国家根据生猪定点屠宰厂（场）的规模、生产和技术条件以及质量安全管理状况，推行生猪定点屠宰厂（场）分级管理制度，鼓励、引导、扶持生猪定点屠宰厂（场）改善生产和技术条件，加强质量安全管理，提高生猪产品质量安全水平。生猪定点屠宰厂（场）分级管理的具体办法由国务院商务主管部门征求国务院畜牧兽医主管部门意见后制定。

第二章　生猪定点屠宰

第五条 生猪定点屠宰厂（场）的设置规划（以下简称设置规划），由省、自治区、直辖市人民政府商务主管部门会同畜牧兽医主管部门、环境保护部门以及其他有关部门，按照合理布局、适当集中、有利流通、方便群众的原则，结合本地实际情况制订，报本级人民政府批准后实施。

第六条 生猪定点屠宰厂（场）由设区的市级人民政府根据设置规划，组织商务主管部门、畜牧兽医主管部门、环境保护部门以及其他有关部门，依照本条例规定的条件进行审查，经征求省、自治区、直辖市人民政府商务主管部门的意见确定，并颁发生猪定点屠宰证书和生猪定点屠宰标志牌。

设区的市级人民政府应当将其确定的生猪定点屠宰厂（场）名单及时向社会公布，并报省、自治区、直辖市人民政府备案。

生猪定点屠宰厂（场）应当持生猪定点屠宰证书向工商行政管理部门办理登记手续。

第七条 生猪定点屠宰厂（场）应当将生猪定点屠宰标志牌悬挂于厂（场）区的显著位置。

生猪定点屠宰证书和生猪定点屠宰标志牌不得出借、转让。任何单位和个人不得冒用或者使用伪造的生猪定点屠宰证书和生猪定点屠宰标志牌。

第八条　生猪定点屠宰厂（场）应当具备下列条件：

（一）有与屠宰规模相适应、水质符合国家规定标准的水源条件；

（二）有符合国家规定要求的待宰间、屠宰间、急宰间以及生猪屠宰设备和运载工具；

（三）有依法取得健康证明的屠宰技术人员；

（四）有经考核合格的肉品品质检验人员；

（五）有符合国家规定要求的检验设备、消毒设施以及符合环境保护要求的污染防治设施；

（六）有病害生猪及生猪产品无害化处理设施；

（七）依法取得动物防疫条件合格证。

第九条　生猪屠宰的检疫及其监督，依照动物防疫法和国务院的有关规定执行。

生猪屠宰的卫生检验及其监督，依照食品卫生法的规定执行。

第十条　生猪定点屠宰厂（场）屠宰的生猪，应当依法经动物卫生监督机构检疫合格，并附有检疫证明。

第十一条　生猪定点屠宰厂（场）屠宰生猪，应当符合国家规定的操作规程和技术要求。

第十二条　生猪定点屠宰厂（场）应当如实记录其屠宰的生猪来源和生猪产品流向。生猪来源和生猪产品流向记录保存期限不得少于 2 年。

第十三条　生猪定点屠宰厂（场）应当建立严格的肉品品质检验管理制度。肉品品质检验应当与生猪屠宰同步进行，并如实记录检验结果。检验结果记录保存期限不得少于 2 年。

经肉品品质检验合格的生猪产品，生猪定点屠宰厂（场）应当加盖肉品品质检验合格验讫印章或者附具肉品品质检验合格标志。经肉品品质检验不合格的生猪产品，应当在肉品品质检验人员的监督下，按照国家有关规定处理，并如实记录处理情况；处理情况记录保存期限不得少于2年。

生猪定点屠宰厂(场)的生猪产品未经肉品品质检验或者经肉品品质检验不合格的,不得出厂(场)。

第十四条 生猪定点屠宰厂(场)对病害生猪及生猪产品进行无害化处理的费用和损失,按照国务院财政部门的规定,由国家财政予以适当补助。

第十五条 生猪定点屠宰厂(场)以及其他任何单位和个人不得对生猪或者生猪产品注水或者注入其他物质。

生猪定点屠宰厂(场)不得屠宰注水或者注入其他物质的生猪。

第十六条 生猪定点屠宰厂(场)对未能及时销售或者及时出厂(场)的生猪产品,应当采取冷冻或者冷藏等必要措施予以储存。

第十七条 任何单位和个人不得为未经定点违法从事生猪屠宰活动的单位或者个人提供生猪屠宰场所或者生猪产品储存设施,不得为对生猪或者生猪产品注水或者注入其他物质的单位或者个人提供场所。

第十八条 从事生猪产品销售、肉食品生产加工的单位和个人以及餐饮服务经营者、集体伙食单位销售、使用的生猪产品,应当是生猪定点屠宰厂(场)经检疫和肉品品质检验合格的生猪产品。

第十九条 地方人民政府及其有关部门不得限制外地生猪定点屠宰厂(场)经检疫和肉品品质检验合格的生猪产品进入本地市场。

第三章 监督管理

第二十条 县级以上地方人民政府应当加强对生猪屠宰监督管理工作的领导,及时协调、解决生猪屠宰监督管理工作中的重大问题。

第二十一条 商务主管部门应当依照本条例的规定严格履行职责,加强对生猪屠宰活动的日常监督检查。

商务主管部门依法进行监督检查,可以采取下列措施:

(一)进入生猪屠宰等有关场所实施现场检查;

(二)向有关单位和个人了解情况;

(三)查阅、复制有关记录、票据以及其他资料;

(四)查封与违法生猪屠宰活动有关的场所、设施,扣押与违法生猪屠宰活动有关的生猪、生猪产品以及屠宰工具和设备。

商务主管部门进行监督检查时,监督检查人员不得少于 2 人,并应当出示执法证件。

对商务主管部门依法进行的监督检查,有关单位和个人应当予以配合,不得拒绝、阻挠。

第二十二条 商务主管部门应当建立举报制度,公布举报电话、信箱或者电子邮箱,受理对违反本条例规定行为的举报,并及时依法处理。

第二十三条 商务主管部门在监督检查中发现生猪定点屠宰厂(场)不再具备本条例规定条件的,应当责令其限期整改;逾期仍达不到本条例规定条件的,由设区的市级人民政府取消其生猪定点屠宰厂(场)资格。

第四章　法律责任

第二十四条 违反本条例规定,未经定点从事生猪屠宰活动的,由商务主管部门予以取缔,没收生猪、生猪产品、屠宰工具和设备以及违法所得,并处货值金额 3 倍以上 5 倍以下的罚款;货值金额难以确定的,对单位并处 10 万元以上 20 万元以下的罚款,对个人并处 5000 元以上 1 万元以下的罚款;构成犯罪的,依法追究刑事责任。

冒用或者使用伪造的生猪定点屠宰证书或者生猪定点屠宰标志牌的,依照前款的规定处罚。

生猪定点屠宰厂(场)出借、转让生猪定点屠宰证书或者生猪定点屠宰标志牌的,由设区的市级人民政府取消其生猪定点屠宰厂(场)资格;有违法所得的,由商务主管部门没收违法所得。

第二十五条 生猪定点屠宰厂(场)有下列情形之一的,由商务主管部门责令限期改正,处2万元以上5万元以下的罚款;逾期不改正的,责令停业整顿,对其主要负责人处5000元以上1万元以下的罚款:

(一)屠宰生猪不符合国家规定的操作规程和技术要求的;

(二)未如实记录其屠宰的生猪来源和生猪产品流向的;

(三)未建立或者实施肉品品质检验制度的;

(四)对经肉品品质检验不合格的生猪产品未按照国家有关规定处理并如实记录处理情况的。

第二十六条 生猪定点屠宰厂(场)出厂(场)未经肉品品质检验或者经肉品品质检验不合格的生猪产品的,由商务主管部门责令停业整顿,没收生猪产品和违法所得,并处货值金额1倍以上3倍以下的罚款,对其主要负责人处1万元以上2万元以下的罚款;货值金额难以确定的,并处5万元以上10万元以下的罚款;造成严重后果的,由设区的市级人民政府取消其生猪定点屠宰厂(场)资格;构成犯罪的,依法追究刑事责任。

第二十七条 生猪定点屠宰厂(场)、其他单位或者个人对生猪、生猪产品注水或者注入其他物质的,由商务主管部门没收注水或者注入其他物质的生猪、生猪产品、注水工具和设备以及违法所得,并处货值金额3倍以上5倍以下的罚款,对生猪定点屠宰厂(场)或者其他单位的主要负责人处1万元以上2万元以下的罚款;货值金额难以确定的,对生猪定点屠宰厂(场)或者其他单位并处5万元以上10万元以下的罚款,对个人并处1万元以上2万元以下的罚款;构成犯罪的,依法追究刑事责任。

生猪定点屠宰厂(场)对生猪、生猪产品注水或者注入其他物质的,除依照前款的规定处罚外,还应当由商务主管部门责令停业整顿;造成严重后果,或者两次以上对生猪、生猪产品注水或者注入其他物质的,由设区的市级人民政府取消其生猪定点屠宰厂(场)资格。

第二十八条 生猪定点屠宰厂(场)屠宰注水或者注入其他物质的生猪的,由商务主管部门责令改正,没收注水或者注入其他物质的生猪、生猪产品以及违法所得,并处货值金额 1 倍以上 3 倍以下的罚款,对其主要负责人处 1 万元以上 2 万元以下的罚款;货值金额难以确定的,并处 2 万元以上 5 万元以下的罚款;拒不改正的,责令停业整顿;造成严重后果的,由设区的市级人民政府取消其生猪定点屠宰厂(场)资格。

第二十九条 从事生猪产品销售、肉食品生产加工的单位和个人以及餐饮服务经营者、集体伙食单位,销售、使用非生猪定点屠宰厂(场)屠宰的生猪产品、未经肉品品质检验或者经肉品品质检验不合格的生猪产品以及注水或者注入其他物质的生猪产品的,由工商、卫生、质检部门依据各自职责,没收尚未销售、使用的相关生猪产品以及违法所得,并处货值金额 3 倍以上 5 倍以下的罚款;货值金额难以确定的,对单位处 5 万元以上 10 万元以下的罚款,对个人处 1 万元以上 2 万元以下的罚款;情节严重的,由原发证(照)机关吊销有关证照;构成犯罪的,依法追究刑事责任。

第三十条 为未经定点违法从事生猪屠宰活动的单位或者个人提供生猪屠宰场所或者生猪产品储存设施,或者为对生猪、生猪产品注水或者注入其他物质的单位或者个人提供场所的,由商务主管部门责令改正,没收违法所得,对单位并处 2 万元以上 5 万元以下的罚款,对个人并处 5000 元以上 1 万元以下的罚款。

第三十一条 商务主管部门和其他有关部门的工作人员在生猪屠宰监督管理工作中滥用职权、玩忽职守、徇私舞弊,构成犯罪的,依法追究刑事责任;尚不构成犯罪的,依法给予处分。

第五章　附　　则

第三十二条　省、自治区、直辖市人民政府确定实行定点屠宰的其他动物的屠宰管理办法,由省、自治区、直辖市根据本地区的实际情况,参照本条例制定。

第三十三条　本条例所称生猪产品,是指生猪屠宰后未经加工的胴体、肉、脂、脏器、血液、骨、头、蹄、皮。

第三十四条　本条例施行前设立的生猪定点屠宰厂(场),自本条例施行之日起 180 日内,由设区的市级人民政府换发生猪定点屠宰标志牌,并发给生猪定点屠宰证书。

第三十五条　生猪定点屠宰证书、生猪定点屠宰标志牌以及肉品品质检验合格验讫印章和肉品品质检验合格标志的式样,由国务院商务主管部门统一规定。

第三十六条　本条例自 2008 年 8 月 1 日起施行。

国务院法制办负责人就
《生猪屠宰管理条例》修订答记者问

　　2008 年 5 月 25 日,温家宝总理签署国务院令公布了修订后的《生猪屠宰管理条例》(以下简称条例),条例将于 2008 年 8 月 1 日起施行。日前,国务院法制办负责人就条例的有关问题回答了记者提问。

　　问:这次修订条例的背景是什么?

　　答:我国既是生猪生产大国,也是生猪产品消费大国,多数地区群众的日常肉食消费以猪肉为主。因此,生猪产品的质量安全,直接关系到人民群众的身体健康乃至生命安全。原《生猪屠宰管理条例》自 1998 年 1 月 1 日起施行以来,对于加强生猪屠宰管理,保证生猪产品质量,保障人民群众身体健康发挥了积极作用。但是,从近年来的情况看,"放心肉"问题还没有从根本上解决,生猪屠宰环节仍存在一些较为突出的问题。主要是:一些地区私屠滥宰活动屡禁不止;对生猪和生猪产品注水以及屠宰病害猪、注水猪的现象时有发生;销售、使用病害肉、注水肉等不合格生猪产品的情况还不同程度地存在;有的生猪定点屠宰厂(场)行为不够规范,甚至成为制售病害猪肉、注水肉的窝点。这些问题,既有执法不严的原因,也有原条例的一些规定不够完善的原因。因此,要切实解决人民群众吃上"放心肉"的问题,需要在进一步加强执法的同时,对条例进行有针对性的修订,明确政府及其有关部门的职责,修改、完善有关制度措

194

施,加大对违法行为的惩处力度。

问：生猪定点屠宰是原条例确立的一项重要制度,这次修订条例是否继续实行这项制度?

答：实践证明,生猪定点屠宰是一项行之有效的重要制度。修订后的条例继续维持了这一制度,同时,针对实践中存在的问题,从四个方面对生猪定点屠宰制度作了进一步完善：

一是,完善了生猪定点屠宰厂(场)设置规划制度。为了把规划责任落到实处,条例明确规定,生猪定点屠宰厂(场)设置规划由省、自治区、直辖市人民政府商务主管部门会同畜牧兽医主管部门、环境保护部门以及其他有关部门负责制订。同时,将"适当集中"补充规定为制订生猪定点屠宰厂(场)设置规划应当遵循的原则之一,以体现生猪定点屠宰厂(场)向规模化、集约化发展的方向。

二是,适当上收了审查确定生猪定点屠宰厂(场)的权限,将生猪定点屠宰厂(场)由原条例规定的"市、县人民政府"组织有关部门审查确定,修改为由"设区的市级人民政府"组织有关部门审查确定。同时,为了强化生猪定点屠宰厂(场)设置规划的约束作用,还明确规定设区的市级人民政府在确定生猪定点屠宰厂(场)时,应当征求省级人民政府商务主管部门的意见。

三是,为加强监督,增加了生猪定点屠宰厂(场)名单公布和备案制度,规定设区的市级人民政府应当将其确定的生猪定点屠宰厂(场)名单及时向社会公布,并报省、自治区、直辖市人民政府备案。

四是,明确了生猪定点屠宰厂(场)的退出机制,规定商务主管部门在监督检查中发现生猪定点屠宰厂(场)不再具备本条例规定条件的,应当责令其限期整改;逾期仍达不到规定条件的,由设区的市级人民政府取消其生猪定点屠宰厂(场)资格。

问：我国地域辽阔,生猪定点屠宰制度在一些交通不便的边远地区是否可行,会不会因此影响当地群众的肉食消费需要?

答：条例修订时已经考虑到这些问题。加强生猪屠宰管理和方便群众生活,二者不能对立起来。为了在实行生猪定点屠宰制度的同时,保障边远和交通不便农村地区的生猪产品供应,条例专门增加一条,规定:在边远和交通不便的农村地区,可以设置仅限于向本地市场供应生猪产品的小型生猪屠宰场点,具体管理办法由省、自治区、直辖市制定。这样规定,从制度上为解决边远和交通不便的农村地区群众的肉食品消费问题留出了空间。

问:条例明确规定了国家推行生猪定点屠宰厂(场)分级管理制度,这主要出于什么考虑?

答:目前,我国生猪定点屠宰厂(场)的数量多、规模小、机械化程度低,产品质量安全状况参差不齐。从长远看,提高生猪产品质量安全,需要走规模化、集约化的道路。因此,条例增加了一条规定:国家根据生猪定点屠宰厂(场)的规模、生产和技术条件以及质量安全管理状况,推行生猪定点屠宰厂(场)分级管理制度。这条规定的目的在于鼓励、引导、扶持生猪定点屠宰厂(场)改进生产和技术条件,加强质量安全管理,提高生猪产品质量安全水平。

此外,条例还明确规定,地方人民政府及其有关部门不得限制外地生猪定点屠宰厂(场)经检疫和肉品品质检验合格的生猪产品进入本地市场。这是为了保证质量优、信誉好、品牌知名度高的生猪产品在地区间顺畅流通,通过创造和维护良好的市场环境,鼓励生猪屠宰加工企业做大做强,提高生猪产品质量安全水平。

问:这次修订对生猪定点屠宰厂(场)以及其他单位和个人的行为规范作了哪些完善?

答:补充、增加生猪定点屠宰厂(场)及有关单位和个人的行为规范,是这次修订条例的重点内容之一。针对实践中存在的问题,条例对生猪定点屠宰厂(场)增加规定的行为规范包括:不得出借、转让生猪定点屠宰证书和生猪定点屠宰标志牌;如实记录其屠宰的生猪来源和生猪产品流向;如实记录肉品品质检验结果;不得屠宰注水或者注入其他物质的生猪。对其他单位和个人,条例增加规定的行为规范主要是:不得冒用或者使用伪造的生猪定点屠宰证书或者生猪定点屠宰标志牌;不得对生猪或者生猪产品注水或者注入其他物质;不得为未经定点违法从事生猪屠宰活动的单位或者个人提供生猪屠宰场所或者生猪产品储存设施,或者为对生猪或者生猪产品注水或者注入其他物质的单位或者个人提供场所。

问:条例修订时在加强监督管理方面作了哪些规定?

答:条例专门设立了"监督管理"一章,从三个方面补充、完善了加强监督管理的内容:

一是,明确规定了县级以上地方人民政府在生猪屠宰监督管理方面职责,包括加强对生猪屠宰监督管理工作的领导,及时协调、解决生猪屠宰监督管理工作中的重大问题。

二是,为了落实生猪屠宰监管责任,加大监管力度,明确规定商务主管部门应当严格履行职责,加强对生猪屠宰活动的日常监督检查,并对商务主管部门依法进行监督检查的程序和规范要求以及有关单位和个人配合监督检查的义务作了规定。特别是,条例明确规定了商务主管部门依法进行监督检查可以采取的措施,包括:进入生猪屠宰等有关场所实施现场检查;向有关单位和个人了解情况;查阅、复制有关记录、票据以及其他资料;查封与违法生猪屠宰活动有关的场所、设施,扣押与违法生猪屠宰活动有关的生猪、生猪产品以及屠宰工具和设备。

三是,为了加强社会监督,及时发现和处理生猪屠宰活动中的违法行为,条例明确规定商务主管部门应当建立举报制度,公布举报电话、信箱或者电子邮件地址,受理对违反本条例规定行为的举报,并及时依法处理。

问:对原条例有关法律责任的规定作了哪些完善?

答:为了进一步加大对违法行为的惩处力度,有效制止违法行为,条例从三个方面完善了有关法律责任的规定:

一是,增加规定了应当受到处罚的违法行为种类,包括:出借、转让生猪定点屠宰证书或者生猪定点屠宰标志牌;冒用或者使用伪造的生猪定点屠宰证书或者生猪定点屠宰标志牌;不建立或者实施肉品品质检验制度;屠宰注水或者注入其他物质的生猪,以及为未经定点违法从事生猪屠宰活动的单位或者个人提供生猪屠宰场所或者生猪产品储存设施等。

二是,对生猪定点屠宰厂(场)的违法行为,除对定点屠宰厂(场)进行处罚外,增加规定了对其主要负责人进行罚款的处罚。

三是,加大了对违法行为的处罚力度。在提高罚款数额的同时,扩大了取消生猪定点屠宰厂(场)资格处罚措施的适用范围。生猪定点屠宰厂(场)出借、转让定点屠宰标志牌、出厂(场)未经肉品品质检验或者经肉品品质检验不合格的生猪产品、屠宰注水或者注入其他物质的生猪等行为,都有可能被取消生猪定点屠宰厂(场)资格。此外,条例对依法追究有关违法行为的刑事责任作了明确的衔接性规定。

(中国政府网 2008 年 5 月 30 日)

中华人民共和国国务院令

第 526 号

《汶川地震灾后恢复重建条例》已经 2008 年 6 月 4 日国务院第 11 次常务会议通过,现予公布,自公布之日起施行。

总理　温家宝
2008 年 6 月 8 日

汶川地震灾后恢复重建条例

第一章　总　则

第一条　为了保障汶川地震灾后恢复重建工作有力、有序、有效地开展，积极、稳妥恢复灾区群众正常的生活、生产、学习、工作条件，促进灾区经济社会的恢复和发展，根据《中华人民共和国突发事件应对法》和《中华人民共和国防震减灾法》，制定本条例。

第二条　地震灾后恢复重建应当坚持以人为本、科学规划、统筹兼顾、分步实施、自力更生、国家支持、社会帮扶的方针。

第三条　地震灾后恢复重建应当遵循以下原则：

（一）受灾地区自力更生、生产自救与国家支持、对口支援相结合；

（二）政府主导与社会参与相结合；

（三）就地恢复重建与异地新建相结合；

（四）确保质量与注重效率相结合；

（五）立足当前与兼顾长远相结合；

（六）经济社会发展与生态环境资源保护相结合。

第四条　各级人民政府应当加强对地震灾后恢复重建工作的领导、组织和协调，必要时成立地震灾后恢复重建协调机构，组织协调地震灾后恢复重建工作。

县级以上人民政府有关部门应当在本级人民政府的统一领导

下,按照职责分工,密切配合,采取有效措施,共同做好地震灾后恢复重建工作。

第五条 地震灾区的各级人民政府应当自力更生、艰苦奋斗、勤俭节约,多种渠道筹集资金、物资,开展地震灾后恢复重建。

国家对地震灾后恢复重建给予财政支持、税收优惠和金融扶持,并积极提供物资、技术和人力等方面的支持。

国家鼓励公民、法人和其他组织积极参与地震灾后恢复重建工作,支持在地震灾后恢复重建中采用先进的技术、设备和材料。

国家接受外国政府和国际组织提供的符合地震灾后恢复重建需要的援助。

第六条 对在地震灾后恢复重建工作中做出突出贡献的单位和个人,按照国家有关规定给予表彰和奖励。

第二章 过渡性安置

第七条 对地震灾区的受灾群众进行过渡性安置,应当根据地震灾区的实际情况,采取就地安置与异地安置,集中安置与分散安置,政府安置与投亲靠友、自行安置相结合的方式。

政府对投亲靠友和采取其他方式自行安置的受灾群众给予适当补助。具体办法由省级人民政府制定。

第八条 过渡性安置地点应当选在交通条件便利、方便受灾群众恢复生产和生活的区域,并避开地震活动断层和可能发生洪灾、山体滑坡和崩塌、泥石流、地面塌陷、雷击等灾害的区域以及生产、储存易燃易爆危险品的工厂、仓库。

实施过渡性安置应当占用废弃地、空旷地,尽量不占用或者少占用农田,并避免对自然保护区、饮用水水源保护区以及生态脆弱区域造成破坏。

第九条 地震灾区的各级人民政府根据实际条件,因地制宜,为灾区群众安排临时住所。临时住所可以采用帐篷、篷布房,有条件的也可以采用简易住房、活动板房。安排临时住所确实存在困难的,可以将学校操场和经安全鉴定的体育场馆等作为临时避难场所。

国家鼓励地震灾区农村居民自行筹建符合安全要求的临时住所,并予以补助。具体办法由省级人民政府制定。

第十条 用于过渡性安置的物资应当保证质量安全。生产单位应当确保帐篷、篷布房的产品质量。建设单位、生产单位应当采用质量合格的建筑材料,确保简易住房、活动板房的安全质量和抗震性能。

第十一条 过渡性安置地点应当配套建设水、电、道路等基础设施,并按比例配备学校、医疗点、集中供水点、公共卫生间、垃圾收集点、日常用品供应点、少数民族特需品供应点以及必要的文化宣传设施等配套公共服务设施,确保受灾群众的基本生活需要。

过渡性安置地点的规模应当适度,并安装必要的防雷设施和预留必要的消防应急通道,配备相应的消防设施,防范火灾和雷击灾害发生。

第十二条 临时住所应当具备防火、防风、防雨等功能。

第十三条 活动板房应当优先用于重灾区和需要异地安置的受灾群众,倒塌房屋在短期内难以恢复重建的重灾户特别是遇难者家庭、孕妇、婴幼儿、孤儿、孤老、残疾人员以及学校、医疗点等公共服务设施。

第十四条 临时住所、过渡性安置资金和物资的分配和使用,应当公开透明,定期公布,接受有关部门和社会监督。具体办法由省级人民政府制定。

第十五条 过渡性安置用地按临时用地安排,可以先行使用,事后再依法办理有关用地手续;到期未转为永久性用地的,应当复垦后交还原土地使用者。

第十六条 过渡性安置地点所在地的县级人民政府,应当组织有关部门加强次生灾害、饮用水水质、食品卫生、疫情的监测和流行病学调查以及环境卫生整治。使用的消毒剂、清洗剂应当符合环境保护要求，避免对土壤、水资源、环境等造成污染。

过渡性安置地点所在地的公安机关，应当加强治安管理，及时惩处违法行为，维护正常的社会秩序。

受灾群众应当在过渡性安置地点所在地的县、乡（镇）人民政府组织下，建立治安、消防联队，开展治安、消防巡查等自防自救工作。

第十七条　地震灾区的各级人民政府，应当组织受灾群众和企业开展生产自救，积极恢复生产，并做好受灾群众的心理援助工作。

第十八条　地震灾区的各级人民政府及政府农业行政主管部门应当及时组织修复毁损的农业生产设施，开展抢种抢收，提供农业生产技术指导，保障农业投入品和农业机械设备的供应。

第十九条　地震灾区的各级人民政府及政府有关部门应当优先组织供电、供水、供气等企业恢复生产，并对大型骨干企业恢复生产提供支持，为全面恢复工业、服务业生产经营提供条件。

第三章　调查评估

第二十条　国务院有关部门应当组织开展地震灾害调查评估工作，为编制地震灾后恢复重建规划提供依据。

第二十一条　地震灾害调查评估应当包括下列事项：

（一）城镇和乡村受损程度和数量；

（二）人员伤亡情况，房屋破坏程度和数量，基础设施、公共服务设施、工农业生产设施与商贸流通设施受损程度和数量，农用地毁损程度和数量等；

（三）需要安置人口的数量，需要救助的伤残人员数量，需要帮助的孤寡老人及未成年人的数量，需要提供的房屋数量，需要恢复重建的基础设施和公共服务设施，需要恢复重建的生产设施，需要整理和复垦的农用地等；

（四）环境污染、生态损害以及自然和历史文化遗产毁损等情况；

（五）资源环境承载能力以及地质灾害、地震次生灾害和隐患等情况；

（六）水文地质、工程地质、环境地质、地形地貌以及河势和水文情势、重大水利水电工程的受影响情况；

（七）突发公共卫生事件及其隐患；

（八）编制地震灾后恢复重建规划需要调查评估的其他事项。

第二十二条　县级以上人民政府应当依据各自职责分工组织有关部门和专家，对毁损严重的水利、道路、电力等基础设施，学校等公共服务设施以及其他建设工程进行工程质量和抗震性能鉴定，保存有关资料和样本，并开展地震活动对相关建设工程破坏机理的调查评估，为改进建设工程抗震设计规范和工程建设标准，采取抗震设防措施提供科学依据。

第二十三条　地震灾害调查评估应当采用全面调查评估、实地调查评估、综合评估的方法，确保数据资料的真实性、准确性、及时性和评估结论的可靠性。

地震部门、地震监测台网应当收集、保存地震前、地震中、地震后的所有资料和信息，并建立完整的档案。

开展地震灾害调查评估工作，应当遵守国家法律、法规以及有关技术标准和要求。

第二十四条　地震灾害调查评估报告应当及时上报国务院。

第四章　恢复重建规划

第二十五条　国务院发展改革部门会同国务院有关部门与地震灾区的省级人民政府共同组织编制地震灾后恢复重建规划，报国务院批准后组织实施。

地震灾后恢复重建规划应当包括地震灾后恢复重建总体规划和城镇体系规划、农村建设规划、城乡住房建设规划、基础设施建设规划、公共服务设施建设规划、生产力布局和产业调整规划、市场服务体系规划、防灾减灾和生态修复规划、土地利用规划等专项规划。

第二十六条　地震灾区的市、县人民政府应当在省级人民政府的指导下,组织编制本行政区域的地震灾后恢复重建实施规划。

第二十七条　编制地震灾后恢复重建规划,应当全面贯彻落实科学发展观,坚持以人为本,优先恢复重建受灾群众基本生活和公共服务设施;尊重科学、尊重自然,充分考虑资源环境承载能力;统筹兼顾,与推进工业化、城镇化、新农村建设、主体功能区建设、产业结构优化升级相结合,并坚持统一部署、分工负责,区分缓急、突出重点,相互衔接、上下协调,规范有序、依法推进的原则。

编制地震灾后恢复重建规划,应当遵守法律、法规和国家有关标准。

第二十八条　地震灾后调查评估获得的地质、勘察、测绘、水文、环境等基础资料,应当作为编制地震灾后恢复重建规划的依据。

地震工作主管部门应当根据地震地质、地震活动特性的研究成果和地震烈度分布情况,对地震动参数区划图进行复核,为编制地震灾后恢复重建规划和进行建设工程抗震设防提供依据。

第二十九条　地震灾后恢复重建规划应当包括地震灾害状况和区域分析,恢复重建原则和目标,恢复重建区域范围,恢复重建空间布局,恢复重建任务和政策措施,有科学价值的地震遗址、遗迹保护,受损文物和具有历史价值与少数民族特色的建筑物、构筑物的修复,实施步骤和阶段等主要内容。

地震灾后恢复重建规划应当重点对城镇和乡村的布局、住房建设、基础设施建设、公共服务设施建设、农业生产设施建设、工业生产设施建设、防灾减灾和生态环境以及自然资源和历史文化遗产保护、土地整理和复垦等做出安排。

第三十条 地震灾区的中央所属企业生产、生活等设施的恢复重建,纳入地震灾后恢复重建规划统筹安排。

第三十一条 编制地震灾后恢复重建规划,应当吸收有关部门、专家参加,并充分听取地震灾区受灾群众的意见;重大事项应当组织有关方面专家进行专题论证。

第三十二条 地震灾区内的城镇和乡村完全毁损,存在重大安全隐患或者人口规模超出环境承载能力,需要异地新建的,重新选址时,应当避开地震活动断层或者生态脆弱和可能发生洪灾、山体滑坡、崩塌、泥石流、地面塌陷等灾害的区域以及传染病自然疫源地。

地震灾区的县级以上地方人民政府应当组织有关部门、专家对新址进行论证,听取公众意见,并报上一级人民政府批准。

第三十三条 国务院批准的地震灾后恢复重建规划,是地震灾后恢复重建的基本依据,应当及时公布。任何单位和个人都应当遵守经依法批准公布的地震灾后恢复重建规划,服从规划管理。

地震灾后恢复重建规划所依据的基础资料修改、其他客观条件发生变化需要修改的,或者因恢复重建工作需要修改的,由规划组织编制机关提出修改意见,报国务院批准。

第五章　恢复重建的实施

第三十四条 地震灾区的省级人民政府,应当根据地震灾后恢复重建规划和当地经济社会发展水平,有计划、分步骤地组织实施地震灾后恢复重建。

国务院有关部门应当支持、协助、指导地震灾区的恢复重建工作。

城镇恢复重建应当充分考虑原有城市、镇总体规划,注重体现原有少数民族建筑风格,合理确定城镇的建设规模和标准,并达到抗震设防要求。

第三十五条 发展改革部门具体负责灾后恢复重建的统筹规划、政策建议、投资计划、组织协调和重大建设项目的安排。

财政部门会同有关部门负责提出资金安排和政策建议,并具体负责灾后恢复重建财政资金的拨付和管理。

交通运输、水利、铁路、电力、通信、广播影视等部门按照职责分工,具体组织实施有关基础设施的灾后恢复重建。

建设部门具体组织实施房屋和市政公用设施的灾后恢复重建。

民政部门具体组织实施受灾群众的临时基本生活保障、生活困难救助、农村毁损房屋恢复重建补助、社会福利设施恢复重建以及对孤儿、孤老、残疾人员的安置、补助、心理援助和伤残康复。

教育、科技、文化、卫生、广播影视、体育、人力资源社会保障、商务、工商等部门按照职责分工,具体组织实施公共服务设施的灾后恢复重建、卫生防疫和医疗救治、就业服务和社会保障、重要生活必需品供应以及维护市场秩序。高等学校、科学技术研究开发机构应当加强对有关问题的专题研究,为地震灾后恢复重建提供科学技术支撑。

农业、林业、水利、国土资源、商务、工业等部门按照职责分工,具体组织实施动物疫情监测、农业生产设施恢复重建和农业生产条件恢复,地震灾后恢复重建用地安排、土地整理和复垦、地质灾害防治,商贸流通、工业生产设施等恢复重建。

环保、林业、民政、水利、科技、安全生产、地震、气象、测绘等部门按照职责分工,具体负责生态环境保护和防灾减灾、安全生产的技术保障及公共服务设施恢复重建。

中国人民银行和银行、证券、保险监督管理机构按照职责分工,具体负责地震灾后恢复重建金融支持和服务政策的制定与落实。

公安部门具体负责维护和稳定地震灾区社会秩序。

海关、出入境检验检疫部门按照职责分工,依法组织实施进口恢复重建物资、境外捐赠物资的验放、检验检疫。

外交部会同有关部门按照职责分工，协调开展地震灾后恢复重建的涉外工作。

第三十六条 国务院地震工作主管部门应当会同文物等有关部门组织专家对地震废墟进行现场调查，对具有典型性、代表性、科学价值和纪念意义的地震遗址、遗迹划定范围，建立地震遗址博物馆。

第三十七条 地震灾区的省级人民政府应当组织民族事务、建设、环保、地震、文物等部门和专家，根据地震灾害调查评估结果，制定清理保护方案，明确地震遗址、遗迹和文物保护单位以及具有历史价值与少数民族特色的建筑物、构筑物等保护对象及其区域范围，报国务院批准后实施。

第三十八条 地震灾害现场的清理保护，应当在确定无人类生命迹象和无重大疫情的情况下，按照统一组织、科学规划、统筹兼顾、注重保护的原则实施。发现地震灾害现场有人类生命迹象的，应当立即实施救援。

第三十九条 对清理保护方案确定的地震遗址、遗迹应当在保护范围内采取有效措施进行保护，抢救、收集具有科学研究价值的技术资料和实物资料，并在不影响整体风貌的情况下，对有倒塌危险的建筑物、构筑物进行必要的加固，对废墟中有毒、有害的废弃物、残留物进行必要的清理。

对文物保护单位应当实施原址保护。对尚可保留的不可移动文物和具有历史价值与少数民族特色的建筑物、构筑物以及历史建筑，应当采取加固等保护措施；对无法保留但将来可能恢复重建的，应当收集整理影像资料。

对馆藏文物、民间收藏文物等可移动文物和非物质文化遗产的物质载体，应当及时抢救、整理、登记，并将清理出的可移动文物和非物质文化遗产的物质载体，运送到安全地点妥善保管。

第四十条 对地震灾害现场的清理，应当按照清理保护方案分区、分类进行。清理出的遇难者遗体处理,应当尊重当地少数民族传统习惯;清理出的财物,应当对其种类、特征、数量、清理时间、地点等情况详细登记造册,妥善保存。有条件的,可以通知遇难者家属和所有权人到场。

对清理出的废弃危险化学品和其他废弃物、残留物,应当实行分类处理,并遵守国家有关规定。

第四十一条 地震灾区的各级人民政府应当做好地震灾区的动物疫情防控工作。对清理出的动物尸体,应当采取消毒、销毁等无害化处理措施,防止重大动物疫情的发生。

第四十二条 对现场清理过程中拆除或者拆解的废旧建筑材料以及过渡安置期结束后不再使用的活动板房等,能回收利用的,应当回收利用。

第四十三条 地震灾后恢复重建,应当统筹安排交通、铁路、通信、供水、供电、住房、学校、医院、社会福利、文化、广播电视、金融等基础设施和公共服务设施建设。

城镇的地震灾后恢复重建,应当统筹安排市政公用设施、公共服务设施和其他设施,合理确定建设规模和时序。

乡村的地震灾后恢复重建,应当尊重农民意愿,发挥村民自治组织的作用,以群众自建为主,政府补助、社会帮扶、对口支援,因地制宜,节约和集约利用土地,保护耕地。

地震灾区的县级人民政府应当组织有关部门对村民住宅建设的选址予以指导,并提供能够符合当地实际的多种村民住宅设计图,供村民选择。村民住宅应当达到抗震设防要求,体现原有地方特色、民族特色和传统风貌。

第四十四条 经批准的地震灾后恢复重建项目可以根据土地利用总体规划,先行安排使用土地,实行边建设边报批,并按照有关规定办理用地手续。对因地震灾害毁损的耕地、农田道路、抢险救灾应急用地、过渡性安置用地、废弃的城镇、村庄和工矿旧址,应当依法进行土地整理和复垦,并治理地质灾害。

第四十五条 国务院有关部门应当组织对地震灾区地震动参数、抗震设防要求、工程建设标准进行复审;确有必要修订的,应当及时组织修订。

地震灾区的抗震设防要求和有关工程建设标准应当根据修订后的地震灾区地震动参数,进行相应修订。

第四十六条 对地震灾区尚可使用的建筑物、构筑物和设施,应当按照地震灾区的抗震设防要求进行抗震性能鉴定,并根据鉴定结果采取加固、改造等措施。

第四十七条 地震灾后重建工程的选址,应当符合地震灾后恢复重建规划和抗震设防、防灾减灾要求,避开地震活动断层、生态脆弱地区、可能发生重大灾害的区域和传染病自然疫源地。

第四十八条 设计单位应当严格按照抗震设防要求和工程建设强制性标准进行抗震设计,并对抗震设计的质量以及出具的施工图的准确性负责。

施工单位应当按照施工图设计文件和工程建设强制性标准进行施工,并对施工质量负责。

建设单位、施工单位应当选用施工图设计文件和国家有关标准规定的材料、构配件和设备。

工程监理单位应当依照施工图设计文件和工程建设强制性标准实施监理,并对施工质量承担监理责任。

第四十九条 按照国家有关规定对地震灾后恢复重建工程进行竣工验收时,应当重点对工程是否符合抗震设防要求进行查验;对不符合抗震设防要求的,不得出具竣工验收报告。

第五十条 对学校、医院、体育场馆、博物馆、文化馆、图书馆、影剧院、商场、交通枢纽等人员密集的公共服务设施,应当按照高于当地房屋建筑的抗震设防要求进行设计,增强抗震设防能力。

第五十一条 地震灾后恢复重建中涉及文物保护、自然保护区、野生动植物保护和地震遗址、遗迹保护的,依照国家有关法律、法规的规定执行。

第五十二条 地震灾后恢复重建中,货物、工程和服务的政府采购活动,应当严格依照《中华人民共和国政府采购法》的有关规定执行。

第六章 资金筹集与政策扶持

第五十三条 县级以上人民政府应当通过政府投入、对口支援、社会募集、市场运作等方式筹集地震灾后恢复重建资金。

第五十四条 国家根据地震的强度和损失的实际情况等因素建立地震灾后恢复重建基金,专项用于地震灾后恢复重建。

地震灾后恢复重建基金由预算资金以及其他财政资金构成。

地震灾后恢复重建基金筹集使用管理办法,由国务院财政部门制定。

第五十五条 国家鼓励公民、法人和其他组织为地震灾后恢复重建捐赠款物。捐赠款物的使用应当尊重捐赠人的意愿,并纳入地震灾后恢复重建规划。

县级以上人民政府及其部门作为受赠人的,应当将捐赠款物用于地震灾后恢复重建。公益性社会团体、公益性非营利的事业单位作为受赠人的,应当公开接受捐赠的情况和受赠财产的使用、管理情况,接受政府有关部门、捐赠人和社会的监督。

县级以上人民政府及其部门、公益性社会团体、公益性非营利的事业单位接受捐赠的,应当向捐赠人出具由省级以上财政部门统一印制的捐赠票据。

外国政府和国际组织提供的地震灾后恢复重建资金、物资和人员服务以及安排实施的多双边地震灾后恢复重建项目等,依照国家有关规定执行。

第五十六条 国家鼓励公民、法人和其他组织依法投资地震灾区基础设施和公共服务设施的恢复重建。

第五十七条 国家对地震灾后恢复重建依法实行税收优惠。具体办法由国务院财政部门、国务院税务部门制定。

地震灾区灾后恢复重建期间,县级以上地方人民政府依法实施地方税收优惠措施。

第五十八条 地震灾区的各项行政事业性收费可以适当减免。具体办法由有关主管部门制定。

第五十九条 国家向地震灾区的房屋贷款和公共服务设施恢复重建贷款、工业和服务业恢复生产经营贷款、农业恢复生产贷款等提供财政贴息。具体办法由国务院财政部门会同其他有关部门制定。

第六十条 国家在安排建设资金时,应当优先考虑地震灾区的交通、铁路、能源、农业、水利、通信、金融、市政公用、教育、卫生、文化、广播电视、防灾减灾、环境保护等基础设施和公共服务设施以及关系国家安全的重点工程设施建设。

测绘、气象、地震、水文等设施因地震遭受破坏的,地震灾区的人民政府应当采取紧急措施,组织力量修复,确保正常运行。

第六十一条 各级人民政府及政府有关部门应当加强对受灾群众的职业技能培训、就业服务和就业援助,鼓励企业、事业单位优先吸纳符合条件的受灾群众就业;可以采取以工代赈的方式组织受灾群众参加地震灾后恢复重建。

第六十二条 地震灾区接受义务教育的学生,其监护人因地震灾害死亡或者丧失劳动能力或者因地震灾害导致家庭经济困难的,由国家给予生活费补贴;地震灾区的其他学生,其父母因地震灾害死亡或者丧失劳动能力或者因地震灾害导致家庭经济困难的,在同等情况下其所在的学校可以优先将其纳入国家资助政策体系予以资助。

第六十三条 非地震灾区的县级以上地方人民政府及其有关部

门应当按照国家和当地人民政府的安排,采取对口支援等多种形式支持地震灾区恢复重建。

国家鼓励非地震灾区的企业、事业单位通过援建等多种形式支持地震灾区恢复重建。

第六十四条 对地震灾后恢复重建中需要办理行政审批手续的事项,有审批权的人民政府及有关部门应当按照方便群众、简化手续、提高效率的原则,依法及时予以办理。

第七章　监督管理

第六十五条 县级以上人民政府应当加强对下级人民政府地震灾后恢复重建工作的监督检查。

县级以上人民政府有关部门应当加强对地震灾后恢复重建建设工程质量和安全以及产品质量的监督。

第六十六条 地震灾区的各级人民政府在确定地震灾后恢复重建资金和物资分配方案、房屋分配方案前,应当先行调查,经民主评议后予以公布。

第六十七条 地震灾区的各级人民政府应当定期公布地震灾后恢复重建资金和物资的来源、数量、发放和使用情况,接受社会监督。

第六十八条 财政部门应当加强对地震灾后恢复重建资金的拨付和使用的监督管理。

发展改革、建设、交通运输、水利、电力、铁路、工业和信息化等部门按照职责分工,组织开展对地震灾后恢复重建项目的监督检查。国务院发展改革部门组织开展对地震灾后恢复重建的重大建设项目的稽察。

第六十九条 审计机关应当加强对地震灾后恢复重建资金和物资的筹集、分配、拨付、使用和效果的全过程跟踪审计,定期公布地震灾后恢复重建资金和物资使用情况,并在审计结束后公布最终的审计结果。

第七十条　地震灾区的各级人民政府及有关部门和单位,应当对建设项目以及地震灾后恢复重建资金和物资的筹集、分配、拨付、使用情况登记造册,建立、健全档案,并在建设工程竣工验收和地震灾后恢复重建结束后,及时向建设主管部门或者其他有关部门移交档案。

第七十一条　监察机关应当加强对参与地震灾后恢复重建工作的国家机关和法律、法规授权的具有管理公共事务职能的组织及其工作人员的监察。

第七十二条　任何单位和个人对地震灾后恢复重建中的违法违纪行为,都有权进行举报。

接到举报的人民政府或者有关部门应当立即调查,依法处理,并为举报人保密。实名举报的,应当将处理结果反馈举报人。社会影响较大的违法违纪行为,处理结果应当向社会公布。

第八章　法律责任

第七十三条　有关地方人民政府及政府部门侵占、截留、挪用地震灾后恢复重建资金或者物资的,由财政部门、审计机关在各自职责范围内,责令改正,追回被侵占、截留、挪用的地震灾后恢复重建资金或者物资,没收违法所得,对单位给予警告或者通报批评;对直接负责的主管人员和其他直接责任人员,由任免机关或者监察机关按照人事管理权限依法给予降级、撤职直至开除的处分;构成犯罪的,依法追究刑事责任。

第七十四条　在地震灾后恢复重建中,有关地方人民政府及政府有关部门拖欠施工单位工程款,或者明示、暗示设计单位、施工单位违反抗震设防要求和工程建设强制性标准,降低建设工程质量,造成重大安全事故,构成犯罪的,依法追究刑事责任;尚不构成犯罪的,对直接负责的主管人员和其他直接责任人员,由任免机关或者监察机关按照人事管理权限依法给予降级、撤职直至开除的处分。

第七十五条　在地震灾后恢复重建中,建设单位、勘察单位、设计单位、施工单位或者工程监理单位,降低建设工程质量,造成重大安全事故,构成犯罪的,依法追究刑事责任;尚不构成犯罪的,由县级以上地方人民政府建设主管部门或者其他有关部门依照《建设工程质量管理条例》的有关规定给予处罚。

第七十六条　对毁损严重的基础设施、公共服务设施和其他建设工程,在调查评估中经鉴定确认工程质量存在重大问题,构成犯罪的,对负有责任的建设单位、设计单位、施工单位、工程监理单位的直接责任人员,依法追究刑事责任;尚不构成犯罪的,由县级以上地方人民政府建设主管部门或者其他有关部门依照《建设工程质量管理条例》的有关规定给予处罚。涉嫌行贿、受贿的,依法追究刑事责任。

第七十七条　在地震灾后恢复重建中,扰乱社会公共秩序,构成违反治安管理行为的,由公安机关依法给予处罚。

第七十八条　国家工作人员在地震灾后恢复重建工作中滥用职权、玩忽职守、徇私舞弊的,依法给予处分;构成犯罪的,依法追究刑事责任。

第九章　附　则

第七十九条　地震灾后恢复重建中的其他有关法律的适用和有关政策,由国务院依法另行制定,或者由国务院有关部门、省级人民政府在各自职权范围内做出规定。

第八十条　本条例自公布之日起施行。

明确政府部门责任 确保地震
灾后恢复重建顺利进行

——国务院法制办主任曹康泰就《汶川地震灾后
恢复重建条例》答新华社记者问

　　国务院公布的《汶川地震灾后恢复重建条例》（以下简称条例），已于2008年6月8日起施行。为准确理解条例精神，记者采访了国务院法制办公室主任曹康泰。

　　问：为什么要制定该条例？

　　答：5月12日，四川汶川发生的特大地震，是新中国成立以来破坏性最强、波及范围最广、救灾难度最大的一次地震。党中央、国务院高度重视抗震救灾工作，已经取得了阶段性成果。当前，抗震救灾工作已经进入新的阶段，地震灾后恢复重建工作即将展开。这次地震灾后恢复重建时间紧、任务重，涉及面广，行业众多，很多事情需要统筹协调，科学安排。要保证这次地震灾后恢复重建顺利进行，做到质量与效率、眼前与长远的协调统一，实现科学恢复重建，亟须有一部专门的行政法规对地震灾后恢复重建进行规范。为此，国务院制定了该条例。该条例的实施，对于规范汶川地震灾后恢复重建活动，明确各级政府和国务院有关部门在恢复重建中的责任，确保地震灾后恢复重建工作有力、有序、有效的进行，将起到十分积极的作用。

　　问：地震灾后恢复重建应当坚持什么样的方针和原则？

　　答：条例明确规定，地震灾后恢复重建应当坚持以人为本、科学规划、统筹兼顾、分步实施、自力更生、国家支持、社会帮扶的方针。

同时,条例也明确了地震灾后恢复重建应当遵循的原则:一是,受灾地区自力更生、生产自救与国家支持、对口支援相结合的原则;二是,政府主导与社会参与相结合的原则;三是,就地恢复重建与异地新建相结合的原则;四是,确保质量与注重效率相结合的原则;五是,立足当前与兼顾长远相结合的原则;六是,经济社会发展与生态环境资源保护相结合的原则。

问:条例对过渡性安置作了哪些规定?

答:过渡性安置,是妥善安排受灾群众生活、稳定人心、维护社会秩序的重要环节,是灾后恢复重建的基础性工作。为了建立灵活多样的安置方式,明确过渡性安置的重点和要求,解决好受灾群众临时的基本生活,依法保障地震紧急救援向地震灾后恢复重建平稳过渡,条例对过渡性安置作了以下规定:

一是,明确灵活多样的过渡性安置的方式。条例规定,过渡性安置,既可以就地安置,又可以异地安置;既可以集中安置,又可以分散安置;既可以政府安置,又可以投亲靠友、自行安置。对投亲靠友和采取其他方式自行安置的受灾群众给予适当补助。省级人民政府还将进一步制定具体办法。

二是,对于过渡性安置地点的选址,提出了明确要求。条例规定,过渡性安置地点应当选在交通条件便利、便于恢复生活、生产条件的区域,并避开地震活动断层和可能发生灾害的区域以及生产、储存易燃易爆危险品的工厂、仓库。

三是,着力抓好配套建设,确保受灾群众的基本生活条件。条例规定,过渡性安置地点应当配套建设水、电、道路等基础设施,并按比例配备学校、医疗点、集中供水点、公共卫生间等配套公共服务设施。

四是,强化对资金与物资的分配和使用监管。条例规定,活动板房应当优先用于重灾区和需要异地安置的受灾群众,倒塌房屋在短期内难以恢复重建的重灾户特别是遇难者家庭、孕妇、婴幼儿、孤儿、孤老、残疾人员以及学校、医疗点等公共服务设施。临时住所、过渡性安置资金和物资的分配和使用，应当公开透明，定期公布，接受有关部门和社会监督。

五是，要求各级政府积极组织生产自救。条例规定，地震灾区的各级人民政府，应当组织受灾群众和企业开展生产自救，积极恢复生产。政府及农业行政主管部门应当及时组织修复毁损的农业生产设施，开展抢种抢收，提供农业生产技术指导，保障农业投入品和农业机械设备的供应。政府及有关部门应当优先组织供电、供水、供气等企业恢复生产，并对大型骨干企业恢复生产提供支持，为全面恢复工业、服务业生产提供条件。

问：条例为什么要规定调查评估？规定的重点内容是什么？

答：调查评估，是编制地震灾后恢复重建规划的前提条件和重要基础，其科学性、准确性，在一定意义上决定着地震灾后恢复重建规划的科学性、可行性。因此，有必要对此作出规定。

条例对调查评估重点作了以下规定：

一是，规范调查评估的内容。条例规定，地震灾害调查评估不仅要对人员伤亡、房屋和设施的受损程度和数量进行调查评估，也要对需要安置救助的人员数量、需要提供的房屋数量、需要恢复重建的设施等进行调查评估，尤其是考虑地震灾后恢复重建的需要，明确规定要对环境污染、生态损害、自然和历史文化遗产毁损以及地质灾害和地震次生灾害等情况进行调查评估。

二是，建立工程质量和抗震性能鉴定制度。条例规定，县级以上人民政府应当组织有关部门和专家，对毁损严重的水利、道路、电力等基础设施，学校等公共服务设施以及其他建设工程进行工程质量和抗震性能鉴定，保存有关资料和样本，开展地震活动对相关建设工程破坏机理的调查评估，为改进建设工程抗震设计规范和工程建设标准，采取抗震设防措施提供科学依据。

三是，对地震资料的收集提出明确要求。条例规定，地震部门、地震监测台网应当收集、保存地震前、地震中、地震后的所有资料和信息,并建立完整的档案。

问:地震灾后恢复重建,首先应当做到科学规划。条例在恢复重建规划方面作了哪些规定?

答:恢复重建规划,是实施恢复重建的基本依据。为了保障恢复重建规划的科学性、严肃性和权威性,充分发挥恢复重建规划的统筹协调和综合调控作用,条例作了以下规定:

一是,明确了规划的编制和审批主体。条例规定,国务院发展改革部门会同国务院有关部门与地震灾区的省级人民政府共同组织编制地震灾后恢复重建规划,报国务院批准后组织实施。

二是,明确规划编制的原则。条例规定,编制地震灾后恢复重建规划,应当全面贯彻落实科学发展观,坚持以人为本,优先恢复重建受灾群众基本生活和公共服务设施;尊重科学、尊重自然,充分考虑资源环境承载能力;统筹兼顾,与推进工业化、城镇化、新农村建设、主体功能区建设、产业结构优化升级相结合,并坚持统一部署、分工负责,区分缓急、突出重点,相互衔接、上下协调,规范有序、依法推进的原则。

三是,提出规划编制的要求。条例规定,编制地震灾后恢复重建规划应当使用地震灾后调查评估获得的地质、勘察、测绘、水文、环境等基础资料,依据经复核的地震动参数区划图,并重点对城镇和乡村的布局、住房建设、基础设施建设、公共服务设施建设、防灾减灾和生态环境保护等作出安排。

四是,明确规划编制的程序。条例规定,编制规划应当吸收有关部门、专家参加,充分听取地震灾区受灾群众的意见,对重大事项组织专题论证。国务院批准的规划,应当及时公布。

五是,强调规划的权威性和严肃性。条例规定,任何单位和个人都应当遵守经依法批准公布的地震灾后恢复重建规划,服从规划管理。考虑到灾区重建的特殊性,草案进一步规定地震灾后恢复重建规划需要修改的,由规划组织编制机关提出修改意见,报国务院批准。

问:实施恢复重建,关系到地震灾区受灾群众的基本生活和切身利益。为了将地震灾后恢复重建规划落到实处,切实为地震灾区受灾群众解决实际问题,首要的问题是要明确恢复重建的责任主体。条例对恢复重建的责任主体是如何规定的?

答:条例规定,地震灾区的省级人民政府,应当根据地震灾后恢复重建规划和当地经济社会发展水平,有计划、分步骤地组织实施地震灾后恢复重建;国务院有关部门应当支持、协助、指导灾区的恢复重建工作。

同时,条例还对各级政府及政府有关部门在地震灾后恢复重建中的具体职责作了明确规定。如发展改革部门具体负责灾后恢复重建的统筹规划、政策建议、投资计划、组织协调和重大建设项目的安排;财政部门会同有关部门负责提出资金安排和政策建议,并具体负责灾后恢复重建财政资金的拨付和管理;交通运输、水利、铁路、电力、通信、广播电视等部门按照职责分工,具体组织实施有关基础设施的灾后恢复重建;建设部门具体组织实施房屋和市政公用设施的灾后恢复重建等。

问:对地震废墟现场进行必要的清理保护,是恢复重建的前提。条例对地震废墟现场清理保护作了哪些规定?

答:一是,确立地震灾害现场清理保护的原则。条例规定,地震灾害现场的清理保护,应当在确定无人类生命迹象和无重大疫情的情况下,按照统一组织、科学规划、统筹兼顾、注重保护的原则实施。发现地震灾害现场有人类生命迹象的,应当立即实施救援。

二是,强化对地震遗址遗迹、文物和具有历史价值与少数民族特色的建筑物的保护。条例规定,对地震废墟进行现场清理,要首先制定清理保护方案,明确地震遗址、遗迹和文物保护单位以及具有历史价值与少数民族特色的建筑物、构筑物等保护对象及其区域范围。

对清理保护方案确定的地震遗址、遗迹，应当在保护范围内采取有效措施进行保护，抢救、收集具有科学研究价值的技术资料和实物资料。对文物保护单位应当实施原址保护。对尚可保留的不可移动文物和具有历史价值与少数民族特色的建筑物、构筑物以及历史建筑，应当采取加固等保护措施；对无法保留但将来可能恢复重建的，应当收集整理影像资料。同时，条例还对地震灾害现场清理过程中可移动文物等的抢救、整理、登记和保管作了明确规定。

三是，突出人文关怀、对少数民族传统习惯的尊重和财产权益的保障。条例规定，对地震灾害现场清理，应当按照清理保护方案分区、分类进行。清理出的遇难者遗体处理，应当尊重当地少数民族传统习惯；清理出的财物，应当对其种类、特征、数量、清理时间、地点等情况详细登记造册，妥善保存。有条件的，可以通知遇难者家属和所有权人到场。

问：在地震灾后恢复重建中，恢复重建的重点是什么？对城镇和乡村的恢复重建分别有什么要求？如何保证恢复重建的工程质量？

答：按照条例规定，地震灾后恢复重建，应当统筹安排交通、铁路、通信、供水、供电、住房、学校、医院、社会福利、文化、广播电视、金融等基础设施和公共服务设施建设。城镇的地震灾后恢复重建，应当统筹安排市政公用设施、公共服务设施和其他设施，合理确定建设规模和时序。乡村的地震灾后恢复重建，应当尊重农民意愿，发挥村民自治组织的作用，以群众自建为主，政府补助、社会帮扶、对口支援，因地制宜，节约和集约利用土地，保护耕地。地震灾区的县级人民政府应当组织有关部门对村民住宅建设的选址予以指导，并提供能够符合当地实际的多种村民住宅设计图，供村民选择。村民住宅应当达到抗震设防要求，体现原有地方特色、民族特色和传统风貌。

为了保证恢复重建的工程质量，条例从以下几个方面作了规定：

一是，明确抗震加固措施。条例规定，对地震灾区尚可使用的建筑物、构筑物和设施，应当进行抗震性能鉴定，并采取加固、改造等措施。

二是,规范重建的规划选址。条例规定,对完全毁损、存在重大安全隐患或者人口规模超出环境承载能力,需要异地新建的城镇、乡村以及重建工程,其选址应当避开地震活动断层、生态脆弱地区、可能发生洪灾、山体滑坡、崩塌、泥石流、地面塌陷等灾害的区域和传染病自然疫源地,符合地震灾后恢复重建规划和抗震设防、防灾减灾要求。

三是,明确建设单位、设计单位、施工单位和工程监理单位的责任。条例规定,建设单位、设计单位、施工单位和工程监理单位应当严格按照抗震设防要求和工程建设强制性标准进行抗震设计、施工、监理,并对建设工程质量负责。同时,规定了相应的法律责任。

四是,对学校、医院等公共服务设施的抗震设防提出特殊要求。条例规定,对学校、医院、体育场馆、博物馆、文化馆、图书馆、影剧院、商场、交通枢纽等人员密集的公共服务设施,应当按照高于当地房屋建筑的抗震设防要求进行设计,增强抗震设防能力。

五是,要求有关部门应当加强对地震灾后恢复重建建设工程质量和安全的监督。

问:资金筹集与政策扶持,是顺利开展地震灾后恢复重建的重要保障,条例在资金筹集与政策扶持方面规定了哪些具体措施?

答:为了保证地震灾后恢复重建资金的有效筹集,加大对地震灾后恢复重建的政策扶持力度,条例对此作了以下规定:

一是,明确恢复重建资金的筹集方式。条例规定,县级以上人民政府应当通过政府投入、对口支援、社会募集、市场运作等方式多渠道筹集地震灾后恢复重建资金。

二是,设立地震灾后恢复重建基金。条例规定,国家根据地震的强度和损失的实际情况等因素建立地震灾后恢复重建基金,专项用于地震灾后恢复重建。基金筹集使用管理办法由国务院财政部门制定。

三是,鼓励社会投资。条例规定,国家鼓励公民、法人和其他组织投资地震灾区基础设施和公共服务设施的恢复重建。

四是,实行税收优惠、费用减免、财政贴息、项目扶持等优惠政策。条例规定,国家对地震灾后恢复重建实行税收优惠,对地震灾区的各项行政事业性收费适当减免,向地震灾后恢复重建贷款提供财政贴息,在安排建设资金时优先考虑地震灾区的基础设施和公共服务设施以及关系国家安全的重点工程设施建设。有关部门还将进一步制定具体办法。

五是,简化行政审批手续。条例规定,地震灾区有审批权的人民政府及其有关部门应当按照方便群众、简化手续、提高效率的原则,依法及时办理行政审批事项。

六是,实施就业扶持和就学资助措施。条例规定,政府及政府有关部门应当加强对受灾群众的职业技能培训、就业服务和就业援助,鼓励企业、事业单位优先吸纳符合条件的受灾群众就业,可以采取以工代赈的方式组织群众参加恢复重建。对地震灾区的困难学生,由国家给予生活费补贴,在同等情况下其所在的学校可以优先将其纳入国家资助政策体系予以资助。

问:捐赠款物以及地震灾后恢复重建资金和物资的监管,是社会关注焦点、热点问题。条例在资金和物资的监管方面作了哪些规定?

答:条例从四个方面对捐赠款物及地震灾后恢复重建资金和物资的监管作了规定:

一是,严格对捐赠款物的监管。条例规定,受赠人应当向捐赠人出具由省级以上财政部门统一印制的捐赠票据,捐赠款物的使用应当尊重捐赠人的意愿,接受捐赠的情况和受赠财产的使用、管理情况应当公开,并接受监督。

二是,规范档案管理。条例规定,对建设项目以及地震灾后恢复重建资金和物资的筹集、分配、拨付、使用情况应当登记造册,建立、健全档案,并在建设工程竣工验收和地震灾后恢复重建结束后,及时向建设主管部门或者其他有关部门移交档案。

三是,规范地震灾后恢复重建资金和物资分配和使用。条例规定,地震灾区的地方各级人民政府应当定期公布地震灾后恢复重建资金和物资的来源、数量、发放和使用情况。确定地震灾后恢复重建资金和物资分配方案、房屋分配方案前,应当先行调查,经民主评议后予以公布。财政部门应当加强资金的拨付和使用的监督管理。发展改革、建设等部门按照职责分工组织开展对恢复重建项目的监督检查。国务院发展改革部门组织开展对恢复重建的重大建设项目的稽察。审计机关应当加强全过程跟踪审计,并公布最终的审计结果。

四是,建立举报制度。条例规定,任何单位和个人对地震灾后恢复重建中的违法违纪行为,都有权进行举报。接到举报的人民政府或者有关部门应当立即调查,依法处理,并为举报人保密。实名举报的,应当将处理结果反馈举报人。社会影响较大的违法违纪行为,处理结果应当向社会公布。

(中国政府网 2008 年 6 月 10 日)

中华人民共和国国务院令

第 527 号

《对外承包工程管理条例》已经 2008 年 5 月 7 日国务院第 8 次常务会议通过,现予公布,自 2008 年 9 月 1 日起施行。

总理　温家宝

二○○八年七月二十一日

对外承包工程管理条例

第一章 总 则

第一条 为了规范对外承包工程,促进对外承包工程健康发展,制定本条例。

第二条 本条例所称对外承包工程,是指中国的企业或者其他单位(以下统称单位)承包境外建设工程项目(以下简称工程项目)的活动。

第三条 国家鼓励和支持开展对外承包工程,提高对外承包工程的质量和水平。

国务院有关部门制定和完善促进对外承包工程的政策措施,建立、健全对外承包工程服务体系和风险保障机制。

第四条 开展对外承包工程,应当维护国家利益和社会公共利益,保障外派人员的合法权益。

开展对外承包工程,应当遵守工程项目所在国家或者地区的法律,信守合同,尊重当地的风俗习惯,注重生态环境保护,促进当地经济社会发展。

第五条 国务院商务主管部门负责全国对外承包工程的监督管理,国务院有关部门在各自的职责范围内负责与对外承包工程有关的管理工作。

国务院建设主管部门组织协调建设企业参与对外承包工程。

省、自治区、直辖市人民政府商务主管部门负责本行政区域内对外承包工程的监督管理。

第六条 有关对外承包工程的协会、商会按照章程为其成员提供与对外承包工程有关的信息、培训等方面的服务,依法制定行业规范,发挥协调和自律作用,维护公平竞争和成员利益。

第二章 对外承包工程资格

第七条 对外承包工程的单位应当依照本条例的规定,取得对外承包工程资格。

第八条 申请对外承包工程资格,应当具备下列条件:

(一)有法人资格,工程建设类单位还应当依法取得建设主管部门或者其他有关部门颁发的特级或者一级(甲级)资质证书;

(二)有与开展对外承包工程相适应的资金和专业技术人员,管理人员中至少2人具有2年以上从事对外承包工程的经历;

(三)有与开展对外承包工程相适应的安全防范能力;

(四)有保障工程质量和安全生产的规章制度,最近2年内没有发生重大工程质量问题和较大事故以上的生产安全事故;

(五)有良好的商业信誉,最近3年内没有重大违约行为和重大违法经营记录。

第九条 申请对外承包工程资格,中央企业和中央管理的其他单位(以下称中央单位)应当向国务院商务主管部门提出申请,中央单位以外的单位应当向所在地省、自治区、直辖市人民政府商务主管部门提出申请;申请时应当提交申请书和符合本条例第八条规定条件的证明材料。国务院商务主管部门或者省、自治区、直辖市人民政府商务主管部门应当自收到申请书和证明材料之日起30日内,会同同级建设主管部门进行审查,作出批准或者不予批准的决定。予以批准的,由受理申请的国务院商务主管部门或者省、自治区、直辖市人民政府商务主管部门颁发对外承包工程资格证书;不予批准的,书面通知申请单位并说明理由。

省、自治区、直辖市人民政府商务主管部门应当将其颁发对外承包工程资格证书的情况报国务院商务主管部门备案。

第十条 国务院商务主管部门和省、自治区、直辖市人民政府商务主管部门在监督检查中,发现对外承包工程的单位不再具备本条例规定条件的,应当责令其限期整改;逾期仍达不到本条例规定条件的,吊销其对外承包工程资格证书。

第三章 对外承包工程活动

第十一条 国务院商务主管部门应当会同国务院有关部门建立对外承包工程安全风险评估机制,定期发布有关国家和地区安全状况的评估结果,及时提供预警信息,指导对外承包工程的单位做好安全风险防范。

第十二条 对外承包工程的单位不得以不正当的低价承揽工程项目、串通投标,不得进行商业贿赂。

第十三条 对外承包工程的单位应当与境外工程项目发包人订立书面合同,明确双方的权利和义务,并按照合同约定履行义务。

第十四条 对外承包工程的单位应当加强对工程质量和安全生产的管理,建立、健全并严格执行工程质量和安全生产管理的规章制度。

对外承包工程的单位将工程项目分包的,应当与分包单位订立专门的工程质量和安全生产管理协议,或者在分包合同中约定各自的工程质量和安全生产管理责任,并对分包单位的工程质量和安全生产工作统一协调、管理。

对外承包工程的单位不得将工程项目分包给不具备国家规定的相应资质的单位;工程项目的建筑施工部分不得分包给未依法取得

安全生产许可证的境内建筑施工企业。

分包单位不得将工程项目转包或者再分包。对外承包工程的单位应当在分包合同中明确约定分包单位不得将工程项目转包或者再分包,并负责监督。

第十五条 从事对外承包工程外派人员中介服务的机构应当取得国务院商务主管部门的许可,并按照国务院商务主管部门的规定从事对外承包工程外派人员中介服务。

对外承包工程的单位通过中介机构招用外派人员的,应当选择依法取得许可并合法经营的中介机构,不得通过未依法取得许可或者有重大违法行为的中介机构招用外派人员。

第十六条 对外承包工程的单位应当依法与其招用的外派人员订立劳动合同,按照合同约定向外派人员提供工作条件和支付报酬,履行用人单位义务。

第十七条 对外承包工程的单位应当有专门的安全管理机构和人员,负责保护外派人员的人身和财产安全,并根据所承包工程项目的具体情况,制定保护外派人员人身和财产安全的方案,落实所需经费。

对外承包工程的单位应当根据工程项目所在国家或者地区的安全状况,有针对性地对外派人员进行安全防范教育和应急知识培训,增强外派人员的安全防范意识和自我保护能力。

第十八条 对外承包工程的单位应当为外派人员购买境外人身意外伤害保险。

第十九条 对外承包工程的单位应当按照国务院商务主管部门和国务院财政部门的规定,及时存缴备用金。

前款规定的备用金,用于支付对外承包工程的单位拒绝承担或者无力承担的下列费用:

(一)外派人员的报酬;

(二)因发生突发事件,外派人员回国或者接受其他紧急救助所

需费用;

(三)依法应当对外派人员的损失进行赔偿所需费用。

第二十条 对外承包工程的单位与境外工程项目发包人订立合同后,应当及时向中国驻该工程项目所在国使馆(领馆)报告。

对外承包工程的单位应当接受中国驻该工程项目所在国使馆(领馆)在突发事件防范、工程质量、安全生产及外派人员保护等方面的指导。

第二十一条 对外承包工程的单位应当制定突发事件应急预案;在境外发生突发事件时,应当及时、妥善处理,并立即向中国驻该工程项目所在国使馆(领馆)和国内有关主管部门报告。

国务院商务主管部门应当会同国务院有关部门,按照预防和处置并重的原则,建立、健全对外承包工程突发事件预警、防范和应急处置机制,制定对外承包工程突发事件应急预案。

第二十二条 对外承包工程的单位应当定期向商务主管部门报告其开展对外承包工程的情况,并按照国务院商务主管部门和国务院统计部门的规定,向有关部门报送业务统计资料。

第二十三条 国务院商务主管部门应当会同国务院有关部门建立对外承包工程信息收集、通报制度,向对外承包工程的单位无偿提供信息服务。

有关部门应当在货物通关、人员出入境等方面,依法为对外承包工程的单位提供快捷、便利的服务。

第四章 法律责任

第二十四条 未取得对外承包工程资格,擅自开展对外承包工程的,由商务主管部门责令改正,处 50 万元以上 100 万元以下的罚款;有违法所得的,没收违法所得;对其主要负责人处 5 万元以上 10 万元以下的罚款。

第二十五条 对外承包工程的单位有下列情形之一的,由商务主管部门责令改正,处 10 万元以上 20 万元以下的罚款,对其主要负责人处 1 万元以上 2 万元以下的罚款;拒不改正的,商务主管部门可以禁止其在 1 年以上 3 年以下的期限内对外承包新的工程项目;造成重大工程质量问题、发生较大事故以上生产安全事故或者造成其他严重后果的,商务主管部门可以吊销其对外承包工程资格证书;对工程建设类单位,建设主管部门或者其他有关主管部门可以降低其资质等级或者吊销其资质证书:

(一)未建立并严格执行工程质量和安全生产管理的规章制度的;

(二)没有专门的安全管理机构和人员负责保护外派人员的人身和财产安全,或者未根据所承包工程项目的具体情况制定保护外派人员人身和财产安全的方案并落实所需经费的;

(三)未对外派人员进行安全防范教育和应急知识培训的;

(四)未制定突发事件应急预案,或者在境外发生突发事件,未及时、妥善处理的。

第二十六条 对外承包工程的单位有下列情形之一的,由商务主管部门责令改正,处 15 万元以上 30 万元以下的罚款,对其主要负责人处 2 万元以上 5 万元以下的罚款;拒不改正的,商务主管部门可以禁止其在 2 年以上 5 年以下的期限内对外承包新的工程项目;造成重大工程质量问题、发生较大事故以上生产安全事故或者造成其他严重后果的,商务主管部门可以吊销其对外承包工程资格证书;对工程建设类单位,建设主管部门或者其他有关主管部门可以降低其资质等级或者吊销其资质证书:

(一)以不正当的低价承揽工程项目、串通投标或者进行商业贿赂的;

(二)未与分包单位订立专门的工程质量和安全生产管理协议,或者未在分包合同中约定各自的工程质量和安全生产管理责任,或者未对分包单位的工程质量和安全生产工作统一协调、管理的；

（三）将工程项目分包给不具备国家规定的相应资质的单位，或者将工程项目的建筑施工部分分包给未依法取得安全生产许可证的境内建筑施工企业的；

（四）未在分包合同中明确约定分包单位不得将工程项目转包或者再分包的。

分包单位将其承包的工程项目转包或者再分包的，由建设主管部门责令改正，依照前款规定的数额对分包单位及其主要负责人处以罚款；造成重大工程质量问题，或者发生较大事故以上生产安全事故的，建设主管部门或者其他有关主管部门可以降低其资质等级或者吊销其资质证书。

第二十七条 对外承包工程的单位有下列情形之一的，由商务主管部门责令改正，处 2 万元以上 5 万元以下的罚款；拒不改正的，对其主要负责人处 5000 元以上 1 万元以下的罚款：

（一）与境外工程项目发包人订立合同后，未及时向中国驻该工程项目所在国使馆（领馆）报告的；

（二）在境外发生突发事件，未立即向中国驻该工程项目所在国使馆（领馆）和国内有关主管部门报告的；

（三）未定期向商务主管部门报告其开展对外承包工程的情况，或者未按照规定向有关部门报送业务统计资料的。

第二十八条 对外承包工程的单位通过未依法取得许可或者有重大违法行为的中介机构招用外派人员，或者不依照本条例规定为外派人员购买境外人身意外伤害保险，或者未按照规定存缴备用金的，由商务主管部门责令限期改正，处 5 万元以上 10 万元以下的罚款，对其主要负责人处 5000 元以上 1 万元以下的罚款；逾期不改正的，商务主管部门可以禁止其在 1 年以上 3 年以下的期限内对外承包新的工程项目。

未取得国务院商务主管部门的许可，擅自从事对外承包工程外派人员中介服务的,由国务院商务主管部门责令改正,处 10 万元以上 20 万元以下的罚款;有违法所得的,没收违法所得;对其主要负责人处 5 万元以上 10 万元以下的罚款。

第二十九条 商务主管部门、建设主管部门和其他有关部门的工作人员在对外承包工程监督管理工作中滥用职权、玩忽职守、徇私舞弊,构成犯罪的,依法追究刑事责任;尚不构成犯罪的,依法给予处分。

第五章 附 则

第三十条 对外承包工程涉及的货物进出口、技术进出口、人员出入境、海关以及税收、外汇等事项,依照有关法律、行政法规和国家有关规定办理。

第三十一条 对外承包工程的单位以投标、议标方式参与报价金额在国务院商务主管部门和国务院财政部门等有关部门规定标准以上的工程项目的,其银行保函的出具等事项,依照国务院商务主管部门和国务院财政部门等有关部门的规定办理。

第三十二条 对外承包工程的单位承包特定工程项目,或者在国务院商务主管部门会同外交部等有关部门确定的特定国家或者地区承包工程项目的,应当经国务院商务主管部门会同国务院有关部门批准。

第三十三条 中国内地的单位在香港特别行政区、澳门特别行政区、台湾地区承包工程项目,参照本条例的规定执行。

第三十四条 中国政府对外援建的工程项目的实施及其管理,依照国家有关规定执行。

第三十五条 本条例自 2008 年 9 月 1 日起施行。

国务院法制办负责人就《对外承包工程管理条例》答记者问

　　2008 年 7 月 21 日,温家宝总理签署国务院令公布了《对外承包工程管理条例》(以下简称条例),条例将于 2008 年 9 月 1 日起施行。日前,国务院法制办负责人就条例的有关问题回答了记者提问。

　　问:为什么要专门制定关于对外承包工程的行政法规?

　　答:对外承包工程,是实施"走出去"战略的主要形式之一。近年来,我国对外承包工程发展很快,这对于扩大对外经济技术合作,充分利用国际国内两个市场,提高我国企业的国际竞争力,加强我国与其他国家特别是周边国家和发展中国家的政治、经贸关系,发挥着越来越重要的作用。与此同时,我国对外承包工程的总体水平仍然比较低,在快速发展过程中存在一些亟待解决的问题。主要是:一些对外承包工程的单位在资金、技术、管理能力以及商业信誉等方面的条件难以适应开展对外承包工程的需要,守法意识和严格履约的意识薄弱;对外承包工程的质量和安全生产管理以及安全保障有待进一步加强;侵害外派人员合法权益的现象时有发生。这些问题,不仅直接影响我国对外承包工程的健康发展,也关系到我国的国际声誉以及与工程项目所在国家的政治、经贸关系。为了规范对外承包工程,促进对外承包工程健康发展,国务院制定了本条例。

　　问:条例在对外承包工程的促进机制方面做了哪些规定?

　　答:条例从三个方面规定了对外承包工程的促进机制:一是,规定国家鼓励和支持开展对外承包工程,提高对外承包工程的质量和水平;国务院有关部门制定和完善促进对外承包工程的政策措施,建立、健全对外承包工程服务体系和风险保障机制。二是,规定国务院商务主管部门应当会同国务院有关部门建立对外承包工程信息收集、通报制度,向对外承包工程的单位无偿提供信息服务;有关部门应当在货物通关、人员出入境等方面,依法为对外承包工程的单位提供快捷、便利的服务。三是,规定了有关对外承包工程的协会、商会在促进对外承包工程方面的职责,包括按照章程为其成员提供与对外承包工程有关的信息、培训等方面的服务,依法制定行业规范,发挥协调和自律作用,维护公平竞争和成员利益。

问:条例为什么要规定对外承包工程资格制度?

答:当前对外承包工程中存在的主要问题,在很大程度上与对外承包工程单位自身的条件和素质有关。为了减少对外承包工程的盲目性,防止"一哄而起",根据对外贸易法关于从事对外工程承包的单位应当具备相应的资质或者资格的规定,条例确立了对外承包工程资格制度,规定对外承包工程的单位应当依照本条例的规定取得对外承包工程资格,并从法人资格、资金、管理人员和专业技术人员、安全防范能力、工程质量和安全生产保障能力以及商业信誉等方面,对取得对外承包工程资格的单位应当具备的条件作了规定,特别是明确规定工程建设类单位应当依法取得特级或者一级(甲级)资质证书,体现了适度从严的原则。

同时,为了加强对对外承包工程资格的动态管理,条例明确规定,国务院商务主管部门和省、自治区、直辖市人民政府商务主管部门在监督检查中,发现对外承包工程的单位不再具备本条例规定条件的,应当责令其限期整改;逾期仍达不到本条例规定条件的,吊销其对外承包工程资格证书。

问:在加强对外承包工程的工程质量和安全生产方面,条例作了哪些规定?

答:开展对外承包工程,必须确保工程的质量和安全生产,树立我国对外承包工程的良好形象。为此,条例作了三个方面的规定:一是,明确规定对外承包工程的单位应当加强对工程质量和安全生产的管理,建立、健全并严格执行工程质量和安全生产管理的规章制度。二是,针对工程项目分包中质量和安全生产问题较为突出的实际情况,规定对外承包工程的单位应当与分包单位订立专门的工程质量和安全生产管理协议,或者在分包合同中约定各自的工程质量和安全生产管理责任,并对分包单位的工程质量和安全生产统一协调、管理;禁止对外承包工程的单位将工程项目分包给不具备国家规定的相应资质的境内单位,或者将工程项目的建筑施工部分分包给未依法取得安全生产许可证的境内建筑施工企业。三是,明确禁止分包单位将工程项目转包或者再分包,规定对外承包工程的单位应当在分包合同中明确约定分包单位不得将工程项目转包或者再分包,并负责监督。

问:条例如何加强对外承包工程的安全保障?

答:加强对外承包工程的安全保障,保护外派人员的人身和财产安全,是一件必须做好的大事。针对对外承包工程中安全保障方面存在的主要问题,条例明确规定了对外承包工程的单位在安全保障方面的主体责任。包括:有专门的安全管理机构和人员负责保护外派人员的人身和财产安全,制定保护外派人员人身和财产安全的方案并落实所需经费;根据工程项目所在国家或者地区的安全状况,有针对性地对外派人员进行安全防范教育和应急知识培训,增强外派人员的安全防范意识和自我保护能力;与境外工程项目发包人订立合同后,及时向中国驻该工程项目所在国使馆(领馆)报告,并接受使馆(领馆)在突发事件防范、外派人员保护等方面的指导;制定突发事件应急预案,及时、妥善处理在境外发生的突发事件,并立即向中国驻该工程项目所在国使馆(领馆)和国内有关主管部门报告等。同时,条例还规定国务院商务主管部门应当会同有关部门建立对外承包工程安全风险评估机制,定期发布有关国家和地区安全状况的评估结果,及时提供预警信息,指导对外承包工程的单位做好安全风险防范;建立、健全对外承包工程突发事件预警、防范和应急处置机制,制定对外承包工程突发事件应急预案等。

问:在保护外派人员合法权益方面,条例规定了哪些制度和措施?

答:对外承包工程中,侵犯外派人员合法权益的现象时有发生,并往往由此引发一系列问题。因此,必须加强对外派人员合法权益的保护。条例主要规定了以下制度和措施:一是,规定从事对外承包工程外派人员中介服务的机构应当取得国务院商务主管部门的许可,并按照国务院商务主管部门的规定从事对外承包工程外派人员中介服务;对外承包工程的单位通过中介机构招用外派人员的,应当选择依法取得许可并合法经营的中介机构,不得通过未依法取得许可或者有重大违法行为的中介机构招用外派人员。二是,规定对外承包工程的单位应当依法与其招用的外派人员订立劳动合同,按照合同约定向外派人员提供工作条件和支付报酬,并为外派人员购买境外人身意外伤害保险。三是,规定对外承包工程的单位应当按照国务院商务主管部门和国务院财政部门的规定,及时存缴备用金,用于支付对外承包工程的单位拒绝承担或者无力承担的外派人员的报酬、因发生突发事件外派人员回国或者接受其他紧急救助所需费用,以及依法对外派人员的损失进行赔偿所需费用。

问:条例如何保障各项制度措施的落实?

答:为了保障各项制度措施切实得到遵守,条例对未取得对外承包工程资格擅自从事对外承包工程、未建立并严格执行工程质量和安全生产管理的规章制度、将工程项目分包给不具备国家规定的相应资质的单位或者将工程项目的建筑施工部分分包给未依法取得安全生产许可证的境内建筑施工企业、分包单位将工程项目转包或者再分包,以及以不正当的低价承揽工程项目、串通投标或者进行商业贿赂等违法行为,都规定了明确、严格的法律责任。从法律责任的种类看,除责令改正、没收违法所得和罚款外,还包括禁止对外承包工程的单位在一定期限内对外承包新的工程项目、吊销其对外承包工程资格证书;对工程建设类单位,还可以由建设主管部门或者其他有关主管部门降低其资质等级或者吊销其资质证书。

(中国政府网 2008 年 7 月 28 日)

中华人民共和国国务院令

第 528 号

　　现公布《国务院关于修改〈营业性演出管理条例〉的决定》,自公布之日起施行。

总理　**温家宝**

二〇〇八年七月二十二日

国务院关于修改
《营业性演出管理条例》的决定

国务院决定将《营业性演出管理条例》第十二条第一款修改为："香港特别行政区、澳门特别行政区的投资者可以在内地投资设立合资、合作、独资经营的演出经纪机构、演出场所经营单位；香港特别行政区、澳门特别行政区的演出经纪机构可以在内地设立分支机构。"

本决定自公布之日起施行。

《营业性演出管理条例》根据本决定作相应的修改，重新公布。

营业性演出管理条例

（2005 年 7 月 7 日中华人民共和国国务院令第 439 号公布
根据 2008 年 7 月 22 日《国务院关于修改〈营业性演出管理条例〉的决定》修订）

第一章 总 则

第一条 为了加强对营业性演出的管理,促进文化产业的发展,繁荣社会主义文艺事业,满足人民群众文化生活的需要,促进社会主义精神文明建设,制定本条例。

第二条 本条例所称营业性演出,是指以营利为目的为公众举办的现场文艺表演活动。

第三条 营业性演出必须坚持为人民服务、为社会主义服务的方向,把社会效益放在首位、实现社会效益和经济效益的统一,丰富人民群众的文化生活。

第四条 国家鼓励文艺表演团体、演员创作和演出思想性艺术性统一、体现民族优秀文化传统、受人民群众欢迎的优秀节目,鼓励到农村、工矿企业演出和为少年儿童提供免费或者优惠的演出。

第五条 国务院文化主管部门主管全国营业性演出的监督管理工作。国务院公安部门、工商行政管理部门在各自职责范围内,主管营业性演出的监督管理工作。

县级以上地方人民政府文化主管部门负责本行政区域内营业性演出的监督管理工作。县级以上地方人民政府公安部门、工商行政管理部门在各自职责范围内,负责本行政区域内营业性演出的监督管理工作。

第二章　营业性演出经营主体的设立

第六条　设立文艺表演团体,应当有与其演出业务相适应的专职演员和器材设备。

设立演出经纪机构,应当有 3 名以上专职演出经纪人员和与其业务相适应的资金。

第七条　设立文艺表演团体,应当向县级人民政府文化主管部门提出申请;设立演出经纪机构,应当向省、自治区、直辖市人民政府文化主管部门提出申请。文化主管部门应当自受理申请之日起 20 日内作出决定。批准的,颁发营业性演出许可证;不批准的,应当书面通知申请人并说明理由。

申请人取得营业性演出许可证后,应当持许可证依法到工商行政管理部门办理注册登记,领取营业执照。

第八条　设立演出场所经营单位,应当依法到工商行政管理部门办理注册登记,领取营业执照,并依照有关消防、卫生管理等法律、行政法规的规定办理审批手续。

演出场所经营单位应当自领取营业执照之日起 20 日内向所在地县级人民政府文化主管部门备案。

第九条　文艺表演团体和演出经纪机构变更名称、住所、法定代表人或者主要负责人、营业性演出经营项目,应当向原发证机关申请换发营业性演出许可证,并依法到工商行政管理部门办理变更登记。

演出场所经营单位变更名称、住所、法定代表人或者主要负责人,应当依法到工商行政管理部门办理变更登记,并向原备案机关重新备案。

第十条 以从事营业性演出为职业的个体演员(以下简称个体演员)和以从事营业性演出的居间、代理活动为职业的个体演出经纪人(以下简称个体演出经纪人),应当依法到工商行政管理部门办理注册登记,领取营业执照。

个体演员、个体演出经纪人应当自领取营业执照之日起20日内向所在地县级人民政府文化主管部门备案。

第十一条 外国投资者可以与中国投资者依法设立中外合资经营、中外合作经营的演出经纪机构、演出场所经营单位;不得设立中外合资经营、中外合作经营、外资经营的文艺表演团体,不得设立外资经营的演出经纪机构、演出场所经营单位。

设立中外合资经营的演出经纪机构、演出场所经营单位,中国合营者的投资比例应当不低于51%;设立中外合作经营的演出经纪机构、演出场所经营单位,中国合作者应当拥有经营主导权。

设立中外合资经营、中外合作经营的演出经纪机构、演出场所经营单位,应当通过省、自治区、直辖市人民政府文化主管部门向国务院文化主管部门提出申请;省、自治区、直辖市人民政府文化主管部门应当自收到申请之日起20日内出具审查意见报国务院文化主管部门审批。国务院文化主管部门应当自收到省、自治区、直辖市人民政府文化主管部门的审查意见之日起20日内作出决定。批准的,颁发营业性演出许可证;不批准的,应当书面通知申请人并说明理由。申请人应当在取得营业性演出许可证后,依照有关外商投资的法律、法规的规定办理审批手续。

第十二条 香港特别行政区、澳门特别行政区的投资者可以在内地投资设立合资、合作、独资经营的演出经纪机构、演出场所经营单位;香港特别行政区、澳门特别行政区的演出经纪机构可以在内地设立分支机构。

台湾地区的投资者可以在内地投资设立合资、合作经营的演出经纪机构、演出场所经营单位,但内地合营者的投资比例应当不低于51%,内地合作者应当拥有经营主导权;不得设立合资、合作、独资经营的文艺表演团体和独资经营的演出经纪机构、演出场所经营单位。

本条规定的审批手续依照本条例第十一条第三款的规定办理。

第三章　营业性演出规范

第十三条　文艺表演团体、个体演员可以自行举办营业性演出,也可以参加营业性组台演出。

营业性组台演出应当由演出经纪机构举办;但是,演出场所经营单位可以在本单位经营的场所内举办营业性组台演出。

演出经纪机构可以从事营业性演出的居间、代理、行纪活动;个体演出经纪人只能从事营业性演出的居间、代理活动。

第十四条　举办营业性演出,应当向演出所在地县级人民政府文化主管部门提出申请。县级人民政府文化主管部门应当自受理申请之日起3日内作出决定。对符合本条例第二十六条规定的,发给批准文件;对不符合本条例第二十六条规定的,不予批准,书面通知申请人并说明理由。

第十五条　除演出经纪机构外,其他任何单位或者个人不得举办外国的或者香港特别行政区、澳门特别行政区、台湾地区的文艺表演团体、个人参加的营业性演出。但是,文艺表演团体自行举办营业性演出,可以邀请外国的或者香港特别行政区、澳门特别行政区、台湾地区的文艺表演团体、个人参加。

举办外国的或者香港特别行政区、澳门特别行政区、台湾地区的文艺表演团体、个人参加的营业性演出,应当符合下列条件:

(一)有与其举办的营业性演出相适应的资金;

(二)有2年以上举办营业性演出的经历;

（三）举办营业性演出前 2 年内无违反本条例规定的记录。

第十六条 举办外国的文艺表演团体、个人参加的营业性演出，在非歌舞娱乐场所进行的，演出举办单位应当向国务院文化主管部门提出申请；在歌舞娱乐场所进行的，演出举办单位应当向演出所在地省、自治区、直辖市人民政府文化主管部门提出申请。

举办香港特别行政区、澳门特别行政区的文艺表演团体、个人参加的营业性演出，演出举办单位应当向演出所在地省、自治区、直辖市人民政府文化主管部门提出申请；举办台湾地区的文艺表演团体、个人参加的营业性演出，演出举办单位应当向国务院文化主管部门会同国务院有关部门规定的审批机关提出申请。

国务院文化主管部门或者省、自治区、直辖市人民政府文化主管部门应当自受理申请之日起 20 日内作出决定。对符合本条例第二十六条规定的，发给批准文件；对不符合本条例第二十六条规定的，不予批准，书面通知申请人并说明理由。

第十七条 申请举办营业性演出，提交的申请材料应当包括下列内容：

（一）演出名称、演出举办单位和参加演出的文艺表演团体、演员；

（二）演出时间、地点、场次；

（三）节目及其视听资料。

申请举办营业性组台演出，还应当提交文艺表演团体、演员同意参加演出的书面函件。

营业性演出需要变更申请材料所列事项的，应当分别依照本条例第十四条、第十六条规定重新报批。

第十八条 演出场所经营单位提供演出场地，应当核验演出举办单位取得的批准文件；不得为未经批准的营业性演出提供演出场地。

第十九条 演出场所经营单位应当确保演出场所的建筑、设施符合国家安全标准和消防安全规范,定期检查消防安全设施状况,并及时维护、更新。

演出场所经营单位应当制定安全保卫工作方案和灭火、应急疏散预案。

演出举办单位在演出场所进行营业性演出,应当核验演出场所经营单位的消防安全设施检查记录、安全保卫工作方案和灭火、应急疏散预案,并与演出场所经营单位就演出活动中突发安全事件的防范、处理等事项签订安全责任协议。

第二十条　在公共场所举办营业性演出,演出举办单位应当依照有关安全、消防的法律、行政法规和国家有关规定办理审批手续,并制定安全保卫工作方案和灭火、应急疏散预案。演出场所应当配备应急广播、照明设施,在安全出入口设置明显标识,保证安全出入口畅通;需要临时搭建舞台、看台的,演出举办单位应当按照国家有关安全标准搭建舞台、看台,确保安全。

第二十一条　审批临时搭建舞台、看台的营业性演出时,文化主管部门应当核验演出举办单位的下列文件:

(一)依法验收后取得的演出场所合格证明;

(二)安全保卫工作方案和灭火、应急疏散预案;

(三)依法取得的安全、消防批准文件。

第二十二条　演出场所容纳的观众数量应当报公安部门核准;观众区域与缓冲区域应当由公安部门划定,缓冲区域应当有明显标识。

演出举办单位应当按照公安部门核准的观众数量、划定的观众区域印制和出售门票。

验票时,发现进入演出场所的观众达到核准数量仍有观众等待入场的,应当立即终止验票并同时向演出所在地县级人民政府公安部门报告;发现观众持有观众区域以外的门票或者假票的,应当拒绝其入场并同时向演出所在地县级人民政府公安部门报告。

第二十三条 任何人不得携带传染病病原体和爆炸性、易燃性、放射性、腐蚀性等危险物质或者非法携带枪支、弹药、管制器具进入营业性演出现场。

演出场所经营单位应当根据公安部门的要求,配备安全检查设施,并对进入营业性演出现场的观众进行必要的安全检查;观众不接受安全检查或者有前款禁止行为的,演出场所经营单位有权拒绝其进入。

第二十四条 演出举办单位应当组织人员落实营业性演出时的安全、消防措施,维护营业性演出现场秩序。

演出举办单位和演出场所经营单位发现营业性演出现场秩序混乱,应当立即采取措施并同时向演出所在地县级人民政府公安部门报告。

第二十五条 演出举办单位不得以政府或者政府部门的名义举办营业性演出。

营业性演出不得冠以"中国"、"中华"、"全国"、"国际"等字样。

营业性演出广告内容必须真实、合法,不得误导、欺骗公众。

第二十六条 营业性演出不得有下列情形:

(一)反对宪法确定的基本原则的;

(二)危害国家统一、主权和领土完整,危害国家安全,或者损害国家荣誉和利益的;

(三)煽动民族仇恨、民族歧视,侵害民族风俗习惯,伤害民族感情,破坏民族团结,违反宗教政策的;

(四)扰乱社会秩序,破坏社会稳定的;

(五)危害社会公德或者民族优秀文化传统的;

(六)宣扬淫秽、色情、邪教、迷信或者渲染暴力的;

(七)侮辱或者诽谤他人,侵害他人合法权益的;

(八)表演方式恐怖、残忍,摧残演员身心健康的;

(九)利用人体缺陷或者以展示人体变异等方式招徕观众的;

（十）法律、行政法规禁止的其他情形。

第二十七条 演出场所经营单位、演出举办单位发现营业性演出有本条例第二十六条禁止情形的，应当立即采取措施予以制止并同时向演出所在地县级人民政府文化主管部门、公安部门报告。

第二十八条 参加营业性演出的文艺表演团体、主要演员或者主要节目内容等发生变更的，演出举办单位应当及时告知观众并说明理由。观众有权退票。

演出过程中，除因不可抗力不能演出的外，演出举办单位不得中止或者停止演出，演员不得退出演出。

第二十九条 演员不得以假唱欺骗观众，演出举办单位不得组织演员假唱。任何单位或者个人不得为假唱提供条件。

演出举办单位应当派专人对演出进行监督，防止假唱行为的发生。

第三十条 营业性演出经营主体应当对其营业性演出的经营收入依法纳税。

演出举办单位在支付演员、职员的演出报酬时应当依法履行税款代扣代缴义务。

第三十一条 募捐义演的演出收入，除必要的成本开支外，必须全部交付受捐单位；演出举办单位、参加演出的文艺表演团体和演员、职员，不得获取经济利益。

第三十二条 任何单位或者个人不得伪造、变造、出租、出借或者买卖营业性演出许可证、批准文件或者营业执照，不得伪造、变造营业性演出门票或者倒卖伪造、变造的营业性演出门票。

第四章 监督管理

第三十三条 除文化主管部门依照国家有关规定对体现民族特色和国家水准的演出给予补助外，各级人民政府和政府部门不得资助、赞助或者变相资助、赞助营业性演出,不得用公款购买营业性演出门票用于个人消费。

第三十四条 文化主管部门应当加强对营业性演出的监督管理。

演出所在地县级人民政府文化主管部门对外国的或者香港特别行政区、澳门特别行政区、台湾地区的文艺表演团体、个人参加的营业性演出和临时搭建舞台、看台的营业性演出,应当进行实地检查;对其他营业性演出,应当进行实地抽样检查。

第三十五条 县级以上地方人民政府文化主管部门应当充分发挥文化执法机构的作用,并可以聘请社会义务监督员对营业性演出进行监督。

任何单位或者个人可以采取电话、手机短信等方式举报违反本条例规定的行为。县级以上地方人民政府文化主管部门应当向社会公布举报电话,并保证随时有人接听。

县级以上地方人民政府文化主管部门接到社会义务监督员的报告或者公众的举报,应当作出记录,立即赶赴现场进行调查、处理,并自处理完毕之日起7日内公布结果。

县级以上地方人民政府文化主管部门对作出突出贡献的社会义务监督员应当给予表彰;公众举报经调查核实的,应当对举报人给予奖励。

第三十六条 公安部门对其依照有关法律、行政法规和国家有关规定批准的营业性演出,应当在演出举办前对营业性演出现场的安全状况进行实地检查;发现安全隐患的,在消除安全隐患后方可允许进行营业性演出。

公安部门可以对进入营业性演出现场的观众进行必要的安全检查;发现观众有本条例第二十三条第一款禁止行为的,在消除安全隐患后方可允许其进入。

公安部门可以组织警力协助演出举办单位维持营业性演出现场

秩序。

第三十七条 公安部门接到观众达到核准数量仍有观众等待入场或者演出秩序混乱的报告后,应当立即组织采取措施消除安全隐患。

第三十八条 承担现场管理检查任务的公安部门和文化主管部门的工作人员进入营业性演出现场,应当出示值勤证件。

第三十九条 文化主管部门依法对营业性演出进行监督检查时,应当将监督检查的情况和处理结果予以记录,由监督检查人员签字后归档。公众有权查阅监督检查记录。

第四十条 文化主管部门、公安部门和其他有关部门及其工作人员不得向演出举办单位、演出场所经营单位索取演出门票。

第四十一条 国务院文化主管部门和省、自治区、直辖市人民政府文化主管部门,对在农村、工矿企业进行演出以及为少年儿童提供免费或者优惠演出表现突出的文艺表演团体、演员,应当给予表彰,并采取多种形式予以宣传。

国务院文化主管部门对适合在农村、工矿企业演出的节目,可以在依法取得著作权人许可后,提供给文艺表演团体、演员在农村、工矿企业演出时使用。

文化主管部门实施文艺评奖,应当适当考虑参评对象在农村、工矿企业的演出场次。

县级以上地方人民政府应当对在农村、工矿企业演出的文艺表演团体、演员给予支持。

第四十二条 演出行业协会应当依照章程的规定,制定行业自律规范,指导、监督会员的经营活动,促进公平竞争。

第五章　法律责任

第四十三条 有下列行为之一的,由县级人民政府文化主管部门予以取缔,没收演出器材和违法所得,并处违法所得8倍以上10倍以下的罚款;没有违法所得或者违法所得不足1万元的,并处5万元以上10万元以下的罚款;构成犯罪的,依法追究刑事责任:

(一)违反本条例第七条、第十一条、第十二条规定,擅自设立文艺表演团体、演出经纪机构或者擅自从事营业性演出经营活动的;

(二)违反本条例第十三条、第十五条规定,超范围从事营业性演出经营活动的;

(三)违反本条例第九条第一款规定,变更营业性演出经营项目未向原发证机关申请换发营业性演出许可证的。

违反本条例第八条、第十条规定,擅自设立演出场所经营单位或者擅自从事营业性演出经营活动的,由工商行政管理部门依法予以取缔、处罚;构成犯罪的,依法追究刑事责任。

第四十四条 违反本条例第十四条、第十六条规定,未经批准举办营业性演出的,由县级人民政府文化主管部门责令停止演出,没收违法所得,并处违法所得8倍以上10倍以下的罚款;没有违法所得或者违法所得不足1万元的,并处5万元以上10万元以下的罚款;情节严重的,由原发证机关吊销营业性演出许可证。

违反本条例第十七条第三款规定,变更演出举办单位、参加演出的文艺表演团体、演员或者节目未重新报批的,依照前款规定处罚;变更演出的名称、时间、地点、场次未重新报批的,由县级人民政府文化主管部门责令改正,给予警告,可以并处3万元以下的罚款。

演出场所经营单位为未经批准的营业性演出提供场地的,由县级人民政府文化主管部门责令改正,没收违法所得,并处违法所得3倍以上5倍以下的罚款;没有违法所得或者违法所得不足1万元的,并处3万元以上5万元以下的罚款。

第四十五条 违反本条例第三十二条规定,伪造、变造、出租、出借、买卖营业性演出许可证、批准文件,或者以非法手段取得营业性演出许可证、批准文件的,由县级人民政府文化主管部门没收违法所得,并处违法所得 8 倍以上 10 倍以下的罚款;没有违法所得或者违法所得不足 1 万元的,并处 5 万元以上 10 万元以下的罚款;对原取得的营业性演出许可证、批准文件,予以吊销、撤销;构成犯罪的,依法追究刑事责任。

第四十六条 营业性演出有本条例第二十六条禁止情形的,由县级人民政府文化主管部门责令停止演出,没收违法所得,并处违法所得 8 倍以上 10 倍以下的罚款;没有违法所得或者违法所得不足 1 万元的,并处 5 万元以上 10 万元以下的罚款;情节严重的,由原发证机关吊销营业性演出许可证;违反治安管理规定的,由公安部门依法予以处罚;构成犯罪的,依法追究刑事责任。

演出场所经营单位、演出举办单位发现营业性演出有本条例第二十六条禁止情形未采取措施予以制止的,由县级人民政府文化主管部门、公安部门依据法定职权给予警告,并处 5 万元以上 10 万元以下的罚款;未依照本条例第二十七条规定报告的,由县级人民政府文化主管部门、公安部门依据法定职权给予警告,并处 5000 元以上 1 万元以下的罚款。

第四十七条 有下列行为之一的,对演出举办单位、文艺表演团体、演员,由国务院文化主管部门或者省、自治区、直辖市人民政府文化主管部门向社会公布;演出举办单位、文艺表演团体在 2 年内再次被公布的,由原发证机关吊销营业性演出许可证;个体演员在 2 年内再次被公布的,由工商行政管理部门吊销营业执照:

(一)非因不可抗力中止、停止或者退出演出的;

(二)文艺表演团体、主要演员或者主要节目内容等发生变更未及时告知观众的;

(三)以假唱欺骗观众的;

(四)为演员假唱提供条件的。

有前款第(一)项、第(二)项和第(三)项所列行为之一的,观众有权在退场后依照有关消费者权益保护的法律规定要求演出举办单位赔偿损失;演出举办单位可以依法向负有责任的文艺表演团体、演员追偿。

有本条第一款第(一)项、第(二)项和第(三)项所列行为之一的,由县级人民政府文化主管部门处5万元以上10万元以下的罚款;有本条第一款第(四)项所列行为的,由县级人民政府文化主管部门处5000元以上1万元以下的罚款。

第四十八条 以政府或者政府部门的名义举办营业性演出,或者营业性演出冠以"中国"、"中华"、"全国"、"国际"等字样的,由县级人民政府文化主管部门责令改正,没收违法所得,并处违法所得3倍以上5倍以下的罚款;没有违法所得或者违法所得不足1万元的,并处3万元以上5万元以下的罚款;拒不改正或者造成严重后果的,由原发证机关吊销营业性演出许可证。

营业性演出广告的内容误导、欺骗公众或者含有其他违法内容的,由工商行政管理部门责令停止发布,并依法予以处罚。

第四十九条 演出举办单位或者其法定代表人、主要负责人及其他直接责任人员在募捐义演中获取经济利益的,由县级以上人民政府文化主管部门依据各自职权责令其退回并交付受捐单位;构成犯罪的,依法追究刑事责任;尚不构成犯罪的,由县级以上人民政府文化主管部门依据各自职权处违法所得3倍以上5倍以下的罚款,并由国务院文化主管部门或者省、自治区、直辖市人民政府文化主管部门向社会公布违法行为人的名称或者姓名,直至由原发证机关吊销演出举办单位的营业性演出许可证。

文艺表演团体或者演员、职员在募捐义演中获取经济利益的,由县级以上人民政府文化主管部门依据各自职权责令其退回并交付受捐单位。

第五十条 违反本条例第九条第一款规定,变更名称、住所、法定代表人或者主要负责人未向原发证机关申请换发营业性演出许可证的,由县级人民政府文化主管部门责令改正,给予警告,并处1万元以上 3 万元以下的罚款。

违反本条例第八条第二款、第九条第二款、第十条第二款规定,未办理备案手续的,由县级人民政府文化主管部门责令改正,给予警告,并处 5000 元以上 1 万元以下的罚款。

第五十一条　有下列行为之一的,由公安部门或者公安消防机构依据法定职权依法予以处罚;构成犯罪的,依法追究刑事责任:

(一)违反本条例安全、消防管理规定的;

(二)伪造、变造营业性演出门票或者倒卖伪造、变造的营业性演出门票的。

演出举办单位印制、出售超过核准观众数量的或者观众区域以外的营业性演出门票的,由县级以上人民政府公安部门依据各自职权责令改正,没收违法所得,并处违法所得 3 倍以上 5 倍以下的罚款;没有违法所得或者违法所得不足 1 万元的,并处 3 万元以上 5 万元以下的罚款;造成严重后果的,由原发证机关吊销营业性演出许可证;构成犯罪的,依法追究刑事责任。

第五十二条　文艺表演团体、演出经纪机构违反本条例规定被文化主管部门吊销营业性演出许可证的,应当依法到工商行政管理部门办理变更登记或者注销登记;逾期不办理的,吊销营业执照。

演出场所经营单位、个体演出经纪人、个体演员违反本条例规定,情节严重的,由县级以上人民政府文化主管部门依据各自职权责令其停止营业性演出经营活动,并通知工商行政管理部门,由工商行政管理部门依法吊销营业执照。其中,演出场所经营单位有其他经营业务的,由工商行政管理部门责令其办理变更登记,逾期不办理的,吊销营业执照。

第五十三条　因违反本条例规定被文化主管部门吊销营业性演出许可证,或者被工商行政管理部门吊销营业执照或者责令变更登记的,自受到行政处罚之日起,当事人为单位的,其法定代表人、主要负责人 5 年内不得担任文艺表演团体、演出经纪机构或者演出场所经营单位的法定代表人、主要负责人；当事人为个人的，个体演员1年内不得从事营业性演出，个体演出经纪人5年内不得从事营业性演出的居间、代理活动。

因营业性演出有本条例第二十六条禁止情形被文化主管部门吊销营业性演出许可证，或者被工商行政管理部门吊销营业执照或者责令变更登记的，不得再次从事营业性演出或者营业性演出的居间、代理、行纪活动。

因违反本条例规定2年内2次受到行政处罚又有应受本条例处罚的违法行为的，应当从重处罚。

第五十四条 各级人民政府或者政府部门非法资助、赞助，或者非法变相资助、赞助营业性演出，或者用公款购买营业性演出门票用于个人消费的，依照有关财政违法行为处罚处分的行政法规的规定责令改正。对单位给予警告或者通报批评。对直接负责的主管人员和其他直接责任人员给予记大过处分；情节较重的，给予降级或者撤职处分；情节严重的，给予开除处分。

第五十五条 文化主管部门、公安部门、工商行政管理部门的工作人员滥用职权、玩忽职守、徇私舞弊或者未依照本条例规定履行职责的，依法给予行政处分；构成犯罪的，依法追究刑事责任。

第六章　附　　则

第五十六条 民间游散艺人的营业性演出，省、自治区、直辖市人民政府可以参照本条例的规定制定具体管理办法。

第五十七条 本条例自2005年9月1日起施行。1997年8月11日国务院发布的《营业性演出管理条例》同时废止。

中华人民共和国国务院令

第 529 号

　　《国务院关于经营者集中申报标准的规定》已经 2008 年 8 月 1 日国务院第 20 次常务会议通过，现予公布，自公布之日起施行。

总理　**温家宝**

二〇〇八年八月三日

国务院关于经营者集中
申报标准的规定

第一条　为了明确经营者集中的申报标准,根据《中华人民共和国反垄断法》,制定本规定。

第二条　经营者集中是指下列情形:

(一)经营者合并;

(二)经营者通过取得股权或者资产的方式取得对其他经营者的控制权;

(三)经营者通过合同等方式取得对其他经营者的控制权或者能够对其他经营者施加决定性影响。

第三条　经营者集中达到下列标准之一的,经营者应当事先向国务院商务主管部门申报,未申报的不得实施集中:

(一)参与集中的所有经营者上一会计年度在全球范围内的营业额合计超过100亿元人民币,并且其中至少两个经营者上一会计年度在中国境内的营业额均超过4亿元人民币;

(二)参与集中的所有经营者上一会计年度在中国境内的营业额合计超过20亿元人民币,并且其中至少两个经营者上一会计年度在中国境内的营业额均超过4亿元人民币。

营业额的计算,应当考虑银行、保险、证券、期货等特殊行业、领域的实际情况,具体办法由国务院商务主管部门会同国务院有关部门制定。

第四条 经营者集中未达到本规定第三条规定的申报标准,但按照规定程序收集的事实和证据表明该经营者集中具有或者可能具有排除、限制竞争效果的,国务院商务主管部门应当依法进行调查。

第五条 本规定自公布之日起施行。

国务院法制办负责人就《国务院关于经营者集中申报标准的规定》答记者问

2008 年 8 月 3 日,温家宝总理签署国务院令公布了《国务院关于经营者集中申报标准的规定》(以下简称《规定》),自公布之日起施行。日前,国务院法制办负责人就《规定》的有关问题回答了记者提问。

问:什么是经营者集中? 为什么要制定本《规定》?

答:依照反垄断法的规定,经营者集中是指经营者合并、经营者通过取得其他经营者的股份、资产以及通过合同等方式取得对其他经营者的控制权,或者能够对其他经营者施加决定性影响的情形。经营者集中是经济活动中的普遍现象,一方面有利于形成规模经济,提高经营者的竞争力;另一方面又可能产生或者加强市场支配地位,对市场竞争产生不利影响。因此,各国反垄断法都对经营者集中实行必要的控制,以防止因经济力的过度集中而影响市场竞争。控制的主要手段是对经营者集中实行事先或者事后申报制度,并由反垄断执法机构进行审查,决定是否允许经营者实施集中。我国反垄断法规定了经营者集中事先申报制度,规定经营者集中达到国务院规定的申报标准的,经营者应当事先向国务院反垄断执法机构申报,未申报的不得实施集中。为了明确经营者集中的申报标准,保证反垄断法的有效实施,国务院制定了本《规定》。

问:为什么采用经营者的营业额这一指标确定申报标准?

答：申报标准是经营者集中是否需要进行事先申报的门槛,应当客观、明确,便于参与集中的经营者以及反垄断执法机构判断和掌握,并有明确的行为预期。经营者的营业额是反映经营者经济力的重要指标,较为客观、明确,世界各国大都采用这一指标确定经营者集中的申报标准。《规定》采用了这一国际通行做法。

问：经营者集中的申报标准是如何确定的?

答：确定我国经营者集中的申报标准,既要符合国家鼓励企业做强做大的产业政策,有利于经济结构调整;又要防止因经济力的过于集中而影响市场竞争。因此,申报标准要科学、合理,既能够将具有或者可能具有排除、限制竞争效果的经营者集中纳入申报范围,又避免将过多的对市场竞争没有影响的经营者集中纳入申报范围。在综合考虑各方面意见和情况的基础上,《规定》分两项规定了需要申报的经营者集中的标准:一是,参与集中的所有经营者上一会计年度在全球范围内的营业额合计超过 100 亿元人民币,并且其中至少两个经营者上一会计年度在中国境内的营业额均超过 4 亿元人民币;二是,参与集中的所有经营者上一会计年度在中国境内的营业额合计超过 20 亿元人民币,并且其中至少两个经营者上一会计年度在中国境内的营业额均超过 4 亿元人民币。经营者集中达到其中一项标准的,即应当事先向国务院反垄断执法机构申报。

为了确定这两项申报标准,我们主要做了三方面的工作:一是,委托中国社会科学院数量经济与技术经济研究所组织有关经济学专家进行专题研究。该研究所在专题研究中,收集了德国、法国、日本等 40 个国家反垄断法规定的企业并购申报标准,选取其中 15 个国家所规定的境内营业额以及全球营业额作为基准数据,通过建立经济模型,并利用统计回归方法进行测算,提出了我国经营者集中申报标准的具体建议。二是,对专家建议的申报标准进行分析、验证。为了验证专家建议的申报标准是否与我国实际情况相符,我们对国家统计局提供的 2006 年基本单位年报数据进行了分析。分析表明,专家建议的申报标准比较合适。按照这个标准,一方面我国绝大多数限额以上企业的并购活动不需要申报,同时又可以把规模较大的经营者集中纳入申报范围,防止产生排除或者限制竞争的后果。三是,与其他国家规定的申报标准进行比较。由于各国经济发展水平、市场容量、企业数量和规模以及反垄断执法经验等情况不同,其经营者集中的申报标准差别比较大。从目前掌握的资料看,《规定》规定的申报标准低于瑞士、阿根廷等国家的申报标准,高于德国(其全球营业额和境内营业额标准分别是10亿德国马克和5000万德国马克)、法国(其全球营业额和境内营业额标准分别是1.5亿欧元和5000万欧元)、日本(其境内营业额标准是一家达到100亿日元,另一家达到10亿日元)等国家的申报标准。这与我国市场容量较大、企业数量多的情况是相符的,也与鼓励企业做强做大的产业政策目标相吻合。

需要说明的是,目前各国都还没有完全合理、精确的方法来事先确定经营者集中的申报标准,都是先规定一个大体的标准,根据实际情况再及时调整。我国的经营者集中申报标准施行一段时间后,如果不合适,可以及时调整。

问:为什么要规定一个统一适用于各行业、领域的经营者集中申报标准?

答:区分行业和领域规定经营者集中的申报标准,在理论上有一定道理,但实际操作上不够可行。一是分行业和领域规定申报标准的难度太大;二是分行业和领域规定申报标准会将导致申报标准过于复杂,经营者和反垄断执法机构都难以掌握、适用。从世界上绝大多数国家的做法看,都是规定统一适用于各行业、领域的申报标准。因此,《规定》确立了统一适用于各行业、领域的申报标准。考虑到一些特殊行业、领域,如银行、保险、证券、期货等行业、领域经营者的资产构成比较复杂,为了使申报标准符合这些行业、领域经营者的实际情况,国际通行做法是对其营业额的计算专门作出规定。因此,

《规定》借鉴国际通行做法,在确立统一申报标准的同时,明确规定:营业额的计算应当考虑银行、保险、证券、期货等特殊行业、领域的实际情况,具体办法由国务院商务主管部门会同国务院有关部门制定。

问:为什么对某些未达到申报标准的经营者集中,反垄断执法机构也应当依法进行调查?

答:由于经济生活非常复杂,在有些情况下,经营者集中虽然没有达到规定的申报标准,但仍有可能产生排除、限制竞争的效果。比如,有的行业经营者的营业额普遍较低,达不到申报标准,但参与集中的经营者的市场份额却相对较大,其集中行为就很有可能排除、限制竞争。对这类经营者集中,也需要有相应的控制措施。因此,《规定》借鉴美国、欧盟等国家和地区的做法,对此作出了相应的制度安排,即:经营者集中没有达到规定的申报标准,但按照规定程序收集的事实和证据表明该经营者集中具有或者可能具有排除、限制竞争效果的,国务院商务主管部门应当依法进行调查。

需要说明的是,强调"按照规定程序收集的事实和证据",主要是为了防止执法机关自由裁量权过大。

（中国政府网 2008 年 8 月 4 日）

中华人民共和国国务院令

第 530 号

《民用建筑节能条例》已经 2008 年 7 月 23 日国务院第 18 次常务会议通过,现予公布,自 2008 年 10 月 1 日起施行。

总理　温家宝

二〇〇八年八月一日

民用建筑节能条例

第一章 总 则

第一条 为了加强民用建筑节能管理,降低民用建筑使用过程中的能源消耗,提高能源利用效率,制定本条例。

第二条 本条例所称民用建筑节能,是指在保证民用建筑使用功能和室内热环境质量的前提下,降低其使用过程中能源消耗的活动。

本条例所称民用建筑,是指居住建筑、国家机关办公建筑和商业、服务业、教育、卫生等其他公共建筑。

第三条 各级人民政府应当加强对民用建筑节能工作的领导,积极培育民用建筑节能服务市场,健全民用建筑节能服务体系,推动民用建筑节能技术的开发应用,做好民用建筑节能知识的宣传教育工作。

第四条 国家鼓励和扶持在新建建筑和既有建筑节能改造中采用太阳能、地热能等可再生能源。

在具备太阳能利用条件的地区,有关地方人民政府及其部门应当采取有效措施,鼓励和扶持单位、个人安装使用太阳能热水系统、照明系统、供热系统、采暖制冷系统等太阳能利用系统。

第五条 国务院建设主管部门负责全国民用建筑节能的监督管理工作。县级以上地方人民政府建设主管部门负责本行政区域民用建筑节能的监督管理工作。

县级以上人民政府有关部门应当依照本条例的规定以及本级人民政府规定的职责分工,负责民用建筑节能的有关工作。

第六条 国务院建设主管部门应当在国家节能中长期专项规划指导下,编制全国民用建筑节能规划,并与相关规划相衔接。

县级以上地方人民政府建设主管部门应当组织编制本行政区域的民用建筑节能规划,报本级人民政府批准后实施。

第七条 国家建立健全民用建筑节能标准体系。国家民用建筑节能标准由国务院建设主管部门负责组织制定,并依照法定程序发布。

国家鼓励制定、采用优于国家民用建筑节能标准的地方民用建筑节能标准。

第八条 县级以上人民政府应当安排民用建筑节能资金,用于支持民用建筑节能的科学技术研究和标准制定、既有建筑围护结构和供热系统的节能改造、可再生能源的应用,以及民用建筑节能示范工程、节能项目的推广。

政府引导金融机构对既有建筑节能改造、可再生能源的应用,以及民用建筑节能示范工程等项目提供支持。

民用建筑节能项目依法享受税收优惠。

第九条 国家积极推进供热体制改革,完善供热价格形成机制,鼓励发展集中供热,逐步实行按照用热量收费制度。

第十条 对在民用建筑节能工作中做出显著成绩的单位和个人,按照国家有关规定给予表彰和奖励。

第二章　新建建筑节能

第十一条 国家推广使用民用建筑节能的新技术、新工艺、新材料和新设备,限制使用或者禁止使用能源消耗高的技术、工艺、材料和设备。国务院节能工作主管部门、建设主管部门应当制定、公布并及时更新推广使用、限制使用、禁止使用目录。

国家限制进口或者禁止进口能源消耗高的技术、材料和设备。

建设单位、设计单位、施工单位不得在建筑活动中使用列入禁止使用目录的技术、工艺、材料和设备。

第十二条 编制城市详细规划、镇详细规划,应当按照民用建筑节能的要求,确定建筑的布局、形状和朝向。

城乡规划主管部门依法对民用建筑进行规划审查,应当就设计方案是否符合民用建筑节能强制性标准征求同级建设主管部门的意见;建设主管部门应当自收到征求意见材料之日起 10 日内提出意见。征求意见时间不计算在规划许可的期限内。

对不符合民用建筑节能强制性标准的,不得颁发建设工程规划许可证。

第十三条 施工图设计文件审查机构应当按照民用建筑节能强制性标准对施工图设计文件进行审查;经审查不符合民用建筑节能强制性标准的,县级以上地方人民政府建设主管部门不得颁发施工许可证。

第十四条 建设单位不得明示或者暗示设计单位、施工单位违反民用建筑节能强制性标准进行设计、施工,不得明示或者暗示施工单位使用不符合施工图设计文件要求的墙体材料、保温材料、门窗、采暖制冷系统和照明设备。

按照合同约定由建设单位采购墙体材料、保温材料、门窗、采暖制冷系统和照明设备的,建设单位应当保证其符合施工图设计文件要求。

第十五条 设计单位、施工单位、工程监理单位及其注册执业人员,应当按照民用建筑节能强制性标准进行设计、施工、监理。

第十六条 施工单位应当对进入施工现场的墙体材料、保温材料、门窗、采暖制冷系统和照明设备进行查验;不符合施工图设计文件要求的,不得使用。

工程监理单位发现施工单位不按照民用建筑节能强制性标准施工的,应当要求施工单位改正;施工单位拒不改正的,工程监理单位应当及时报告建设单位,并向有关主管部门报告。

墙体、屋面的保温工程施工时,监理工程师应当按照工程监理规范的要求,采取旁站、巡视和平行检验等形式实施监理。

未经监理工程师签字,墙体材料、保温材料、门窗、采暖制冷系统和照明设备不得在建筑上使用或者安装,施工单位不得进行下一道工序的施工。

第十七条 建设单位组织竣工验收,应当对民用建筑是否符合民用建筑节能强制性标准进行查验;对不符合民用建筑节能强制性标准的,不得出具竣工验收合格报告。

第十八条 实行集中供热的建筑应当安装供热系统调控装置、用热计量装置和室内温度调控装置;公共建筑还应当安装用电分项计量装置。居住建筑安装的用热计量装置应当满足分户计量的要求。

计量装置应当依法检定合格。

第十九条 建筑的公共走廊、楼梯等部位,应当安装、使用节能灯具和电气控制装置。

第二十条 对具备可再生能源利用条件的建筑,建设单位应当选择合适的可再生能源,用于采暖、制冷、照明和热水供应等;设计单位应当按照有关可再生能源利用的标准进行设计。

建设可再生能源利用设施,应当与建筑主体工程同步设计、同步施工、同步验收。

第二十一条 国家机关办公建筑和大型公共建筑的所有权人应当对建筑的能源利用效率进行测评和标识,并按照国家有关规定将测评结果予以公示,接受社会监督。

国家机关办公建筑应当安装、使用节能设备。

本条例所称大型公共建筑,是指单体建筑面积 2 万平方米以上的公共建筑。

第二十二条 房地产开发企业销售商品房,应当向购买人明示所售商品房的能源消耗指标、节能措施和保护要求、保温工程保修期等信息,并在商品房买卖合同和住宅质量保证书、住宅使用说明书中载明。

第二十三条 在正常使用条件下,保温工程的最低保修期限为 5 年。保温工程的保修期,自竣工验收合格之日起计算。

保温工程在保修范围和保修期内发生质量问题的,施工单位应当履行保修义务,并对造成的损失依法承担赔偿责任。

第三章 既有建筑节能

第二十四条 既有建筑节能改造应当根据当地经济、社会发展水平和地理气候条件等实际情况,有计划、分步骤地实施分类改造。

本条例所称既有建筑节能改造,是指对不符合民用建筑节能强制性标准的既有建筑的围护结构、供热系统、采暖制冷系统、照明设备和热水供应设施等实施节能改造的活动。

第二十五条 县级以上地方人民政府建设主管部门应当对本行政区域内既有建筑的建设年代、结构形式、用能系统、能源消耗指标、寿命周期等组织调查统计和分析,制定既有建筑节能改造计划,明确节能改造的目标、范围和要求,报本级人民政府批准后组织实施。

中央国家机关既有建筑的节能改造,由有关管理机关事务工作的机构制定节能改造计划,并组织实施。

第二十六条 国家机关办公建筑、政府投资和以政府投资为主的公共建筑的节能改造,应当制定节能改造方案,经充分论证,并按照国家有关规定办理相关审批手续方可进行。

各级人民政府及其有关部门、单位不得违反国家有关规定和标准,以节能改造的名义对前款规定的既有建筑进行扩建、改建。

第二十七条 居住建筑和本条例第二十六条规定以外的其他公共建筑不符合民用建筑节能强制性标准的,在尊重建筑所有权人意愿的基础上,可以结合扩建、改建,逐步实施节能改造。

第二十八条 实施既有建筑节能改造,应当符合民用建筑节能强制性标准,优先采用遮阳、改善通风等低成本改造措施。

既有建筑围护结构的改造和供热系统的改造,应当同步进行。

第二十九条 对实行集中供热的建筑进行节能改造,应当安装供热系统调控装置和用热计量装置;对公共建筑进行节能改造,还应当安装室内温度调控装置和用电分项计量装置。

第三十条 国家机关办公建筑的节能改造费用,由县级以上人民政府纳入本级财政预算。

居住建筑和教育、科学、文化、卫生、体育等公益事业使用的公共建筑节能改造费用,由政府、建筑所有权人共同负担。

国家鼓励社会资金投资既有建筑节能改造。

第四章 建筑用能系统运行节能

第三十一条 建筑所有权人或者使用权人应当保证建筑用能系统的正常运行,不得人为损坏建筑围护结构和用能系统。

国家机关办公建筑和大型公共建筑的所有权人或者使用权人应当建立健全民用建筑节能管理制度和操作规程,对建筑用能系统进行监测、维护,并定期将分项用电量报县级以上地方人民政府建设主管部门。

第三十二条 县级以上地方人民政府节能工作主管部门应当会同同级建设主管部门确定本行政区域内公共建筑重点用电单位及其年度用电限额。

县级以上地方人民政府建设主管部门应当对本行政区域内国家

机关办公建筑和公共建筑用电情况进行调查统计和评价分析。国家机关办公建筑和大型公共建筑采暖、制冷、照明的能源消耗情况应当依照法律、行政法规和国家其他有关规定向社会公布。

国家机关办公建筑和公共建筑的所有权人或者使用权人应当对县级以上地方人民政府建设主管部门的调查统计工作予以配合。

第三十三条 供热单位应当建立健全相关制度,加强对专业技术人员的教育和培训。

供热单位应当改进技术装备,实施计量管理,并对供热系统进行监测、维护,提高供热系统的效率,保证供热系统的运行符合民用建筑节能强制性标准。

第三十四条 县级以上地方人民政府建设主管部门应当对本行政区域内供热单位的能源消耗情况进行调查统计和分析,并制定供热单位能源消耗指标;对超过能源消耗指标的,应当要求供热单位制定相应的改进措施,并监督实施。

第五章　法律责任

第三十五条 违反本条例规定,县级以上人民政府有关部门有下列行为之一的,对负有责任的主管人员和其他直接责任人员依法给予处分;构成犯罪的,依法追究刑事责任:

(一)对设计方案不符合民用建筑节能强制性标准的民用建筑项目颁发建设工程规划许可证的;

(二)对不符合民用建筑节能强制性标准的设计方案出具合格意见的;

(三)对施工图设计文件不符合民用建筑节能强制性标准的民用建筑项目颁发施工许可证的;

(四)不依法履行监督管理职责的其他行为。

第三十六条 违反本条例规定,各级人民政府及其有关部门、单位违反国家有关规定和标准,以节能改造的名义对既有建筑进行扩建、改建的,对负有责任的主管人员和其他直接责任人员,依法给予处分。

第三十七条 违反本条例规定,建设单位有下列行为之一的,由县级以上地方人民政府建设主管部门责令改正,处 20 万元以上 50 万元以下的罚款:

(一)明示或者暗示设计单位、施工单位违反民用建筑节能强制性标准进行设计、施工的;

(二)明示或者暗示施工单位使用不符合施工图设计文件要求的墙体材料、保温材料、门窗、采暖制冷系统和照明设备的;

(三)采购不符合施工图设计文件要求的墙体材料、保温材料、门窗、采暖制冷系统和照明设备的;

(四)使用列入禁止使用目录的技术、工艺、材料和设备的。

第三十八条 违反本条例规定,建设单位对不符合民用建筑节能强制性标准的民用建筑项目出具竣工验收合格报告的,由县级以上地方人民政府建设主管部门责令改正,处民用建筑项目合同价款 2% 以上 4% 以下的罚款;造成损失的,依法承担赔偿责任。

第三十九条 违反本条例规定,设计单位未按照民用建筑节能强制性标准进行设计,或者使用列入禁止使用目录的技术、工艺、材料和设备的,由县级以上地方人民政府建设主管部门责令改正,处 10 万元以上 30 万元以下的罚款;情节严重的,由颁发资质证书的部门责令停业整顿,降低资质等级或者吊销资质证书;造成损失的,依法承担赔偿责任。

第四十条 违反本条例规定,施工单位未按照民用建筑节能强制性标准进行施工的,由县级以上地方人民政府建设主管部门责令改正,处民用建筑项目合同价款 2% 以上 4% 以下的罚款;情节严重的,由颁发资质证书的部门责令停业整顿,降低资质等级或者吊销资质证书;造成损失的,依法承担赔偿责任。

第四十一条 违反本条例规定,施工单位有下列行为之一的,由县级以上地方人民政府建设主管部门责令改正,处 10 万元以上 20 万元以下的罚款;情节严重的,由颁发资质证书的部门责令停业整顿,降低资质等级或者吊销资质证书;造成损失的,依法承担赔偿责任:

(一)未对进入施工现场的墙体材料、保温材料、门窗、采暖制冷系统和照明设备进行查验的;

(二)使用不符合施工图设计文件要求的墙体材料、保温材料、门窗、采暖制冷系统和照明设备的;

(三)使用列入禁止使用目录的技术、工艺、材料和设备的。

第四十二条 违反本条例规定,工程监理单位有下列行为之一的,由县级以上地方人民政府建设主管部门责令限期改正;逾期未改正的,处 10 万元以上 30 万元以下的罚款;情节严重的,由颁发资质证书的部门责令停业整顿,降低资质等级或者吊销资质证书;造成损失的,依法承担赔偿责任:

(一)未按照民用建筑节能强制性标准实施监理的;

(二)墙体、屋面的保温工程施工时,未采取旁站、巡视和平行检验等形式实施监理的。

对不符合施工图设计文件要求的墙体材料、保温材料、门窗、采暖制冷系统和照明设备,按照符合施工图设计文件要求签字的,依照《建设工程质量管理条例》第六十七条的规定处罚。

第四十三条 违反本条例规定,房地产开发企业销售商品房,未向购买人明示所售商品房的能源消耗指标、节能措施和保护要求、保温工程保修期等信息,或者向购买人明示的所售商品房能源消耗指标与实际能源消耗不符的,依法承担民事责任;由县级以上地方人民政府建设主管部门责令限期改正;逾期未改正的,处交付使用的房屋销售总额 2% 以下的罚款;情节严重的,由颁发资质证书的部门降低资质等级或者吊销资质证书。

第四十四条 违反本条例规定,注册执业人员未执行民用建筑节能强制性标准的,由县级以上人民政府建设主管部门责令停止执业 3 个月以上 1 年以下;情节严重的,由颁发资格证书的部门吊销执业资格证书,5 年内不予注册。

第六章 附 则

第四十五条 本条例自 2008 年 10 月 1 日起施行。

国务院法制办负责人就《民用建筑节能条例》答记者问

日前,国务院通过了《民用建筑节能条例》(以下简称条例),并将于 2008 年 10 月 1 日起施行。为准确理解条例精神,记者采访了国务院法制办公室负责人。

问:为什么要制定该条例?

答:节约能源是我国的一项长期战略方针,是落实科学发展观、实现经济社会可持续发展的要求。建筑业是能源需求增长较快的领域,我国每年新增建筑面积高达 18—20 亿平方米,是世界上最大的建筑市场。目前,建筑能源消耗已经占全国能源消耗总量的27.5%,民用建筑节能潜力巨大。

党中央、国务院高度重视民用建筑节能工作。国务院领导对民用建筑节能工作曾多次作出批示,要求研究制定节能规划、措施和制度。尽管我国的民用建筑节能工作起步较晚,但通过各级政府和全社会的共同努力,在保障新建建筑符合民用建筑节能标准和促进既有建筑节能改造方面,取得了较大的发展和进步,对实现我国节能优先的发展战略和建设节约型社会作出了积极贡献。同时,也出现了一些新的情况和问题:

一是,新建建筑尚未全部达到民用建筑节能标准。根据原建设部对民用建筑节能标准实施情况的调查,全国按照民用建筑节能标准建造的民用建筑项目,2004 年仅为 20%,2007 年为 71%,仍有近

30%的新建建筑尚未达到民用建筑节能标准。

二是,既有建筑节能改造举步维艰。由于既有建筑存在产权形式多样、结构形式复杂、改造标准不一、改造费用筹集困难等诸多因素,从全国来看,既有建筑节能改造进展缓慢。

三是,公共建筑耗电量过大。大型公共建筑单位面积耗电量是普通公共建筑的4倍。

四是,供热采暖系统运行效率低。目前,我国集中供热采暖综合利用效率大约为45%—70%,远远低于发达国家的水平。

五是,缺乏有效的民用建筑节能激励措施。目前,对民用建筑节能在补贴、金融、税收等方面的激励措施非常有限,民用建筑节能工作推进十分困难。

为了解决上述问题,迫切需要通过立法,确立相应的法律制度和措施,加强对民用建筑节能的管理,降低民用建筑使用过程中的能源消耗,提高能源利用效率。

问:为什么条例在适用范围上只调整民用建筑节能,不调整工业建筑节能和行为节能?

答:我国房屋建筑分为民用建筑和工业建筑。民用建筑的能源消耗,是指民用建筑在使用过程中的能源消耗。因此,条例规定,本条例所称民用建筑节能,是指在保证民用建筑使用功能和室内热环境质量的前提下,降低其使用过程中能源消耗的活动。本条例所称民用建筑,是指居住建筑、国家机关办公建筑和商业、服务业、教育、卫生等其他公共建筑。其中,单体建筑面积2万平方米以上的公共建筑为大型公共建筑。

本条例不调整工业建筑节能。工业建筑的能源消耗,与产品的生产工艺密切相关,一般都计入产品的生产成本,属于工业生产用能的组成部分。由于工业建筑的能源消耗与产品的生产成本密切相关,企业为了降低生产成本和提高利润,在工业建筑节能方面,具有一定的积极性和主动性。据计算,工业建筑的能源消耗占工业生产用能的比例很小,不足 10% 。按照国际惯例,对于工业建筑不制定统一的节能标准,工业建筑节能主要是依靠企业自身节能的积极性和市场机制来调节。

本条例不调整行为节能。行为节能属于个人日常行为,如"随手关灯"、"在冬季采暖和夏季空调期不宜频繁开窗或长时间开窗"等,与建筑使用权人的节能意识密切相关,可以通过建筑节能意识的培养来实现。同时,也可以通过价格杠杆的调控作用来实现。如用电缴纳电费,供热实行"多用热,多缴费"的制度,以此遏制浪费能源的行为。行为节能与建筑物本身没有直接关系,且在建筑节能中所占比例较小。据专家估算,行为节能占建筑节能的比例不到 10% 。目前,《节约能源法》等法律、法规对此也作出了相应的规定。

问:针对新建建筑节能管理的问题,条例在不增加新的行政许可的前提下,是如何实现全过程监管的?

答:加强对新建建筑的节能管理,是从源头上遏制建筑能源过度消耗,防止边建设高能源消耗建筑、边进行节能改造的有效途径。为此,条例在不增加新的行政许可的前提下,对新建建筑节能实施全过程的监管,主要体现在以下几个环节:

一是,在规划许可阶段,要求城乡规划主管部门在进行规划审查时,应当就设计方案是否符合民用建筑节能强制性标准征求同级建设主管部门的意见;对于不符合民用建筑节能强制性标准的,不予颁发建设工程规划许可证。

二是,在设计阶段,要求新建建筑的施工图设计文件必须符合民用建筑节能强制性标准。施工图设计文件审查机构应当按照民用建筑节能强制性标准对施工图设计文件进行审查;经审查不符合民用建筑节能强制性标准的,建设主管部门不得颁发施工许可证。

三是,在建设阶段,建设单位不得要求设计单位、施工单位违反民用建筑节能强制性标准进行设计、施工;设计单位、施工单位、工程监理单位及其注册执业人员必须严格执行民用建筑节能强制性标准;工程监理单位对施工单位不执行民用建筑节能强制性标准的,有权要求其改正,并及时报告。

四是,在竣工验收阶段,建设单位应当将民用建筑是否符合民用建筑节能强制性标准作为查验的重要内容;对不符合民用建筑节能强制性标准的,不得出具竣工验收合格报告。

五是,在商品房销售阶段,要求房地产开发企业向购买人明示所售商品房的能源消耗指标、节能措施和保护要求、保温工程保修期等信息。

六是,在使用保修阶段,明确规定施工单位在保修范围和保修期内,对发生质量问题的保温工程负有保修义务,并对造成的损失依法承担赔偿责任。

问:针对既有建筑节能改造举步维艰、改造费用筹集困难、改造进展缓慢等问题,条例作了哪些规定?

答:一是,确立既有建筑节能改造的原则。既有建筑节能改造应当根据当地经济、社会发展水平和地理气候条件等实际情况,有计划、分步骤地实施分类改造。本条例所称既有建筑节能改造,是指对不符合民用建筑节能强制性标准的既有建筑的围护结构、供热系统、采暖制冷系统、照明设备和热水供应设施等实施节能改造的活动。

二是,强化对既有建筑节能改造的管理。县级以上地方人民政府建设主管部门应当对本行政区域内既有建筑的建设年代、结构形式、用能系统、能源消耗指标、寿命周期等组织调查统计和分析,制定既有建筑节能改造计划,明确节能改造的目标、范围和要求,报本级人民政府批准后组织实施。

三是,明确既有建筑节能改造的标准和要求。实施既有建筑节能改造,应当符合民用建筑节能强制性标准,优先采用遮阳、改善通风等低成本改造措施。既有建筑围护结构的改造和供热系统的改造,应当同步进行。

四是,确立既有建筑节能改造费用的负担方式。国家机关办公建筑的节能改造费用,由县级以上人民政府财政负担;居住建筑和公益事业使用的公共建筑的节能改造费用,由政府、建筑所有权人共同负担。

问:针对公共建筑耗电量过大的问题,条例规定了哪些措施?

答:一是,建立分项用电量报告制度。要求国家机关办公建筑和大型公共建筑的所有权人或者使用权人对建筑用能系统进行监测、维护,并定期将分项用电量报县级以上地方人民政府建设主管部门。

二是,确立公共建筑用电限额与公布制度。县级以上地方人民政府的有关部门要确定公共建筑重点用电单位及其年度用电限额,对国家机关办公建筑和公共建筑用电情况进行调查统计和评价分析。国家机关办公建筑和大型公共建筑采暖、制冷、照明的能源消耗情况应当依照法律、行政法规和国家其他有关规定向社会公布。

问:为了加强民用建筑节能管理,降低民用建筑使用过程中的能源消耗,提高能源利用效率,条例对民用建筑节能规定了哪些政策扶持和经济激励措施?

答:条例有关民用建筑节能的政策扶持和经济激励措施,主要表现在以下三个方面:

一是,资金支持。要求有关政府应当安排民用建筑节能资金,用于支持民用建筑节能的科学技术研究和标准制定、既有建筑围护结构和供热系统的节能改造、可再生能源的应用,以及民用建筑节能示范工程、节能项目的推广。

二是,金融扶持。规定政府应当引导金融机构对既有建筑节能改造、可再生能源的应用,以及民用建筑节能示范工程等项目提供支持。

三是,税收优惠。明确民用建筑节能项目依法享受税收优惠。

问:在太阳能等可再生能源的利用方面,条例作了哪些规定?

答:为了鼓励和扶持太阳能等可再生能源的利用,条例主要在以下三个方面作了规定:

一是,国家鼓励和扶持在新建建筑和既有建筑节能改造中采用太阳能、地热能等可再生能源。在具备太阳能利用条件的地区,有关地方人民政府及其部门应当采取有效措施,鼓励和扶持单位、个人安装使用太阳能热水系统、照明系统、供热系统、采暖制冷系统等太阳能利用系统。

二是,明确有关政府应当安排民用建筑节能资金,用于支持可再生能源的应用,引导金融机构对可再生能源应用等项目提供支持。

三是,要求对具备可再生能源利用条件的建筑,建设单位应当选择合适的可再生能源,用于采暖、制冷、照明和热水供应等;设计单位应当按照有关可再生能源利用的标准进行设计。建设可再生能源利用设施,应当与建筑主体工程同步设计、同步施工、同步验收。

(中国政府网 2008 年 8 月 11 日)

中华人民共和国国务院令

第 531 号

《公共机构节能条例》已经 2008 年 7 月 23 日国务院第 18 次常务会议通过,现予公布,自 2008 年 10 月 1 日起施行。

总理　温家宝

二〇〇八年八月一日

公共机构节能条例

第一章 总 则

第一条 为了推动公共机构节能,提高公共机构能源利用效率,发挥公共机构在全社会节能中的表率作用,根据《中华人民共和国节约能源法》,制定本条例。

第二条 本条例所称公共机构,是指全部或者部分使用财政性资金的国家机关、事业单位和团体组织。

第三条 公共机构应当加强用能管理,采取技术上可行、经济上合理的措施,降低能源消耗,减少、制止能源浪费,有效、合理地利用能源。

第四条 国务院管理节能工作的部门主管全国的公共机构节能监督管理工作。国务院管理机关事务工作的机构在国务院管理节能工作的部门指导下,负责推进、指导、协调、监督全国的公共机构节能工作。

国务院和县级以上地方各级人民政府管理机关事务工作的机构在同级管理节能工作的部门指导下,负责本级公共机构节能监督管理工作。

教育、科技、文化、卫生、体育等系统各级主管部门在同级管理机关事务工作的机构指导下,开展本级系统内公共机构节能工作。

第五条 国务院和县级以上地方各级人民政府管理机关事务工

作的机构应当会同同级有关部门开展公共机构节能宣传、教育和培训,普及节能科学知识。

第六条 公共机构负责人对本单位节能工作全面负责。

公共机构的节能工作实行目标责任制和考核评价制度,节能目标完成情况应当作为对公共机构负责人考核评价的内容。

第七条 公共机构应当建立、健全本单位节能管理的规章制度,开展节能宣传教育和岗位培训,增强工作人员的节能意识,培养节能习惯,提高节能管理水平。

第八条 公共机构的节能工作应当接受社会监督。任何单位和个人都有权举报公共机构浪费能源的行为,有关部门对举报应当及时调查处理。

第九条 对在公共机构节能工作中做出显著成绩的单位和个人,按照国家规定予以表彰和奖励。

第二章 节能规划

第十条 国务院和县级以上地方各级人民政府管理机关事务工作的机构应当会同同级有关部门,根据本级人民政府节能中长期专项规划,制定本级公共机构节能规划。

县级公共机构节能规划应当包括所辖乡(镇)公共机构节能的内容。

第十一条 公共机构节能规划应当包括指导思想和原则、用能现状和问题、节能目标和指标、节能重点环节、实施主体、保障措施等方面的内容。

第十二条 国务院和县级以上地方各级人民政府管理机关事务工作的机构应当将公共机构节能规划确定的节能目标和指标,按年度分解落实到本级公共机构。

第十三条 公共机构应当结合本单位用能特点和上一年度用能

状况,制定年度节能目标和实施方案,有针对性地采取节能管理或者节能改造措施,保证节能目标的完成。

公共机构应当将年度节能目标和实施方案报本级人民政府管理机关事务工作的机构备案。

第三章　节能管理

第十四条　公共机构应当实行能源消费计量制度,区分用能种类、用能系统实行能源消费分户、分类、分项计量,并对能源消耗状况进行实时监测,及时发现、纠正用能浪费现象。

第十五条　公共机构应当指定专人负责能源消费统计,如实记录能源消费计量原始数据,建立统计台账。

公共机构应当于每年3月31日前,向本级人民政府管理机关事务工作的机构报送上一年度能源消费状况报告。

第十六条　国务院和县级以上地方各级人民政府管理机关事务工作的机构应当会同同级有关部门按照管理权限,根据不同行业、不同系统公共机构能源消耗综合水平和特点,制定能源消耗定额,财政部门根据能源消耗定额制定能源消耗支出标准。

第十七条　公共机构应当在能源消耗定额范围内使用能源,加强能源消耗支出管理;超过能源消耗定额使用能源的,应当向本级人民政府管理机关事务工作的机构作出说明。

第十八条　公共机构应当按照国家有关强制采购或者优先采购的规定,采购列入节能产品、设备政府采购名录和环境标志产品政府采购名录中的产品、设备,不得采购国家明令淘汰的用能产品、设备。

第十九条　国务院和省级人民政府的政府采购监督管理部门应当会同同级有关部门完善节能产品、设备政府采购名录,优先将取得节能产品认证证书的产品、设备列入政府采购名录。

国务院和省级人民政府应当将节能产品、设备政府采购名录中的产品、设备纳入政府集中采购目录。

第二十条　公共机构新建建筑和既有建筑维修改造应当严格执行国家有关建筑节能设计、施工、调试、竣工验收等方面的规定和标准,国务院和县级以上地方人民政府建设主管部门对执行国家有关规定和标准的情况应当加强监督检查。

国务院和县级以上地方各级人民政府负责审批或者核准固定资产投资项目的部门,应当严格控制公共机构建设项目的建设规模和标准,统筹兼顾节能投资和效益,对建设项目进行节能评估和审查;未通过节能评估和审查的项目,不得批准或者核准建设。

第二十一条　国务院和县级以上地方各级人民政府管理机关事务工作的机构会同有关部门制定本级公共机构既有建筑节能改造计划,并组织实施。

第二十二条　公共机构应当按照规定进行能源审计,对本单位用能系统、设备的运行及使用能源情况进行技术和经济性评价,根据审计结果采取提高能源利用效率的措施。具体办法由国务院管理节能工作的部门会同国务院有关部门制定。

第二十三条　能源审计的内容包括:

(一)查阅建筑物竣工验收资料和用能系统、设备台账资料,检查节能设计标准的执行情况;

(二)核对电、气、煤、油、市政热力等能源消耗计量记录和财务账单,评估分类与分项的总能耗、人均能耗和单位建筑面积能耗;

(三)检查用能系统、设备的运行状况,审查节能管理制度执行情况;

(四)检查前一次能源审计合理使用能源建议的落实情况;

(五)查找存在节能潜力的用能环节或者部位,提出合理使用能源的建议;

(六)审查年度节能计划、能源消耗定额执行情况,核实公共机构超过能源消耗定额使用能源的说明;

（七）审查能源计量器具的运行情况,检查能耗统计数据的真实性、准确性。

第四章 节能措施

第二十四条 公共机构应当建立、健全本单位节能运行管理制度和用能系统操作规程,加强用能系统和设备运行调节、维护保养、巡视检查,推行低成本、无成本节能措施。

第二十五条 公共机构应当设置能源管理岗位,实行能源管理岗位责任制。重点用能系统、设备的操作岗位应当配备专业技术人员。

第二十六条 公共机构可以采用合同能源管理方式,委托节能服务机构进行节能诊断、设计、融资、改造和运行管理。

第二十七条 公共机构选择物业服务企业,应当考虑其节能管理能力。公共机构与物业服务企业订立物业服务合同,应当载明节能管理的目标和要求。

第二十八条 公共机构实施节能改造,应当进行能源审计和投资收益分析,明确节能指标,并在节能改造后采用计量方式对节能指标进行考核和综合评价。

第二十九条 公共机构应当减少空调、计算机、复印机等用电设备的待机能耗,及时关闭用电设备。

第三十条 公共机构应当严格执行国家有关空调室内温度控制的规定,充分利用自然通风,改进空调运行管理。

第三十一条 公共机构电梯系统应当实行智能化控制,合理设置电梯开启数量和时间,加强运行调节和维护保养。

第三十二条 公共机构办公建筑应当充分利用自然采光,使用高效节能照明灯具,优化照明系统设计,改进电路控制方式,推广应用智能调控装置,严格控制建筑物外部泛光照明以及外部装饰用照明。

第三十三条 公共机构应当对网络机房、食堂、开水间、锅炉房等部位的用能情况实行重点监测,采取有效措施降低能耗。

第三十四条 公共机构的公务用车应当按照标准配备,优先选用低能耗、低污染、使用清洁能源的车辆,并严格执行车辆报废制度。

公共机构应当按照规定用途使用公务用车,制定节能驾驶规范,推行单车能耗核算制度。

公共机构应当积极推进公务用车服务社会化,鼓励工作人员利用公共交通工具、非机动交通工具出行。

第五章 监督和保障

第三十五条 国务院和县级以上地方各级人民政府管理机关事务工作的机构应当会同有关部门加强对本级公共机构节能的监督检查。监督检查的内容包括:

(一)年度节能目标和实施方案的制定、落实情况;

(二)能源消费计量、监测和统计情况;

(三)能源消耗定额执行情况;

(四)节能管理规章制度建立情况;

(五)能源管理岗位设置以及能源管理岗位责任制落实情况;

(六)用能系统、设备节能运行情况;

(七)开展能源审计情况;

(八)公务用车配备、使用情况。

对于节能规章制度不健全、超过能源消耗定额使用能源情况严重的公共机构,应当进行重点监督检查。

第三十六条 公共机构应当配合节能监督检查,如实说明有关情况,提供相关资料和数据,不得拒绝、阻碍。

第三十七条 公共机构有下列行为之一的,由本级人民政府管

理机关事务工作的机构会同有关部门责令限期改正;逾期不改正的,予以通报,并由有关机关对公共机构负责人依法给予处分:

(一)未制定年度节能目标和实施方案,或者未按照规定将年度节能目标和实施方案备案的;

(二)未实行能源消费计量制度,或者未区分用能种类、用能系统实行能源消费分户、分类、分项计量,并对能源消耗状况进行实时监测的;

(三)未指定专人负责能源消费统计,或者未如实记录能源消费计量原始数据,建立统计台账的;

(四)未按照要求报送上一年度能源消费状况报告的;

(五)超过能源消耗定额使用能源,未向本级人民政府管理机关事务工作的机构作出说明的;

(六)未设立能源管理岗位,或者未在重点用能系统、设备操作岗位配备专业技术人员的;

(七)未按照规定进行能源审计,或者未根据审计结果采取提高能源利用效率的措施的;

(八)拒绝、阻碍节能监督检查的。

第三十八条　公共机构不执行节能产品、设备政府采购名录,未按照国家有关强制采购或者优先采购的规定采购列入节能产品、设备政府采购名录中的产品、设备,或者采购国家明令淘汰的用能产品、设备的,由政府采购监督管理部门给予警告,可以并处罚款;对直接负责的主管人员和其他直接责任人员依法给予处分,并予通报。

第三十九条　负责审批或者核准固定资产投资项目的部门对未通过节能评估和审查的公共机构建设项目予以批准或者核准的,对直接负责的主管人员和其他直接责任人员依法给予处分。

公共机构开工建设未通过节能评估和审查的建设项目的,由有关机关依法责令限期整改;对直接负责的主管人员和其他直接责任人员依法给予处分。

第四十条　公共机构违反规定超标准、超编制购置公务用车或者拒不报废高耗能、高污染车辆的,对直接负责的主管人员和其他直接责任人员依法给予处分,并由本级人民政府管理机关事务工作的机构依照有关规定,对车辆采取收回、拍卖、责令退还等方式处理。

第四十一条　公共机构违反规定用能造成能源浪费的,由本级人民政府管理机关事务工作的机构会同有关部门下达节能整改意见书,公共机构应当及时予以落实。

第四十二条　管理机关事务工作的机构的工作人员在公共机构节能监督管理中滥用职权、玩忽职守、徇私舞弊,构成犯罪的,依法追究刑事责任;尚不构成犯罪的,依法给予处分。

第六章　附　　则

第四十三条　本条例自 2008 年 10 月 1 日起施行。

国务院法制办负责人就
《公共机构节能条例》答记者问

2008年8月1日,国务院总理温家宝签署国务院令,公布了《公共机构节能条例》(以下简称条例),条例将于2008年10月1日起施行。日前,国务院法制办负责人就条例的有关问题回答了记者提问。

问:为什么要专门制定关于公共机构节能的行政法规?

答:公共机构节能,是节能工作的重要组成部分。推行公共机构节能,是贯彻落实科学发展观,加快建设资源节约型、环境友好型社会的重要举措,也是公共机构加强自身建设、树立良好社会形象的必然要求。同时,公共机构带头节能,对于增强全体国民的节能意识,在全社会形成节能的良好氛围,具有积极的导向和示范作用。

近年来,各级政府及有关部门积极开展公共机构节能工作,取得了明显成效。但是,从总体上看,公共机构能耗总量偏大、能耗增长速度较快、能源利用效率不高的状况还没有根本扭转。因此,必须采取更加有效的措施,进一步加大公共机构节能的力度,切实提高公共机构节能工作的水平。国务院制定这个条例,目的就在于将公共机构节能工作规范化、制度化,通过法律手段推动公共机构节能,提高公共机构能源利用效率,充分发挥公共机构在全社会节能中的表率作用,开创公共机构节能工作的新局面。

问:制定条例的总体思路和遵循的主要原则是什么?

答：制定条例的总体思路是：根据节约能源法有关公共机构节能的规定，总结近年来开展国家机关节能工作的实践经验，从公共机构用能的实际情况和特点出发，以提高公共机构能源利用效率为核心，有针对性地细化节约能源法的有关规定，特别是要健全公共机构节能管理体制，明确部门职责，完善公共机构节能管理制度和节能措施。条例的制定主要遵循了三项原则：一是，有关制度和措施相对从严，以促使公共机构节能真正走在全社会的前列，充分发挥其在全社会节能工作中的模范带头作用。二是，注重制度和措施的实效性和可操作性，确保各项规定明确、具体、有力，同时又切实可行，便于操作。三是，坚持约束与激励相结合，既明确规定公共机构节能的法定责任和义务，又确立节奖超罚的激励措施，增强公共机构节能的自觉性和积极性。

问：条例对公共机构节能确定了什么样的管理体制？

答：为了有效地贯彻实施节约能源法关于公共机构节能的规定，进一步明确有关部门在公共机构节能工作中的职责，使公共机构节能工作切实做到有人抓、有人管，草案分三个层次规定了既有统一监督管理，又有相互协调配合的公共机构节能管理体制：一是，国务院管理节能工作的部门主管全国的公共机构节能监督管理工作，国务院管理机关事务工作的机构在国务院管理节能工作的部门指导下，负责推进、指导、协调、监督全国的公共机构节能工作。二是，国务院和县级以上地方各级人民政府管理机关事务工作的机构在同级管理节能工作的部门指导下，负责本级公共机构节能的监督管理工作。三是，教育、科技、文化、卫生、体育等系统各级主管部门应当在同级管理机关事务工作的机构指导下，开展本级系统内公共机构节能工作。

问：条例对公共机构节能规划的制定和组织实施作了哪些规定？

答：制定和组织实施好公共机构节能规划，对于规范和引导公共机构节能工作，增强公共机构节能工作的预见性、科学性，保证公共机构节能工作持续、有效开展,具有非常重要的作用。因此,条例首先明确规定了公共机构节能规划的制定主体、制定依据以及应当包括的主要内容,即:公共机构节能规划由国务院和县级以上地方各级人民政府管理机关事务工作的机构会同同级有关部门,根据本级人民政府节能中长期专项规划制定。公共机构节能规划应当包括指导思想和原则、用能现状和问题、节能目标和指标、节能重点环节、实施主体、保障措施等方面的内容。为保障公共机构节能规划的实施,条例还明确规定国务院和县级以上地方各级人民政府管理机关事务工作的机构应当将公共机构节能规划确定的节能目标和指标,按年度分解落实到本级公共机构。公共机构应当结合本单位用能特点和上一年度用能状况,制定年度节能目标和实施方案,有针对性地采取节能管理或者节能改造措施,保证节能目标的完成。年度节能目标和实施方案应当报本级人民政府管理机关事务工作的机构备案。

问:条例对公共机构节能规定了哪些基本管理制度?

答:针对当前公共机构节能工作中存在的责任不明晰、规章制度不健全、能耗底数不清、监督和约束不力等问题,条例规定了八个方面的基本管理制度:

一是,明确规定公共机构负责人对本单位节能工作全面负责。公共机构的节能工作实行目标责任制和考核评价制度,节能目标完成情况作为对公共机构负责人考核评价的依据。

二是,规定公共机构应当建立、健全本单位节能管理的规章制度。

三是,规定公共机构应当实行能源消费计量制度,区分用能种类、用能系统实行能源消费分户、分类、分项计量,并加强对本单位能源消耗状况的实时监测,及时发现、纠正用能浪费现象。

四是,规定公共机构应当指定专人负责能源消费统计,如实记录能源消费计量原始数据,建立统计台账,并于每年3月31日前向本级人民政府管理机关事务工作的机构报送上一年度能源消费状况报告。

五是,规定公共机构应当在有关部门制定的能源消耗定额范围内使用能源,加强能源消耗支出管理;超过能源消耗定额使用能源的,应当向本级人民政府管理机关事务工作的机构作出说明。

六是,明确规定公共机构应当优先采购列入节能产品、设备政府采购名录和环境标志产品政府采购名录中的产品、设备,不得采购国家明令淘汰的用能产品、设备。

七是,规定公共机构新建建筑和既有建筑维修改造应当严格执行国家有关建筑节能设计、施工、调试、竣工验收等方面的规定和标准。公共机构的建设项目应当通过节能评估和审查。

八是,实行能源审计制度,规定公共机构应当对本单位用能系统、设备的运行及能源使用情况进行技术和经济性评价,并根据审计结果采取提高能源利用效率的措施。

问:关于公共机构节能的具体措施,条例作了哪些规定?

答:针对公共机构用能的实际情况和特点,条例从七个方面规定了公共机构节能的具体措施:

一是,规定公共机构应当加强用能系统和设备运行调节、维护保养和巡视检查,推行低成本、无成本节能措施。

二是,规定公共机构应当设置能源管理岗位,实行能源管理岗位责任制,并在重点用能系统、设备的操作岗位上配备专业技术人员。

三是,鼓励公共机构采用合同能源管理方式,委托节能服务机构进行节能诊断、设计、融资、改造和运行管理。

四是,规定公共机构选择物业服务企业应当考虑其节能管理能力,并在物业服务合同中载明节能管理的目标和要求。

五是,规定公共机构实施节能改造应当进行能源审计和投资收益分析,并在节能改造后采用计量方式对节能指标进行考核和综合评价。

六是,规定了公共机构办公设备、空调、电梯、照明等用能系统和设备以及网络机房、食堂、锅炉房等重点用能部位的节能运行规范。

七是,规定公共机构的公务用车应当按照标准配备,并严格执行车辆报废制度,推行单车能耗核算制度。

问:如何保障公共机构节能的管理制度和各项措施得以落实?

答:保障条例规定的各项制度和措施切实得以落实,必须加强监督检查。因此,条例规定国务院和县级以上地方各级人民政府管理机关事务工作的机构应当会同有关部门加强对本级公共机构节能情况的监督检查,并明确规定了监督检查的内容。特别是,为增强监督检查的实效,条例规定对节能规章制度不健全、超过能源消耗定额使用能源情况严重的公共机构应当进行重点监督检查。

考虑到公共机构全部或者部分使用财政性资金,有的公共机构本身还负责政策的制定和监督执行,不同于一般的行政管理相对人。因此,条例对公共机构的违法行为,包括未建立节能管理规章制度、未制定年度节能目标和实施方案、未实行能源消费计量制度等,规定了责令限期改正、下达节能整改意见书、予以通报以及对有关责任人员给予处分等非经济性处理措施,并将这些措施与监督检查的内容一起作为监督与保障措施作了规定,没有设"法律责任"一章。同时,条例对公共机构违反节约能源法的有关行为应当承担的法律责任作了衔接性规定。

(中国政府网 2008 年 8 月 11 日)

中华人民共和国国务院令

第 532 号

　　《中华人民共和国外汇管理条例》已经 2008 年 8 月 1 日国务院第 20 次常务会议修订通过，现将修订后的《中华人民共和国外汇管理条例》公布，自公布之日起施行。

总理　**温家宝**

二〇〇八年八月五日

中华人民共和国外汇管理条例

(1996 年 1 月 29 日中华人民共和国国务院令第 193 号发布
　根据 1997 年 1 月 14 日《国务院关于修改〈中华人民共和
国外汇管理条例〉的决定》修订　2008 年 8 月 1 日国务院
第 20 次常务会议修订通过)

第一章　总　则

第一条　为了加强外汇管理,促进国际收支平衡,促进国民经济健康发展,制定本条例。

第二条　国务院外汇管理部门及其分支机构(以下统称外汇管理机关)依法履行外汇管理职责,负责本条例的实施。

第三条　本条例所称外汇,是指下列以外币表示的可以用作国际清偿的支付手段和资产:

(一)外币现钞,包括纸币、铸币;

(二)外币支付凭证或者支付工具,包括票据、银行存款凭证、银行卡等;

(三)外币有价证券,包括债券、股票等;

(四)特别提款权;

(五)其他外汇资产。

第四条　境内机构、境内个人的外汇收支或者外汇经营活动,以及境外机构、境外个人在境内的外汇收支或者外汇经营活动,适用本条例。

第五条 国家对经常性国际支付和转移不予限制。

第六条 国家实行国际收支统计申报制度。

国务院外汇管理部门应当对国际收支进行统计、监测,定期公布国际收支状况。

第七条 经营外汇业务的金融机构应当按照国务院外汇管理部门的规定为客户开立外汇账户,并通过外汇账户办理外汇业务。

经营外汇业务的金融机构应当依法向外汇管理机关报送客户的外汇收支及账户变动情况。

第八条 中华人民共和国境内禁止外币流通,并不得以外币计价结算,但国家另有规定的除外。

第九条 境内机构、境内个人的外汇收入可以调回境内或者存放境外;调回境内或者存放境外的条件、期限等,由国务院外汇管理部门根据国际收支状况和外汇管理的需要作出规定。

第十条 国务院外汇管理部门依法持有、管理、经营国家外汇储备,遵循安全、流动、增值的原则。

第十一条 国际收支出现或者可能出现严重失衡,以及国民经济出现或者可能出现严重危机时,国家可以对国际收支采取必要的保障、控制等措施。

第二章 经常项目外汇管理

第十二条 经常项目外汇收支应当具有真实、合法的交易基础。经营结汇、售汇业务的金融机构应当按照国务院外汇管理部门的规定,对交易单证的真实性及其与外汇收支的一致性进行合理审查。

外汇管理机关有权对前款规定事项进行监督检查。

第十三条 经常项目外汇收入,可以按照国家有关规定保留或者卖给经营结汇、售汇业务的金融机构。

第十四条 经常项目外汇支出,应当按照国务院外汇管理部门关于付汇与购汇的管理规定,凭有效单证以自有外汇支付或者向经营结汇、售汇业务的金融机构购汇支付。

第十五条 携带、申报外币现钞出入境的限额,由国务院外汇管理部门规定。

第三章 资本项目外汇管理

第十六条 境外机构、境外个人在境内直接投资,经有关主管部门批准后,应当到外汇管理机关办理登记。

境外机构、境外个人在境内从事有价证券或者衍生产品发行、交易,应当遵守国家关于市场准入的规定,并按照国务院外汇管理部门的规定办理登记。

第十七条 境内机构、境内个人向境外直接投资或者从事境外有价证券、衍生产品发行、交易,应当按照国务院外汇管理部门的规定办理登记。国家规定需要事先经有关主管部门批准或者备案的,应当在外汇登记前办理批准或者备案手续。

第十八条 国家对外债实行规模管理。借用外债应当按照国家有关规定办理,并到外汇管理机关办理外债登记。

国务院外汇管理部门负责全国的外债统计与监测,并定期公布外债情况。

第十九条 提供对外担保,应当向外汇管理机关提出申请,由外汇管理机关根据申请人的资产负债等情况作出批准或者不批准的决定;国家规定其经营范围需经有关主管部门批准的,应当在向外汇管理机关提出申请前办理批准手续。申请人签订对外担保合同后,应当到外汇管理机关办理对外担保登记。

经国务院批准为使用外国政府或者国际金融组织贷款进行转贷

提供对外担保的,不适用前款规定。

第二十条　银行业金融机构在经批准的经营范围内可以直接向境外提供商业贷款。其他境内机构向境外提供商业贷款,应当向外汇管理机关提出申请,外汇管理机关根据申请人的资产负债等情况作出批准或者不批准的决定;国家规定其经营范围需经有关主管部门批准的,应当在向外汇管理机关提出申请前办理批准手续。

向境外提供商业贷款,应当按照国务院外汇管理部门的规定办理登记。

第二十一条　资本项目外汇收入保留或者卖给经营结汇、售汇业务的金融机构,应当经外汇管理机关批准,但国家规定无需批准的除外。

第二十二条　资本项目外汇支出,应当按照国务院外汇管理部门关于付汇与购汇的管理规定,凭有效单证以自有外汇支付或者向经营结汇、售汇业务的金融机构购汇支付。国家规定应当经外汇管理机关批准的,应当在外汇支付前办理批准手续。

依法终止的外商投资企业,按照国家有关规定进行清算、纳税后,属于外方投资者所有的人民币,可以向经营结汇、售汇业务的金融机构购汇汇出。

第二十三条　资本项目外汇及结汇资金,应当按照有关主管部门及外汇管理机关批准的用途使用。外汇管理机关有权对资本项目外汇及结汇资金使用和账户变动情况进行监督检查。

第四章　金融机构外汇业务管理

第二十四条　金融机构经营或者终止经营结汇、售汇业务,应当经外汇管理机关批准;经营或者终止经营其他外汇业务,应当按照职责分工经外汇管理机关或者金融业监督管理机构批准。

第二十五条　外汇管理机关对金融机构外汇业务实行综合头寸

管理,具体办法由国务院外汇管理部门制定。

第二十六条　金融机构的资本金、利润以及因本外币资产不匹配需要进行人民币与外币间转换的,应当经外汇管理机关批准。

第五章　人民币汇率和外汇市场管理

第二十七条　人民币汇率实行以市场供求为基础的、有管理的浮动汇率制度。

第二十八条　经营结汇、售汇业务的金融机构和符合国务院外汇管理部门规定条件的其他机构,可以按照国务院外汇管理部门的规定在银行间外汇市场进行外汇交易。

第二十九条　外汇市场交易应当遵循公开、公平、公正和诚实信用的原则。

第三十条　外汇市场交易的币种和形式由国务院外汇管理部门规定。

第三十一条　国务院外汇管理部门依法监督管理全国的外汇市场。

第三十二条　国务院外汇管理部门可以根据外汇市场的变化和货币政策的要求,依法对外汇市场进行调节。

第六章　监督管理

第三十三条　外汇管理机关依法履行职责,有权采取下列措施:

(一)对经营外汇业务的金融机构进行现场检查;

(二)进入涉嫌外汇违法行为发生场所调查取证;

(三)询问有外汇收支或者外汇经营活动的机构和个人,要求其对与被调查外汇违法事件直接有关的事项作出说明;

(四)查阅、复制与被调查外汇违法事件直接有关的交易单证等

资料;

（五）查阅、复制被调查外汇违法事件的当事人和直接有关的单位、个人的财务会计资料及相关文件,对可能被转移、隐匿或者毁损的文件和资料,可以予以封存;

（六）经国务院外汇管理部门或者省级外汇管理机关负责人批准,查询被调查外汇违法事件的当事人和直接有关的单位、个人的账户,但个人储蓄存款账户除外;

（七）对有证据证明已经或者可能转移、隐匿违法资金等涉案财产或者隐匿、伪造、毁损重要证据的,可以申请人民法院冻结或者查封。

有关单位和个人应当配合外汇管理机关的监督检查,如实说明有关情况并提供有关文件、资料,不得拒绝、阻碍和隐瞒。

第三十四条 外汇管理机关依法进行监督检查或者调查,监督检查或者调查的人员不得少于 2 人,并应当出示证件。监督检查、调查的人员少于 2 人或者未出示证件的,被监督检查、调查的单位和个人有权拒绝。

第三十五条 有外汇经营活动的境内机构,应当按照国务院外汇管理部门的规定报送财务会计报告、统计报表等资料。

第三十六条 经营外汇业务的金融机构发现客户有外汇违法行为的,应当及时向外汇管理机关报告。

第三十七条 国务院外汇管理部门为履行外汇管理职责,可以从国务院有关部门、机构获取所必需的信息,国务院有关部门、机构应当提供。

国务院外汇管理部门应当向国务院有关部门、机构通报外汇管理工作情况。

第三十八条 任何单位和个人都有权举报外汇违法行为。

外汇管理机关应当为举报人保密,并按照规定对举报人或者协助查处外汇违法行为有功的单位和个人给予奖励。

第七章　法律责任

第三十九条　有违反规定将境内外汇转移境外,或者以欺骗手段将境内资本转移境外等逃汇行为的,由外汇管理机关责令限期调回外汇,处逃汇金额30%以下的罚款;情节严重的,处逃汇金额30%以上等值以下的罚款;构成犯罪的,依法追究刑事责任。

第四十条　有违反规定以外汇收付应当以人民币收付的款项,或者以虚假、无效的交易单证等向经营结汇、售汇业务的金融机构骗购外汇等非法套汇行为的,由外汇管理机关责令对非法套汇资金予以回兑,处非法套汇金额30%以下的罚款;情节严重的,处非法套汇金额30%以上等值以下的罚款;构成犯罪的,依法追究刑事责任。

第四十一条　违反规定将外汇汇入境内的,由外汇管理机关责令改正,处违法金额30%以下的罚款;情节严重的,处违法金额30%以上等值以下的罚款。

非法结汇的,由外汇管理机关责令对非法结汇资金予以回兑,处违法金额30%以下的罚款。

第四十二条　违反规定携带外汇出入境的,由外汇管理机关给予警告,可以处违法金额20%以下的罚款。法律、行政法规规定由海关予以处罚的,从其规定。

第四十三条　有擅自对外借款、在境外发行债券或者提供对外担保等违反外债管理行为的,由外汇管理机关给予警告,处违法金额30%以下的罚款。

第四十四条　违反规定,擅自改变外汇或者结汇资金用途的,由外汇管理机关责令改正,没收违法所得,处违法金额30%以下的罚款;情节严重的,处违法金额30%以上等值以下的罚款。

有违反规定以外币在境内计价结算或者划转外汇等非法使用外汇行为的,由外汇管理机关责令改正,给予警告,可以处违法金额

30% 以下的罚款。

第四十五条 私自买卖外汇、变相买卖外汇、倒买倒卖外汇或者非法介绍买卖外汇数额较大的,由外汇管理机关给予警告,没收违法所得,处违法金额 30% 以下的罚款;情节严重的,处违法金额 30% 以上等值以下的罚款;构成犯罪的,依法追究刑事责任。

第四十六条 未经批准擅自经营结汇、售汇业务的,由外汇管理机关责令改正,有违法所得的,没收违法所得,违法所得 50 万元以上的,并处违法所得 1 倍以上 5 倍以下的罚款;没有违法所得或者违法所得不足 50 万元的,处 50 万元以上 200 万元以下的罚款;情节严重的,由有关主管部门责令停业整顿或者吊销业务许可证;构成犯罪的,依法追究刑事责任。

未经批准经营结汇、售汇业务以外的其他外汇业务的,由外汇管理机关或者金融业监督管理机构依照前款规定予以处罚。

第四十七条 金融机构有下列情形之一的,由外汇管理机关责令限期改正,没收违法所得,并处 20 万元以上 100 万元以下的罚款;情节严重或者逾期不改正的,由外汇管理机关责令停止经营相关业务:

(一)办理经常项目资金收付,未对交易单证的真实性及其与外汇收支的一致性进行合理审查的;

(二)违反规定办理资本项目资金收付的;

(三)违反规定办理结汇、售汇业务的;

(四)违反外汇业务综合头寸管理的;

(五)违反外汇市场交易管理的。

第四十八条 有下列情形之一的,由外汇管理机关责令改正,给予警告,对机构可以处 30 万元以下的罚款,对个人可以处 5 万元以下的罚款:

(一)未按照规定进行国际收支统计申报的;

(二)未按照规定报送财务会计报告、统计报表等资料的;

（三）未按照规定提交有效单证或者提交的单证不真实的；

（四）违反外汇账户管理规定的；

（五）违反外汇登记管理规定的；

（六）拒绝、阻碍外汇管理机关依法进行监督检查或者调查的。

第四十九条 境内机构违反外汇管理规定的，除依照本条例给予处罚外，对直接负责的主管人员和其他直接责任人员，应当给予处分；对金融机构负有直接责任的董事、监事、高级管理人员和其他直接责任人员给予警告，处 5 万元以上 50 万元以下的罚款；构成犯罪的，依法追究刑事责任。

第五十条 外汇管理机关工作人员徇私舞弊、滥用职权、玩忽职守，构成犯罪的，依法追究刑事责任；尚不构成犯罪的，依法给予处分。

第五十一条 当事人对外汇管理机关作出的具体行政行为不服的，可以依法申请行政复议；对行政复议决定仍不服的，可以依法向人民法院提起行政诉讼。

第八章 附 则

第五十二条 本条例下列用语的含义：

（一）境内机构，是指中华人民共和国境内的国家机关、企业、事业单位、社会团体、部队等，外国驻华外交领事机构和国际组织驻华代表机构除外。

（二）境内个人，是指中国公民和在中华人民共和国境内连续居住满 1 年的外国人，外国驻华外交人员和国际组织驻华代表除外。

（三）经常项目，是指国际收支中涉及货物、服务、收益及经常转移的交易项目等。

（四）资本项目，是指国际收支中引起对外资产和负债水平发生变化的交易项目，包括资本转移、直接投资、证券投资、衍生产品及贷款等。

第五十三条 非金融机构经营结汇、售汇业务,应当由国务院外汇管理部门批准,具体管理办法由国务院外汇管理部门另行制定。

第五十四条 本条例自公布之日起施行。

国务院法制办、中国人民银行、国家外汇管理局负责人就《外汇管理条例》有关问题答记者问

国务院总理温家宝日前签署国务院令,公布修订后的《中华人民共和国外汇管理条例》,自公布之日起施行。就条例的有关问题,国务院法制办、中国人民银行、国家外汇管理局负责人接受了记者的采访。

问:条例修订的主要背景是什么?

答:根据形势变化及时调整金融法规是国际通行的做法。我国原《外汇管理条例》自1996年1月29日发布和1997年1月14日修订以来,对于促进国际收支平衡、防范金融风险发挥了重要作用。近年来,随着我国经济的快速发展和国际经济形势的深刻变化,外汇管理面临一些新情况、新问题,需要从制度上加以解决。一是,外汇管理改革日益深化,经常项目已实现完全可兑换,企业可自行保留经常项目外汇收入,个人的外汇需求基本得到满足,资本项目可兑换程度不断提高,人民币汇率形成机制进一步完善,需要修订条例以巩固改革成果,并为下一步改革留出余地。二是,我国国际收支形势发生根本性变化,由外汇短缺转为外汇储备增长过快,原条例重在管理外汇流出,需要修订条例以对外汇流入流出实施均衡、规范管理。三是,在我国经济日益国际化、国际资金流动加快的情况下,需要进一步完善跨境资金流动监测体系,建立健全国际收支应急保障制度,以有效

防范风险,提高开放型经济水平。

中国人民银行、国家外汇管理局在深入调研、广泛听取意见的基础上,起草了《外汇管理条例》修订送审稿,报请国务院审议。国务院法制办征求了国务院相关部门以及银行、企业等方面的意见,与中国人民银行、国家外汇管理局等部门共同对送审稿进行了反复研究、修改,报请国务院常务会议审议通过后,现以国务院令公布施行。

问:条例修订遵循了哪些主要原则?

答:一是坚持改革开放的方向,吸收近年来经常项目、资本项目、外汇市场和人民币汇率形成机制等方面的改革成果,并为下一步改革预留政策空间。二是围绕宏观调控的重点,以促进国际收支平衡为目标,对外汇资金流入流出实施均衡、规范管理。三是创造公平竞争的环境,取消内资企业与外资企业之间、国有企业与民营企业之间、机构与个人之间的差别待遇,按交易性质进行监管。四是按照行政管理体制改革和依法行政的要求,进一步完善外汇管理内容、方式等规定,推进贸易投资便利化,加强对行政权力的监督和约束。

问:与原条例相比,新条例主要修订了哪些内容?

答:新条例对原条例作了全面修订。修改后的条例共54条,进一步便利了贸易投资活动,完善了人民币汇率形成机制及金融机构外汇业务管理制度,建立了国际收支应急保障制度,强化了跨境资金流动监测,健全了外汇监管手段和措施,并相应明确了有关法律责任。

一是对外汇资金流入流出实施均衡管理。要求经常项目外汇收支应当具有真实、合法的交易基础,取消外汇收入强制调回境内的要求,允许外汇收入按照规定的条件、期限等调回境内或者存放境外;规范资本项目外汇收入结汇管理,要求资本项目外汇及结汇资金应当按照批准的用途使用,增加对外汇资金非法流入、非法结汇、违反结汇资金流向管理等违法行为的处罚规定;明确外汇管理机关有权对资金流入流出进行监督检查及具体管理职权和程序。

二是完善人民币汇率形成机制及金融机构外汇业务管理。规定人民币汇率实行以市场供求为基础的、有管理的浮动汇率制度;经营结汇、售汇业务的金融机构和符合规定条件的其他机构,按照国务院外汇管理部门的规定在银行间外汇市场进行外汇交易;调整外汇头寸管理方式,对金融机构经营外汇业务实行综合头寸管理。

三是强化对跨境资金流动的监测,建立国际收支应急保障制度。健全国际收支统计申报制度,完善外汇收支信息收集,加强对跨境资金流动的统计、分析与监测;根据世界贸易组织规则,规定国际收支出现或者可能出现严重失衡,以及国民经济出现或者可能出现严重危机时,国家可以对国际收支采取必要的保障、控制等措施。

四是健全外汇监管手段和措施。为保障外汇管理机关依法、有效地履行职责,增加规定了外汇管理机关的监管手段和措施,同时规定了外汇管理机关进行监督检查的程序。

问:条例对经常项目外汇管理是如何规定的?

答:条例总则第五条和第二章是对经常项目外汇管理的主要规范。与原条例相比,新条例大大简化了经常项目外汇收支管理的内容和程序。

条例规定对经常性国际支付和转移不予限制,并进一步便利经常项目外汇收支。取消经常项目外汇收入强制结汇要求,经常项目外汇收入可按规定保留或者卖给金融机构;规定经常项目外汇支出按付汇与购汇的管理规定,凭有效单证以自有外汇支付或者向金融机构购汇支付。

为保证经常项目外汇收支具有真实、合法的交易基础,条例要求办理外汇业务的金融机构应当对交易单证的真实性及其与外汇收支的一致性进行合理审查,同时规定外汇管理机关有权对此进行监督检查,监督检查可以通过核销、核注、非现场数据核对、现场检查等方式进行。

问:条例对资本项目外汇管理是如何规范的?

答:资本项目外汇管理的规范主要集中在条例第三章,是条例修订的重点内容之一。

一是为拓宽资本流出渠道预留政策空间。简化对境外直接投资外汇管理的行政审批,增设境外主体在境内筹资、境内主体对境外证券投资和衍生产品交易、境内主体对外提供商业贷款等交易项目的管理原则。

二是改革资本项目外汇管理方式。除国家规定无需批准的以外,资本项目外汇收入保留或者结汇应当经外汇管理机关批准;资本项目外汇支出国家未规定需事前经外汇管理机关批准的,原则上可以持规定的有效单证直接到金融机构办理,国家规定应当经外汇管理机关批准的,在外汇支付前应当办理批准手续。

三是加强流入资本的用途管理。要求资本项目外汇及结汇后人民币资金应当按照有关主管部门及外汇管理机关批准的用途使用,并授权外汇管理机关对资本项目外汇及结汇后人民币资金的使用和账户变动情况进行监督检查。

问:条例对完善跨境资金流动监测体系有哪些规定?

答:完善跨境资金流动监测,对于掌握外汇收支情况,防范国际金融风险具有重要意义。条例一方面在总则中明确要求国务院外汇管理部门对国际收支进行统计监测,定期公布国际收支状况,另一方面要求金融机构通过外汇账户办理外汇业务,并依法向外汇管理机关报送客户的外汇收支及账户变动情况。有外汇经营活动的境内机构,还应当按照国务院外汇管理部门的规定报送财务会计报告、统计报表等资料。按照条例的上述规定,外汇管理机关可以全方位对跨境资金流动进行监测。同时,建立国务院外汇管理部门与国务院有关部门、机构的监管信息通报机制。

问:条例是如何完善外汇检查手段和法律责任的?

答:为依法行政,保障外汇管理政策有效施行,切实防范国际金融风险,条例明确和细化了外汇管理机关的检查手段和措施,具体包括:外汇管理机关依法履行职责时,有权进行现场检查,进入涉嫌外汇违法行为发生场所调查取证,询问有关当事人,查阅、复制有关交易单证、财务会计资料,封存可能被转移、隐匿或者毁损的文件、资料,查询与被调查外汇违法事件有关的单位和个人的账户(个人储蓄存款账户除外),申请人民法院冻结或者查封涉案财产、重要证据等。当然,外汇管理机关必须按照条例规定的程序实施相关检查,维护当事人合法权益。同时,适应新形势下打击外汇违法行为的需要,条例增加了对资金非法流入、非法结汇、违反结汇资金流向管理、非法携带外汇出入境以及非法介绍买卖外汇等违法行为的处罚规定。

(新华社北京 2008 年 8 月 6 日电)

中华人民共和国国务院令

第 533 号

　　《中华人民共和国畜禽遗传资源进出境和对外合作研究利用审批办法》已经 2008 年 8 月 20 日国务院第 23 次常务会议通过，现予公布，自 2008 年 10 月 1 日起施行。

　　　　　　　　　　　　　　　　　　总理　**温家宝**

　　　　　　　　　　　　　　　　　　二〇〇八年八月二十八日

中华人民共和国畜禽遗传资源进出境和
对外合作研究利用审批办法

第一条 为了加强对畜禽遗传资源进出境和对外合作研究利用的管理,保护和合理利用畜禽遗传资源,防止畜禽遗传资源流失,促进畜牧业持续健康发展,根据《中华人民共和国畜牧法》,制定本办法。

第二条 从境外引进畜禽遗传资源,向境外输出或者在境内与境外机构、个人合作研究利用列入畜禽遗传资源保护名录的畜禽遗传资源,应当遵守《中华人民共和国畜牧法》,并依照本办法的规定办理审批手续。

第三条 本办法所称畜禽,是指列入依照《中华人民共和国畜牧法》第十一条规定公布的畜禽遗传资源目录的畜禽。

本办法所称畜禽遗传资源,是指畜禽及其卵子(蛋)、胚胎、精液、基因物质等遗传材料。

第四条 从境外引进畜禽遗传资源,应当具备下列条件:

(一)引进的目的明确、用途合理;

(二)符合畜禽遗传资源保护和利用规划;

(三)引进的畜禽遗传资源来自非疫区;

(四)符合进出境动植物检疫和农业转基因生物安全的有关规定,不对境内畜禽遗传资源和生态环境安全构成威胁。

第五条 拟从境外引进畜禽遗传资源的单位,应当向其所在地的省、自治区、直辖市人民政府畜牧兽医行政主管部门提出申请,并提交畜禽遗传资源买卖合同或者赠与协议。

引进种用畜禽遗传资源的,还应当提交下列资料:

(一)种畜禽生产经营许可证;

(二)出口国家或者地区法定机构出具的种畜系谱或者种禽代次证明;

(三)首次引进的,同时提交种用畜禽遗传资源的产地、分布、培育过程、生态特征、生产性能、群体存在的主要遗传缺陷和特有疾病等资料。

第六条 向境外输出列入畜禽遗传资源保护名录的畜禽遗传资源,应当具备下列条件:

(一)用途明确;

(二)符合畜禽遗传资源保护和利用规划;

(三)不对境内畜牧业生产和畜禽产品出口构成威胁;

(四)国家共享惠益方案合理。

第七条 拟向境外输出列入畜禽遗传资源保护名录的畜禽遗传资源的单位,应当向其所在地的省、自治区、直辖市人民政府畜牧兽医行政主管部门提出申请,并提交下列资料:

(一)畜禽遗传资源买卖合同或者赠与协议;

(二)与境外进口方签订的国家共享惠益方案。

第八条 在境内与境外机构、个人合作研究利用列入畜禽遗传资源保护名录的畜禽遗传资源,应当具备下列条件:

(一)研究目的、范围和合作期限明确;

(二)符合畜禽遗传资源保护和利用规划;

(三)知识产权归属明确、研究成果共享方案合理;

(四)不对境内畜禽遗传资源和生态环境安全构成威胁;

(五)国家共享惠益方案合理。

在境内与境外机构、个人合作研究利用畜禽遗传资源的单位,应当是依法取得法人资格的中方教育科研机构、中方独资企业。

第九条 拟在境内与境外机构、个人合作研究利用列入畜禽遗传资源保护名录的畜禽遗传资源的单位,应当向其所在地的省、自治区、直辖市人民政府畜牧兽医行政主管部门提出申请,并提交下列资料:

(一)项目可行性研究报告;

(二)合作研究合同;

(三)与境外合作者签订的国家共享惠益方案。

第十条 禁止向境外输出或者在境内与境外机构、个人合作研究利用我国特有的、新发现未经鉴定的畜禽遗传资源以及国务院畜牧兽医行政主管部门禁止出口的其他畜禽遗传资源。

第十一条 省、自治区、直辖市人民政府畜牧兽医行政主管部门,应当自收到畜禽遗传资源引进、输出或者对外合作研究利用申请之日起20个工作日内完成审核工作,并将审核意见和申请资料报国务院畜牧兽医行政主管部门审批。

第十二条 国务院畜牧兽医行政主管部门,应当自收到畜禽遗传资源引进、输出或者对外合作研究利用审核意见和申请资料之日起20个工作日内,对具备本办法第四条、第六条、第八条规定条件的,签发审批表;对不具备条件的,书面通知申请人,并说明理由。其中,对输出或者在境内与境外机构、个人合作研究利用列入畜禽遗传资源保护名录的畜禽遗传资源,或者首次引进畜禽遗传资源的,国务院畜牧兽医行政主管部门应当自收到审核意见和申请资料之日起3个工作日内,将审核意见和申请资料送国家畜禽遗传资源委员会评估或者评审。评估或者评审时间不计入审批期限。

第十三条 国务院畜牧兽医行政主管部门在20个工作日内不能做出审批决定的,经本部门负责人批准,可以延长10个工作日。延长期限的理由应当告知申请人。

第十四条 畜禽遗传资源引进、输出审批表的有效期为6个月;

需要延续的,申请人应当在有效期届满10个工作日前向原审批机关申请延续。延续期不得超过3个月。

第十五条 从境外引进畜禽遗传资源、向境外输出列入畜禽遗传资源保护名录的畜禽遗传资源的单位,凭审批表办理检疫手续。海关凭出入境检验检疫部门出具的进出境货物通关单办理验放手续。从境外引进畜禽遗传资源、向境外输出列入畜禽遗传资源保护名录的畜禽遗传资源的单位,应当自海关放行之日起10个工作日内,将实际引进、输出畜禽遗传资源的数量报国务院畜牧兽医行政主管部门备案。国务院畜牧兽医行政主管部门应当定期将有关资料抄送国务院环境保护行政主管部门。

第十六条 在对外合作研究利用过程中需要更改研究目的和范围、合作期限、知识产权归属、研究成果共享方案或者国家共享惠益方案的,在境内与境外机构、个人合作研究利用列入畜禽遗传资源保护名录的畜禽遗传资源的单位,应当按照原申请程序重新办理审批手续。

第十七条 省、自治区、直辖市人民政府畜牧兽医行政主管部门应当对引进的畜禽遗传资源进行跟踪评价,组织专家对引进的畜禽遗传资源的生产性能、健康状况、适应性以及对生态环境和本地畜禽遗传资源的影响等进行测定、评估,并及时将测定、评估结果报国务院畜牧兽医行政主管部门。

发现引进的畜禽遗传资源对境内畜禽遗传资源、生态环境有危害或者可能产生危害的,国务院畜牧兽医行政主管部门应当商有关主管部门,采取相应的安全控制措施。

第十八条 在境内与境外机构、个人合作研究利用列入畜禽遗传资源保护名录的畜禽遗传资源的单位,应当于每年12月31日前,将合作研究利用畜禽遗传资源的情况报所在地的省、自治区、直辖市人民政府畜牧兽医行政主管部门。省、自治区、直辖市人民政府畜牧兽医行政主管部门应当对合作研究利用情况提出审核意见,一并报国务院畜牧兽医行政主管部门备案。

第十九条 与畜禽遗传资源引进、输出和对外合作研究利用的单位以及与境外机构或者个人有利害关系的人员,不得参与对有关申请的评估、评审以及对进境畜禽遗传资源的测定、评估工作。

第二十条 我国的畜禽遗传资源信息,包括重要的畜禽遗传家系和特定地区遗传资源及其数据、资料、样本等,未经国务院畜牧兽医行政主管部门许可,任何单位或者个人不得向境外机构和个人转让。

第二十一条 畜牧兽医行政主管部门工作人员在畜禽遗传资源引进、输出和对外合作研究利用审批过程中玩忽职守、滥用职权、徇私舞弊的,依法给予处分;构成犯罪的,依法追究刑事责任。

第二十二条 依照本办法的规定参与评估、评审、测定的专家,利用职务上的便利收取他人财物或者谋取其他利益,或者出具虚假意见的,没收违法所得,依法给予处分;构成犯罪的,依法追究刑事责任。

第二十三条 申请从境外引进畜禽遗传资源,向境外输出或者在境内与境外机构、个人合作研究利用列入畜禽遗传资源保护名录的畜禽遗传资源的单位,隐瞒有关情况或者提供虚假资料的,由省、自治区、直辖市人民政府畜牧兽医行政主管部门给予警告,3年内不再受理该单位的同类申请。

第二十四条 以欺骗、贿赂等不正当手段取得批准从境外引进畜禽遗传资源,向境外输出或者在境内与境外机构、个人合作研究利用列入畜禽遗传资源保护名录的畜禽遗传资源的,由国务院畜牧兽医行政主管部门撤销批准决定,没收有关畜禽遗传资源和违法所得,并处以1万元以上5万元以下罚款,10年内不再受理该单位的同类申请;构成犯罪的,依法追究刑事责任。

第二十五条 未经审核批准,从境外引进畜禽遗传资源,或者在境内与境外机构、个人合作研究利用列入畜禽遗传资源保护名录的畜禽遗传资源,或者在境内与境外机构、个人合作研究利用未经国家畜禽遗传资源委员会鉴定的新发现的畜禽遗传资源的,依照《中华人民共和国畜牧法》的有关规定追究法律责任。

第二十六条　未经审核批准,向境外输出列入畜禽遗传资源保护名录的畜禽遗传资源的,依照《中华人民共和国海关法》的有关规定追究法律责任。海关应当将扣留的畜禽遗传资源移送省、自治区、直辖市人民政府畜牧兽医行政主管部门处理。

第二十七条　向境外输出或者在境内与境外机构、个人合作研究利用列入畜禽遗传资源保护名录的畜禽遗传资源,违反国家保密规定的,依照《中华人民共和国保守国家秘密法》的有关规定追究法律责任。

第二十八条　本办法自 2008 年 10 月 1 日起施行。

国务院法制办负责人就《中华人民共和国畜禽遗传资源进出境和对外合作研究利用审批办法》答记者问

日前,国务院通过了《中华人民共和国畜禽遗传资源进出境和对外合作研究利用审批办法》,《办法》于 2008 年 10 月 1 日起正式施行。为准确理解《办法》精神,记者采访了国务院法制办公室负责人。

问:为什么要制定《办法》?

答:改革开放以来,我国从国外引进了大量的畜禽遗传资源,同时也开展了畜禽遗传资源的对外合作研究利用,成功培育了一批生产性能较高的畜禽良种。为了保护和合理利用畜禽遗传资源,《中华人民共和国畜牧法》专设"畜禽遗传资源保护"一章,对畜禽遗传资源的保护和利用规划、畜禽遗传资源的鉴定和评估、保护名录的制定、保种场和保护区及基因库的建立、遗传材料的采集和更新、新发现品种的保护方案与措施及审定,以及畜禽遗传资源进出境和对外合作研究利用审批等作了规定,并明确规定畜禽遗传资源的进出境和对外合作研究利用的审批办法由国务院制定。据此,国务院制定了本《办法》。

问:从境外引进畜禽遗传资源、向境外输出畜禽遗传资源以及在境内与境外机构、个人合作研究利用畜禽遗传资源,《办法》规定了哪些条件?

答:从境外引进畜禽遗传资源,应当目的明确、用途合理,符合畜禽遗传资源保护和利用规划,引进的畜禽遗传资源来自非疫区,符合进出境动植物检疫和农业转基因生物安全的规定,并且不对境内畜禽遗传资源和生态环境安全构成威胁。

向境外输出列入畜禽遗传资源保护名录的畜禽遗传资源,除用途明确、符合畜禽遗传资源保护和利用规划外,还应当有合理的国家共享惠益方案,并且不对境内畜牧业生产和畜禽产品出口构成威胁。

在境内与境外机构、个人合作研究利用列入畜禽遗传资源保护名录的畜禽遗传资源,要符合畜禽遗传资源保护和利用规划,有合理的国家共享惠益方案,有明确的研究目的、范围和合作期限以及明确的知识产权归属、合理的研究成果共享方案,还不能对境内畜禽遗传资源和生态环境安全构成威胁。

问:从境外引进畜禽遗传资源、向境外输出畜禽遗传资源或者在境内与境外机构、个人合作研究利用畜禽遗传资源的审批程序是什么?

答:依照《中华人民共和国畜牧法》和《中华人民共和国行政许可法》的规定,《办法》规定:

一是,拟引进畜禽遗传资源、输出或者在境内与境外机构、个人合作研究利用列入畜禽遗传资源保护名录的畜禽遗传资源的,应当向其所在地的省级人民政府畜牧兽医行政主管部门提出申请。

二是,省级人民政府畜牧兽医行政主管部门,自收到申请之日起20个工作日内,应当将审核意见和申请资料报国务院畜牧兽医行政主管部门审批。

三是,国务院畜牧兽医行政主管部门,自收到省里报送的审核意见和转报的申请资料之日起20个工作日内,作出审批决定。其中,对输出或者在境内与境外机构、个人合作研究利用列入畜禽遗传资源保护名录的畜禽遗传资源,或者首次引进畜禽遗传资源的,审批前应当将审核意见和申请资料送国家畜禽遗传资源委员会评估或者评审。

问：对于违反《办法》的行为，《办法》规定了哪些法律责任？

答：为使各项制度得到落实，《办法》设定了以下法律责任：

一是，畜牧兽医行政主管部门工作人员在审批过程中玩忽职守、滥用职权、徇私舞弊的，依法给予处分；构成犯罪的，依法追究刑事责任。

二是，参与评估、评审、测定的专家，利用职务上的便利收取他人财物或者谋取其他利益，或者出具虚假意见的，没收违法所得，依法给予处分；构成犯罪的，依法追究刑事责任。

三是，申请引进、输出或者对外合作研究利用畜禽遗传资源的单位，隐瞒有关情况、提供虚假资料的，给予警告，3 年内不再受理其同类申请。以欺骗、贿赂等不正当手段取得批准的，撤销批准决定，没收有关畜禽遗传资源和违法所得，处以罚款，10 年内不再受理其同类申请；构成犯罪的，依法追究刑事责任。

四是，未经审核批准，引进、输出或者对外合作研究利用畜禽遗传资源的，依照畜牧法和海关法的规定，处以没收畜禽遗传资源和违法所得、罚款等处罚。

（中国政府网 2008 年 9 月 4 日）

中华人民共和国国务院令

第 534 号

现公布《国务院关于修改〈外商投资电信企业管理规定〉的决定》,自公布之日起施行。

总理　**温家宝**

二〇〇八年九月十日

国务院关于修改《外商投资电信
企业管理规定》的决定

　　为了适应我国电信行业对外开放的需要,促进我国通信业的发展,国务院决定对《外商投资电信企业管理规定》做如下修改:

　　一、将第四条、第六条、第八条、第十一条、第十三条、第十五条、第十七条到第二十一条中的"国务院信息产业主管部门"修改为"国务院工业和信息化主管部门"。

　　二、将第五条修改为:

　　"外商投资电信企业的注册资本应当符合下列规定:

　　"(一)经营全国的或者跨省、自治区、直辖市范围的基础电信业务的,其注册资本最低限额为10亿元人民币;经营增值电信业务的,其注册资本最低限额为1000万元人民币;

　　"(二)经营省、自治区、直辖市范围内的基础电信业务的,其注册资本最低限额为1亿元人民币;经营增值电信业务的,其注册资本最低限额为100万元人民币。"

　　三、将第十一条、第十四条中的"项目建议书"修改为"项目申请报告",删去第十一条、第十三条中"可行性研究报告"的表述。

　　四、删去第十二条。

　　五、删去第十四条第二款。

　　六、将第十五条中的"国务院计划主管部门或者国务院经济综合管理部门审批"修改为"国务院发展改革部门核准"。

七、将第十六条、第十九条、第二十条、第二十一条中的"对外经济贸易主管部门"修改为"商务主管部门"。

八、删去第二十三条。

根据以上修改,对条文的顺序做相应调整。

本决定自公布之日起施行。

《外商投资电信企业管理规定》根据本决定做相应修改,重新公布。

外商投资电信企业管理规定

(2001 年 12 月 11 日中华人民共和国国务院令第 333 号公布　根据 2008 年 9 月 10 日《国务院关于修改〈外商投资电信企业管理规定〉的决定》修订)

第一条　为了适应电信业对外开放的需要,促进电信业的发展,根据有关外商投资的法律、行政法规和《中华人民共和国电信条例》(以下简称电信条例),制定本规定。

第二条　外商投资电信企业,是指外国投资者同中国投资者在中华人民共和国境内依法以中外合资经营形式,共同投资设立的经营电信业务的企业。

第三条　外商投资电信企业从事电信业务经营活动,除必须遵守本规定外,还必须遵守电信条例和其他有关法律、行政法规的规定。

第四条　外商投资电信企业可以经营基础电信业务、增值电信业务,具体业务分类依照电信条例的规定执行。

外商投资电信企业经营业务的地域范围,由国务院工业和信息化主管部门按照有关规定确定。

第五条　外商投资电信企业的注册资本应当符合下列规定:

(一)经营全国的或者跨省、自治区、直辖市范围的基础电信业务的,其注册资本最低限额为 10 亿元人民币;经营增值电信业务的,

其注册资本最低限额为 1000 万元人民币;

（二）经营省、自治区、直辖市范围内的基础电信业务的,其注册资本最低限额为 1 亿元人民币;经营增值电信业务的,其注册资本最低限额为 100 万元人民币。

第六条 经营基础电信业务（无线寻呼业务除外）的外商投资电信企业的外方投资者在企业中的出资比例,最终不得超过 49%。

经营增值电信业务（包括基础电信业务中的无线寻呼业务）的外商投资电信企业的外方投资者在企业中的出资比例,最终不得超过 50%。

外商投资电信企业的中方投资者和外方投资者在不同时期的出资比例,由国务院工业和信息化主管部门按照有关规定确定。

第七条 外商投资电信企业经营电信业务,除应当符合本规定第四条、第五条、第六条规定的条件外,还应当符合电信条例规定的经营基础电信业务或者经营增值电信业务应当具备的条件。

第八条 经营基础电信业务的外商投资电信企业的中方主要投资者应当符合下列条件:

（一）是依法设立的公司;

（二）有与从事经营活动相适应的资金和专业人员;

（三）符合国务院工业和信息化主管部门规定的审慎的和特定行业的要求。

前款所称外商投资电信企业的中方主要投资者,是指在全体中方投资者中出资数额最多且占中方全体投资者出资总额的 30% 以上的出资者。

第九条 经营基础电信业务的外商投资电信企业的外方主要投资者应当符合下列条件:

（一）具有企业法人资格;

（二）在注册的国家或者地区取得基础电信业务经营许可证;

（三）有与从事经营活动相适应的资金和专业人员;

（四）有从事基础电信业务的良好业绩和运营经验。

前款所称外商投资电信企业的外方主要投资者，是指在外方全体投资者中出资数额最多且占全体外方投资者出资总额的 30% 以上的出资者。

第十条　经营增值电信业务的外商投资电信企业的外方主要投资者应当具有经营增值电信业务的良好业绩和运营经验。

第十一条　设立经营基础电信业务或者跨省、自治区、直辖市范围增值电信业务的外商投资电信企业，由中方主要投资者向国务院工业和信息化主管部门提出申请并报送下列文件：

（一）项目申请报告；

（二）本规定第八条、第九条、第十条规定的合营各方投资者的资格证明或者有关确认文件；

（三）电信条例规定的经营基础电信业务或者增值电信业务应当具备的其他条件的证明或者确认文件。

国务院工业和信息化主管部门应当自收到申请之日起对前款规定的有关文件进行审查。属于基础电信业务的，应当在 180 日内审查完毕，作出批准或者不予批准的决定；属于增值电信业务的，应当在 90 日内审查完毕，作出批准或者不予批准的决定。予以批准的，颁发《外商投资经营电信业务审定意见书》；不予批准的，应当书面通知申请人并说明理由。

第十二条　设立外商投资电信企业经营省、自治区、直辖市范围内增值电信业务，由中方主要投资者向省、自治区、直辖市电信管理机构提出申请并报送下列文件：

（一）本规定第十条规定的资格证明或者有关确认文件；

（二）电信条例规定的经营增值电信业务应当具备的其他条件的证明或者确认文件。

省、自治区、直辖市电信管理机构应当自收到申请之日起 60 日内签署意见。同意的，转报国务院工业和信息化主管部门；不同意的,应当书面通知申请人并说明理由。

国务院工业和信息化主管部门应当自收到省、自治区、直辖市电信管理机构签署同意的申请文件之日起 30 日内审查完毕,作出批准或者不予批准的决定。予以批准的,颁发《外商投资经营电信业务审定意见书》;不予批准的,应当书面通知申请人并说明理由。

第十三条 外商投资电信企业项目申请报告的主要内容包括:合营各方的名称和基本情况、拟设立企业的投资总额、注册资本、各方出资比例、申请经营的业务种类、合营期限等。

第十四条 设立外商投资电信企业,按照国家有关规定,其投资项目需要经国务院发展改革部门核准的,国务院工业和信息化主管部门应当在颁发《外商投资经营电信业务审定意见书》前,将申请材料转送国务院发展改革部门核准。转送国务院发展改革部门核准的,本规定第十一条、第十二条规定的审批期限可以延长 30 日。

第十五条 设立外商投资电信企业,属于经营基础电信业务或者跨省、自治区、直辖市范围增值电信业务的,由中方主要投资者凭《外商投资经营电信业务审定意见书》向国务院商务主管部门报送拟设立外商投资电信企业的合同、章程;属于经营省、自治区、直辖市范围内增值电信业务的,由中方主要投资者凭《外商投资经营电信业务审定意见书》向省、自治区、直辖市人民政府商务主管部门报送拟设立外商投资电信企业的合同、章程。

国务院商务主管部门和省、自治区、直辖市人民政府商务主管部门应当自收到报送的拟设立外商投资电信企业的合同、章程之日起 90 日内审查完毕,作出批准或者不予批准的决定。予以批准的,颁发《外商投资企业批准证书》;不予批准的,应当书面通知申请人并说明理由。

第十六条 外商投资电信企业的中方主要投资者凭《外商投资企业批准证书》,到国务院工业和信息化主管部门办理《电信业务经营许可证》手续。

外商投资电信企业的中方主要投资者凭《外商投资企业批准证书》和《电信业务经营许可证》,向工商行政管理机关办理外商投资电信企业注册登记手续。

第十七条 外商投资电信企业经营跨境电信业务,必须经国务院工业和信息化主管部门批准,并通过国务院工业和信息化主管部门批准设立的国际电信出入口局进行。

第十八条 违反本规定第六条规定的,由国务院工业和信息化主管部门责令限期改正,并处10万元以上50万元以下的罚款;逾期不改正的,由国务院工业和信息化主管部门吊销《电信业务经营许可证》,并由原颁发《外商投资企业批准证书》的商务主管部门撤销其《外商投资企业批准证书》。

第十九条 违反本规定第十七条规定的,由国务院工业和信息化主管部门责令限期改正,并处20万元以上100万元以下的罚款;逾期不改正的,由国务院工业和信息化主管部门吊销《电信业务经营许可证》,并由原颁发《外商投资企业批准证书》的商务主管部门撤销其《外商投资企业批准证书》。

第二十条 申请设立外商投资电信企业,提供虚假、伪造的资格证明或者确认文件骗取批准的,批准无效,由国务院工业和信息化主管部门处20万元以上100万元以下的罚款,吊销《电信业务经营许可证》,并由原颁发《外商投资企业批准证书》的商务主管部门撤销其《外商投资企业批准证书》。

第二十一条 外商投资电信企业经营电信业务,违反电信条例和其他有关法律、行政法规规定的,由有关机关依法给予处罚。

第二十二条 香港特别行政区、澳门特别行政区和台湾地区的公司、企业在内地投资经营电信业务,比照适用本规定。

第二十三条 本规定自2002年1月1日起施行。

中华人民共和国国务院令

第 535 号

《中华人民共和国劳动合同法实施条例》已经 2008 年 9 月 3 日国务院第 25 次常务会议通过,现予公布,自公布之日起施行。

总理 **温家宝**

二〇〇八年九月十八日

中华人民共和国劳动合同法实施条例

第一章 总 则

第一条 为了贯彻实施《中华人民共和国劳动合同法》（以下简称劳动合同法），制定本条例。

第二条 各级人民政府和县级以上人民政府劳动行政等有关部门以及工会等组织，应当采取措施，推动劳动合同法的贯彻实施，促进劳动关系的和谐。

第三条 依法成立的会计师事务所、律师事务所等合伙组织和基金会，属于劳动合同法规定的用人单位。

第二章 劳动合同的订立

第四条 劳动合同法规定的用人单位设立的分支机构，依法取得营业执照或者登记证书的，可以作为用人单位与劳动者订立劳动合同；未依法取得营业执照或者登记证书的，受用人单位委托可以与劳动者订立劳动合同。

第五条 自用工之日起一个月内，经用人单位书面通知后，劳动者不与用人单位订立书面劳动合同的，用人单位应当书面通知劳动者终止劳动关系,无需向劳动者支付经济补偿,但是应当依法向劳动者支付其实际工作时间的劳动报酬。

第六条 用人单位自用工之日起超过一个月不满一年未与劳动者订立书面劳动合同的,应当依照劳动合同法第八十二条的规定向劳动者每月支付两倍的工资,并与劳动者补订书面劳动合同;劳动者不与用人单位订立书面劳动合同的,用人单位应当书面通知劳动者终止劳动关系,并依照劳动合同法第四十七条的规定支付经济补偿。

前款规定的用人单位向劳动者每月支付两倍工资的起算时间为用工之日起满一个月的次日,截止时间为补订书面劳动合同的前一日。

第七条 用人单位自用工之日起满一年未与劳动者订立书面劳动合同的,自用工之日起满一个月的次日至满一年的前一日应当依照劳动合同法第八十二条的规定向劳动者每月支付两倍的工资,并视为自用工之日起满一年的当日已经与劳动者订立无固定期限劳动合同,应当立即与劳动者补订书面劳动合同。

第八条 劳动合同法第七条规定的职工名册,应当包括劳动者姓名、性别、公民身份号码、户籍地址及现住址、联系方式、用工形式、用工起始时间、劳动合同期限等内容。

第九条 劳动合同法第十四条第二款规定的连续工作满10年的起始时间,应当自用人单位用工之日起计算,包括劳动合同法施行前的工作年限。

第十条 劳动者非因本人原因从原用人单位被安排到新用人单位工作的,劳动者在原用人单位的工作年限合并计算为新用人单位的工作年限。原用人单位已经向劳动者支付经济补偿的,新用人单位在依法解除、终止劳动合同计算支付经济补偿的工作年限时,不再计算劳动者在原用人单位的工作年限。

第十一条　除劳动者与用人单位协商一致的情形外,劳动者依照劳动合同法第十四条第二款的规定,提出订立无固定期限劳动合同的,用人单位应当与其订立无固定期限劳动合同。对劳动合同的内容,双方应当按照合法、公平、平等自愿、协商一致、诚实信用的原则协商确定;对协商不一致的内容,依照劳动合同法第十八条的规定执行。

第十二条　地方各级人民政府及县级以上地方人民政府有关部门为安置就业困难人员提供的给予岗位补贴和社会保险补贴的公益性岗位,其劳动合同不适用劳动合同法有关无固定期限劳动合同的规定以及支付经济补偿的规定。

第十三条　用人单位与劳动者不得在劳动合同法第四十四条规定的劳动合同终止情形之外约定其他的劳动合同终止条件。

第十四条　劳动合同履行地与用人单位注册地不一致的,有关劳动者的最低工资标准、劳动保护、劳动条件、职业危害防护和本地区上年度职工月平均工资标准等事项,按照劳动合同履行地的有关规定执行;用人单位注册地的有关标准高于劳动合同履行地的有关标准,且用人单位与劳动者约定按照用人单位注册地的有关规定执行的,从其约定。

第十五条　劳动者在试用期的工资不得低于本单位相同岗位最低档工资的80%或者不得低于劳动合同约定工资的80%,并不得低于用人单位所在地的最低工资标准。

第十六条　劳动合同法第二十二条第二款规定的培训费用,包括用人单位为了对劳动者进行专业技术培训而支付的有凭证的培训费用、培训期间的差旅费用以及因培训产生的用于该劳动者的其他直接费用。

第十七条　劳动合同期满,但是用人单位与劳动者依照劳动合同法第二十二条的规定约定的服务期尚未到期的,劳动合同应当续延至服务期满;双方另有约定的,从其约定。

第三章　劳动合同的解除和终止

第十八条　有下列情形之一的,依照劳动合同法规定的条件、程序,劳动者可以与用人单位解除固定期限劳动合同、无固定期限劳动合同或者以完成一定工作任务为期限的劳动合同:

(一)劳动者与用人单位协商一致的;

(二)劳动者提前30日以书面形式通知用人单位的;

(三)劳动者在试用期内提前3日通知用人单位的;

(四)用人单位未按照劳动合同约定提供劳动保护或者劳动条件的;

(五)用人单位未及时足额支付劳动报酬的;

(六)用人单位未依法为劳动者缴纳社会保险费的;

(七)用人单位的规章制度违反法律、法规的规定,损害劳动者权益的;

(八)用人单位以欺诈、胁迫的手段或者乘人之危,使劳动者在违背真实意思的情况下订立或者变更劳动合同的;

(九)用人单位在劳动合同中免除自己的法定责任、排除劳动者权利的;

(十)用人单位违反法律、行政法规强制性规定的;

(十一)用人单位以暴力、威胁或者非法限制人身自由的手段强迫劳动者劳动的;

(十二)用人单位违章指挥、强令冒险作业危及劳动者人身安全的;

(十三)法律、行政法规规定劳动者可以解除劳动合同的其他情形。

第十九条　有下列情形之一的,依照劳动合同法规定的条件、程序,用人单位可以与劳动者解除固定期限劳动合同、无固定期限劳动合同或者以完成一定工作任务为期限的劳动合同:

(一)用人单位与劳动者协商一致的;

(二)劳动者在试用期间被证明不符合录用条件的;

(三)劳动者严重违反用人单位的规章制度的;

(四)劳动者严重失职,营私舞弊,给用人单位造成重大损害的;

(五)劳动者同时与其他用人单位建立劳动关系,对完成本单位的工作任务造成严重影响,或者经用人单位提出,拒不改正的;

(六)劳动者以欺诈、胁迫的手段或者乘人之危,使用人单位在违背真实意思的情况下订立或者变更劳动合同的;

(七)劳动者被依法追究刑事责任的;

(八)劳动者患病或者非因工负伤,在规定的医疗期满后不能从事原工作,也不能从事由用人单位另行安排的工作的;

(九)劳动者不能胜任工作,经过培训或者调整工作岗位,仍不能胜任工作的;

(十)劳动合同订立时所依据的客观情况发生重大变化,致使劳动合同无法履行,经用人单位与劳动者协商,未能就变更劳动合同内容达成协议的;

(十一)用人单位依照企业破产法规定进行重整的;

(十二)用人单位生产经营发生严重困难的;

(十三)企业转产、重大技术革新或者经营方式调整,经变更劳动合同后,仍需裁减人员的;

(十四)其他因劳动合同订立时所依据的客观经济情况发生重大变化,致使劳动合同无法履行的。

第二十条　用人单位依照劳动合同法第四十条的规定,选择额外支付劳动者一个月工资解除劳动合同的,其额外支付的工资应当按照该劳动者上一个月的工资标准确定。

第二十一条 劳动者达到法定退休年龄的,劳动合同终止。

第二十二条 以完成一定工作任务为期限的劳动合同因任务完成而终止的,用人单位应当依照劳动合同法第四十七条的规定向劳动者支付经济补偿。

第二十三条 用人单位依法终止工伤职工的劳动合同的,除依照劳动合同法第四十七条的规定支付经济补偿外,还应当依照国家有关工伤保险的规定支付一次性工伤医疗补助金和伤残就业补助金。

第二十四条 用人单位出具的解除、终止劳动合同的证明,应当写明劳动合同期限、解除或者终止劳动合同的日期、工作岗位、在本单位的工作年限。

第二十五条 用人单位违反劳动合同法的规定解除或者终止劳动合同,依照劳动合同法第八十七条的规定支付了赔偿金的,不再支付经济补偿。赔偿金的计算年限自用工之日起计算。

第二十六条 用人单位与劳动者约定了服务期,劳动者依照劳动合同法第三十八条的规定解除劳动合同的,不属于违反服务期的约定,用人单位不得要求劳动者支付违约金。

有下列情形之一,用人单位与劳动者解除约定服务期的劳动合同的,劳动者应当按照劳动合同的约定向用人单位支付违约金:

(一)劳动者严重违反用人单位的规章制度的;

(二)劳动者严重失职,营私舞弊,给用人单位造成重大损害的;

(三)劳动者同时与其他用人单位建立劳动关系,对完成本单位的工作任务造成严重影响,或者经用人单位提出,拒不改正的;

(四)劳动者以欺诈、胁迫的手段或者乘人之危,使用人单位

在违背真实意思的情况下订立或者变更劳动合同的;

(五)劳动者被依法追究刑事责任的。

第二十七条 劳动合同法第四十七条规定的经济补偿的月工资按照劳动者应得工资计算,包括计时工资或者计件工资以及奖金、津贴和补贴等货币性收入。劳动者在劳动合同解除或者终止前 12 个月的平均工资低于当地最低工资标准的,按照当地最低工资标准计算。劳动者工作不满 12 个月的,按照实际工作的月数计算平均工资。

第四章　劳务派遣特别规定

第二十八条 用人单位或者其所属单位出资或者合伙设立的劳务派遣单位,向本单位或者所属单位派遣劳动者的,属于劳动合同法第六十七条规定的不得设立的劳务派遣单位。

第二十九条 用工单位应当履行劳动合同法第六十二条规定的义务,维护被派遣劳动者的合法权益。

第三十条 劳务派遣单位不得以非全日制用工形式招用被派遣劳动者。

第三十一条 劳务派遣单位或者被派遣劳动者依法解除、终止劳动合同的经济补偿,依照劳动合同法第四十六条、第四十七条的规定执行。

第三十二条 劳务派遣单位违法解除或者终止被派遣劳动者的劳动合同的,依照劳动合同法第四十八条的规定执行。

第五章　法律责任

第三十三条 用人单位违反劳动合同法有关建立职工名册规

定的,由劳动行政部门责令限期改正;逾期不改正的,由劳动行政部门处 2000 元以上 2 万元以下的罚款。

第三十四条　用人单位依照劳动合同法的规定应当向劳动者每月支付两倍的工资或者应当向劳动者支付赔偿金而未支付的,劳动行政部门应当责令用人单位支付。

第三十五条　用工单位违反劳动合同法和本条例有关劳务派遣规定的,由劳动行政部门和其他有关主管部门责令改正;情节严重的,以每位被派遣劳动者 1000 元以上 5000 元以下的标准处以罚款;给被派遣劳动者造成损害的,劳务派遣单位和用工单位承担连带赔偿责任。

第六章　附　则

第三十六条　对违反劳动合同法和本条例的行为的投诉、举报,县级以上地方人民政府劳动行政部门依照《劳动保障监察条例》的规定处理。

第三十七条　劳动者与用人单位因订立、履行、变更、解除或者终止劳动合同发生争议的,依照《中华人民共和国劳动争议调解仲裁法》的规定处理。

第三十八条　本条例自公布之日起施行。

国务院法制办负责人就
《中华人民共和国劳动合同法
实施条例》答记者问

2008年9月18日,国务院总理温家宝签署第535号国务院令,公布了《中华人民共和国劳动合同法实施条例》(以下简称实施条例),实施条例自公布之日起施行。为了帮助大家理解和认识制定实施条例的有关情况,记者近日采访了国务院法制办负责人。

问:为什么要制定实施条例?

答:劳动合同法作为一部构建和发展和谐稳定劳动关系的重要法律,自公布施行以来,对于规范双方当事人的权利和义务,保护劳动者的合法权益,发挥了重要作用。用人单位增强了依法用工的意识,提高了劳动合同的签订率。但是,劳动合同法施行以来,社会有关方面对该法的一些规定在理解上存在分歧,主要有三个方面:一是无固定期限劳动合同是否是"铁饭碗"、"终身制";二是用人单位滥用劳务派遣用工形式是否会侵害劳动者的合法权益;三是经济补偿和赔偿金是否同时适用。为了澄清这些问题,同时使劳动合同法更具有操作性,有必要在劳动合同法规定的基础上,制定实施条例。

问:制定实施条例经过了哪些过程?

答:国务院对制定实施条例高度重视。法制办、原劳动保障部遵照国务院领导同志抓紧研究制定实施条例指示精神,组织力量研究起草实施条例,先后三次征求了全国人大财经委、全国人大常委会法工委、最高人民法院、发展改革委、财政部、商务部、国资委、全国总工会、台盟中央、全国工商联等 26 个中央有关部门、单位和各省、自治区、直辖市人民政府的意见。2008 年 5 月 8 日至 5 月 20 日,通过中国政府法制信息网公开向社会各界征求对草案的意见,共收到各方面的反馈意见 82236 条。经法制办、人力资源社会保障部与全国人大财经委、全国人大常委会法工委、国资委、全国总工会、台盟中央、全国工商联等单位反复沟通协调、认真研究修改,形成了《中华人民共和国劳动合同法实施条例(草案)》。2008 年 9 月 3 日,国务院第 25 次常务会议审议并原则通过了这个草案。2008 年 9 月 18 日,温家宝总理签署第 535 号国务院令,公布了这个实施条例,实施条例自公布之日起施行。

问:制定实施条例遵循的基本原则是什么?

答:在起草实施条例的过程中,我们主要把握了以下三个基本原则:

一是一致性原则。实施条例作为劳动合同法的配套行政法规,必须维护劳动合同法的严肃性和权威性,与劳动合同法规定的制度相一致。

二是协调性原则。实施条例根据劳动合同法的规定,妥善处理好经济发展和社会就业的关系、企业发展和维护职工合法权益的关系、保护职工利益长远目标与现阶段目标的关系,准确体现劳动合同法的立法宗旨,维护劳动者的根本利益,努力实现用人单位和劳动者双方权利、义务关系的协调。

三是可操作性原则。实施条例重点针对劳动合同法中比较原则的规定和一些社会上存在误解的条款,作出具体的规定和必要的衔接,增强劳动合同法的可操作性。

问:无固定期限劳动合同是"铁饭碗"、"终身制"吗?

答:无固定期限劳动合同不是"铁饭碗"、"终身制"。劳动合同法公布施行后,一些用人单位和劳动者认为无固定期限劳动合同是"铁饭碗"、"终身制"。为了消除误解,实施条例将分散在劳动合同法第三十六、三十七、三十八条中劳动者可以依法解除包括无固定期限劳动合同在内的各种劳动合同的13种情形作了归纳,规定劳动者在用人单位未按照劳动合同约定提供劳动保护或者劳动条件、未及时足额支付劳动报酬、未依法为劳动者缴纳社会保险费、以欺诈胁迫等手段违背劳动者真实意思订立或者变更劳动合同、以暴力威胁或者非法限制人身自由的手段强迫劳动以及违章指挥强令冒险作业危及劳动者人身安全等情形下可以依法解除劳动合同。同样,实施条例将分散在劳动合同法第三十六、三十九、四十、四十一条中用人单位可以依法解除包括无固定期限劳动合同在内的各种劳动合同的14种情形作了归纳,规定用人单位在劳动者试用期间被证明不符合录用条件、严重违反用人单位规章制度、严重失职营私舞弊给用人单位造成重大损害、经过培训或者调整工作岗位后仍不能胜任工作以及企业转产等情形下可以依法与劳动者解除劳动合同。这样规定,有利于澄清无固定期限劳动合同是"铁饭碗"、"终身制"的误解。

问:对劳务派遣问题,实施条例作了哪些具体规定?

答:针对一些用人单位滥用劳务派遣用工形式,侵害劳动者合法权益的问题,实施条例对劳务派遣作了三个方面的具体规定:

第一,为了避免用工单位规避劳动合同法律义务,侵害劳动者的合法权益,实施条例规定,用工单位应当履行劳动合同法第六十二条规定的义务。这些义务包括支付加班费、绩效奖金,提供与工作岗位相关的福利待遇,连续用工的要实行正常的工资调整机制等。如果用工单位不履行这些义务,依照实施条例的规定用工单位就必须承担相应的法律责任。

第二,为了避免劳务派遣单位以非全日制用工形式招用劳动者,侵害劳动者的合法权益,实施条例规定:劳务派遣单位不得以非全日制用工形式招用被派遣劳动者。

第三,为了维护劳务派遣工的合法权益,避免用人单位滥用劳务派遣用工形式,依照劳动合同法第四十六条第七项"法律、行政法规规定的其他情形"的规定,实施条例规定:劳务派遣单位或者被派遣劳动者依法解除或者终止劳动合同的,劳务派遣单位也应当向该劳动者支付经济补偿。

劳动合同法对劳务派遣问题已作出明确规定,实施条例又作了具体规定,维护劳动者的合法权益,关键是用工单位和劳务派遣单位必须严格依法办事。

问:如何处理经济补偿与赔偿金的关系?

答:劳动合同法规定,用人单位依法解除、终止劳动合同应当向劳动者支付经济补偿,同时规定用人单位违法解除或者终止劳动合同,应当向劳动者支付赔偿金。对经济补偿与赔偿金是否同时适用,社会上有不同的理解:一种意见认为,为了有效惩罚用人单位的违法用工行为,用人单位违法解除或者终止劳动合同在支付了相当于经济补偿两倍的赔偿金后,还应当再向员工支付经济补偿。另一种意见认为,已经支付赔偿金的,不应当再支付经济补偿。

按照经济补偿与赔偿金的不同性质,实施条例明确规定:用人单位违反劳动合同法的规定解除或者终止劳动合同,依照劳动合同法的规定支付了赔偿金的,不再支付经济补偿。

问:贯彻实施条例应当注意哪些问题?

答:为了保证实施条例的贯彻执行,需要切实做好以下几个方面的工作:

一是要加强学习、宣传和培训工作,使社会各方面全面准确理解劳动合同法及其实施条例。抓学习、宣传和培训,是掌握劳动合同法及其实施条例的内容、把握其精神实质的重要途径,要在全社会大力开展劳动合同法学习、宣传教育活动的基础上,不断创新学习、宣传和培训方式,做到"三个结合",即:把学习、宣传和贯彻劳动合同法实施条例与深入贯彻落实科学发展观结合起来,与学习、宣传和贯彻实施劳动法、劳动合同法、就业促进法、劳动争议调解仲裁法等法律法规结合起来,与本地区、本部门、本单位的实际工作结合起来。要扩大学习、宣传和培训的对象,既要加强对政府机关工作人员、工会工作人员、企业代表组织工作人员的宣传培训,又要加强对企业、民办非企业单位、个体经济组织等用人单位和广大劳动者的宣传培训。要注重学习、宣传效果,通过学习、宣传,使全社会真正理解和认识劳动合同法及其实施条例的精神实质,不断增强劳动合同的法律意识,切实保障劳动者和用人单位的合法权益。

二是要坚持依法行政,确保劳动合同法及其实施条例的贯彻实施。政府依法行政是建设法治政府、构建社会主义和谐社会的必然要求,也是正确贯彻实施劳动合同法及其实施条例的保障。在劳动合同法及其实施条例贯彻实施过程中,各级政府要严格依法行政。要按照权责统一的要求,既要严格依法行使法律授予的管理权,又要依法承担不作为、乱作为的法律责任;要按照程序正当的要求,严格遵循法定程序,依法保障劳动者和用人单位的知情权、参与权和申诉权;要按照高效便民的要求,积极履行法定职责,提高办事效率,提供优质便捷的服务;要严格执法,切实加大对劳动合同法及其实施条例的执法力度,劳动保障监察机构要切实负起责任,依法惩处各种违法行为,切实维护广大劳动者的合法权益;要自觉接受人大监督、政协民主监督、司法监督、工会监督和社会监督,强化行政机关内部监督,发挥行政复议的层级监督作用。

三是要加强备案审查工作,维护法制的统一和尊严。法规、规章、规范性文件备案制度,是维护法制统一、保持政令畅通的重要措施。在劳动合同法及其实施条例的实施过程中,国务院法制办将依照《法规规章备案条例》,加强对劳动合同方面的地方性法规、地方政府规章和国务院部门规章的备案审查力度,坚持"有件必备、有备必审、有错必纠"。地方人民政府法制机构也要依法加强对下级行政机关发布的规章和规范性文件的监督,及时纠正违法不当的规范性文件,切实维护法制的统一,确保劳动合同法及其实施条例的正确实施。

（新华社北京 2008 年 9 月 18 日电）

发展和谐稳定的劳动关系

——人力资源和社会保障部部长尹蔚民
解读《劳动合同法实施条例》

人力资源和社会保障部部长尹蔚民6日接受记者专访,全面解读《劳动合同法实施条例》。他表示要深入贯彻《劳动合同法实施条例》,发展和谐稳定的劳动关系。

《条例》对推动《劳动合同法》的贯彻实施具有重要作用

尹蔚民表示,《条例》是《劳动合同法》的重要配套行政法规,它的公布施行,对于进一步推进《劳动合同法》的贯彻实施,具有十分重要的作用。

一是有利于消除疑虑与分歧,统一社会各界的思想认识。《条例》坚持了《劳动合同法》确定的基本原则和基本制度,对社会上存在误解的条款作出了明确规定,既进一步体现了维护劳动者合法权益的立法宗旨,又注重实现劳动关系双方权利与义务的平衡,有利于更好地帮助用人单位和劳动者全面准确理解和执行《劳动合同法》。

二是有利于增强劳动合同制度的可操作性。《条例》对法律规定比较原则的条款作了细化,对实践中遇到的一些具体问题作出了补充规定和必要的衔接,有利于《劳动合同法》正确实施,为用人单位和劳动者全面贯彻落实法律提供了明确的规定。

三是有利于进一步完善劳动合同法律制度体系。《条例》作为《劳动合同法》的重要配套法规,它的公布施行是我国劳动合同制度建设中的又一件大事,标志着我国在建设以《劳动合同法》为基础,以国务院行政法规、地方性法规和规章为配套的劳动合同制度法律法规体系进程中迈出了新的重要步伐。

《条例》3 项具体规定增强法律可操作性

劳动合同法颁布施行后,社会各界对增强法律的可操作性提出了强烈愿望和要求,《条例》对此做了哪些具体规定?

据尹蔚民介绍,具体来说,一是集中表述了订立和解除无固定期限劳动合同的有关内容。针对社会上存在的关于无固定期限劳动合同是"铁饭碗""终身制"的误解,《条例》归纳了劳动者可以解除劳动合同的 13 种情形和用人单位可以解除劳动合同的 14 种情形,虽然这些情形在《劳动合同法》中都有规定,但《条例》采用集中表达的方式,更加明确了只要符合法定条件,用人单位和劳动者都可以依法解除包括无固定期限劳动合同在内的各类劳动合同。

针对实践中部分用人单位规避签订无固定期限劳动合同的行为,《条例》对"连续工作满 10 年"的起始时间和非劳动者本人原因被安排到新用人单位工作的工作年限如何计算作出了明确规定。

同时,《条例》明确规定劳动者依据《劳动合同法》第十四条第二款提出订立无固定期限劳动合同的,用人单位应当订立,对劳动合同其他内容,双方要按照合法、公平、平等自愿、协商一致、诚实信用的原则协商确定,并明确了协商不一致时,有关劳动报酬和劳动条件等内容的适用标准。

二是对劳务派遣的相关问题作出了具体补充规定。为防止劳务派遣单位规避应承担的法律义务,《条例》明确规定劳务派遣单位不得以非全日用工形式招用被派遣劳动者,在解除终止劳动合同时,应依照法律规定的情形和标准向被派遣劳动者支付经济补偿。

同时,进一步细化了劳务派遣单位的设立条件,规定用人单位或者其所属单位出资或者合伙设立的劳务派遣单位,都属于法律规定用人单位不得设立劳务派遣单位的情形。

在明确劳务派遣单位法律责任的基础上,《条例》又进一步重申了用工单位要履行提供相应的劳动条件和劳动保护等义务,并补充规定了用工单位违反有关劳务派遣规定的法律责任。

三是补充完善了经济补偿制度。针对用人单位违反法律规定解除或者终止劳动合同情形下支付赔偿金与经济补偿的关系问题,《条例》明确规定支付赔偿金后,不再支付经济补偿。

针对用人单位可能滥用以完成一定工作任务为期限的劳动合同规避经济补偿的问题,《条例》补充规定了以完成一定工作任务为期限的劳动合同的终止,用人单位也应支付经济补偿,从而进一步平衡了用人单位与劳动者签订不同类型劳动合同的解雇成本。

对法律未做规定的计算经济补偿的月工资标准的问题,《条例》也进行了补充,并再次重申了用人单位依法终止工伤职工的劳动合同时,除支付经济补偿外,还应支付一次性医疗补助金和伤残就业补助金。

4 项举措贯彻落实《劳动合同法》和《条例》

尹蔚民说,全面贯彻落实《劳动合同法》和《条例》,既涉及政府职能的转变,也涉及用人单位和劳动者思想观念、行为方式和利益格局的调整,是一项长期而艰巨的任务。下一步,人力资源和社会保障部将从四个方面采取措施,全面推进劳动合同法和《条例》的贯彻实施。

一是进一步开展有针对性的宣传引导工作。指导各地广泛深入地开展宣传工作,引导广大用人单位和劳动者加深对法律法规的了解与领会。充分利用广播、电视、报纸、杂志、网络等媒体,广泛宣传制定《条例》的必要性、重要性和贯彻落实《条例》的重要意义;对社会反映仍然比较集中的用工机制、用工成本、劳务派遣等问题进行专题宣传,进一步讲清道理、澄清事实、消除误解。采取各种生动活泼、通俗明了的形式,如制作"法律条款简图"、编印《条例》的宣传册等,加大对用人单位和劳动者的法律法规的宣传力度,使用人单位和劳动者全面准确地把握《条例》的精神实质和主要内容,自觉遵守各项规定。

二是抓紧完善地方配套法规政策。指导各地继续依照《劳动合同法》和《条例》的规定,全面清理本地区的劳动合同制度配套规章和规范性文件,做好相关法规政策与法律、《条例》的衔接工作。结合本地实际,因地制宜地制定本地区实施办法,解决法律实施中的区域差别问题。继续完善劳动关系相关规定与政策,逐步形成覆盖全面、相互衔接的法律法规政策体系,为构建和发展和谐劳动关系提供法律保障。

三是积极推动对企业经营者的培训。企业经营者正确理解法律,对全面执行法律具有重要作用。今后三年,人力资源和社会保障部将会同国资委开展对中央企业经营者的培训,会同全国总工会、全国工商联和中企联等部门在全国范围分层开展以非公有制企业为主的企业经营者的重点培训,推动从中央到地方各类企业经营者全面、正确理解和执行劳动合同法和《条例》,避免因误解造成执行中的偏差。

四是加强对法律实施的监督检查和劳动争议调解仲裁工作。人力资源和社会保障部将指导各地进一步加强劳动保障监察工作,着力抓好难点问题的日常检查、热点问题的专项检查、配合贯彻法律的重点检查、查处大要案和新闻媒体网络反映强烈的应急检查,依法查处违法行为,并将一批典型案件向社会公布,以起到警示教育作用。今年四季度,将在全国开展劳动合同签订专项检查行动。同时,进一步加大劳动争议处理力度,加强劳动调解仲裁的基层组织建设,依法妥善处理劳动争议纠纷,确保劳动争议及时、稳妥解决。

(新华社北京 2008 年 10 月 6 日电)

中华人民共和国国务院令

第 536 号

《乳品质量安全监督管理条例》已经 2008 年 10 月 6 日国务院第 28 次常务会议通过,现予公布,自公布之日起施行。

总理　温家宝

二〇〇八年十月九日

乳品质量安全监督管理条例

第一章 总 则

第一条 为了加强乳品质量安全监督管理,保证乳品质量安全,保障公众身体健康和生命安全,促进奶业健康发展,制定本条例。

第二条 本条例所称乳品,是指生鲜乳和乳制品。

乳品质量安全监督管理适用本条例;法律对乳品质量安全监督管理另有规定的,从其规定。

第三条 奶畜养殖者、生鲜乳收购者、乳制品生产企业和销售者对其生产、收购、运输、销售的乳品质量安全负责,是乳品质量安全的第一责任者。

第四条 县级以上地方人民政府对本行政区域内的乳品质量安全监督管理负总责。

县级以上人民政府畜牧兽医主管部门负责奶畜饲养以及生鲜乳生产环节、收购环节的监督管理。县级以上质量监督检验检疫部门负责乳制品生产环节和乳品进出口环节的监督管理。县级以上工商行政管理部门负责乳制品销售环节的监督管理。县级以上食品药品监督部门负责乳制品餐饮服务环节的监督管理。县级以上人民政府卫生主管部门依照职权负责乳品质量安全监督管理的综合协调、组织查处食品安全重大事故。县级以上人民政府其他有关部门在各自职责范围内负责乳品质量安全监督管理的其他工作。

第五条　发生乳品质量安全事故,应当依照有关法律、行政法规的规定及时报告、处理;造成严重后果或者恶劣影响的,对有关人民政府、有关部门负有领导责任的负责人依法追究责任。

第六条　生鲜乳和乳制品应当符合乳品质量安全国家标准。乳品质量安全国家标准由国务院卫生主管部门组织制定,并根据风险监测和风险评估的结果及时组织修订。

乳品质量安全国家标准应当包括乳品中的致病性微生物、农药残留、兽药残留、重金属以及其他危害人体健康物质的限量规定,乳品生产经营过程的卫生要求,通用的乳品检验方法与规程,与乳品安全有关的质量要求,以及其他需要制定为乳品质量安全国家标准的内容。

制定婴幼儿奶粉的质量安全国家标准应当充分考虑婴幼儿身体特点和生长发育需要,保证婴幼儿生长发育所需的营养成分。

国务院卫生主管部门应当根据疾病信息和监督管理部门的监督管理信息等,对发现添加或者可能添加到乳品中的非食品用化学物质和其他可能危害人体健康的物质,立即组织进行风险评估,采取相应的监测、检测和监督措施。

第七条　禁止在生鲜乳生产、收购、贮存、运输、销售过程中添加任何物质。

禁止在乳制品生产过程中添加非食品用化学物质或者其他可能危害人体健康的物质。

第八条　国务院畜牧兽医主管部门会同国务院发展改革部门、工业和信息化部门、商务部门,制定全国奶业发展规划,加强奶源基地建设,完善服务体系,促进奶业健康发展。

县级以上地方人民政府应当根据全国奶业发展规划,合理确定本行政区域内奶畜养殖规模,科学安排生鲜乳的生产、收购布局。

第九条　有关行业协会应当加强行业自律,推动行业诚信建设,引导、规范奶畜养殖者、生鲜乳收购者、乳制品生产企业和销售者依法生产经营。

第二章　奶畜养殖

第十条　国家采取有效措施,鼓励、引导、扶持奶畜养殖者提高生鲜乳质量安全水平。省级以上人民政府应当在本级财政预算内安排支持奶业发展资金,并鼓励对奶畜养殖者、奶农专业生产合作社等给予信贷支持。

国家建立奶畜政策性保险制度,对参保奶畜养殖者给予保费补助。

第十一条　畜牧兽医技术推广机构应当向奶畜养殖者提供养殖技术培训、良种推广、疫病防治等服务。

国家鼓励乳制品生产企业和其他相关生产经营者为奶畜养殖者提供所需的服务。

第十二条　设立奶畜养殖场、养殖小区应当具备下列条件:

(一)符合所在地人民政府确定的本行政区域奶畜养殖规模;

(二)有与其养殖规模相适应的场所和配套设施;

(三)有为其服务的畜牧兽医技术人员;

(四)具备法律、行政法规和国务院畜牧兽医主管部门规定的防疫条件;

(五)有对奶畜粪便、废水和其他固体废物进行综合利用的沼气池等设施或者其他无害化处理设施;

(六)有生鲜乳生产、销售、运输管理制度;

(七)法律、行政法规规定的其他条件。

奶畜养殖场、养殖小区开办者应当将养殖场、养殖小区的名称、养殖地址、奶畜品种和养殖规模向养殖场、养殖小区所在地县级人民政府畜牧兽医主管部门备案。

第十三条　奶畜养殖场应当建立养殖档案,载明以下内容:

（一）奶畜的品种、数量、繁殖记录、标识情况、来源和进出场日期；

（二）饲料、饲料添加剂、兽药等投入品的来源、名称、使用对象、时间和用量；

（三）检疫、免疫、消毒情况；

（四）奶畜发病、死亡和无害化处理情况；

（五）生鲜乳生产、检测、销售情况；

（六）国务院畜牧兽医主管部门规定的其他内容。

奶畜养殖小区开办者应当逐步建立养殖档案。

第十四条 从事奶畜养殖，不得使用国家禁用的饲料、饲料添加剂、兽药以及其他对动物和人体具有直接或者潜在危害的物质。

禁止销售在规定用药期和休药期内的奶畜产的生鲜乳。

第十五条 奶畜养殖者应当确保奶畜符合国务院畜牧兽医主管部门规定的健康标准，并确保奶畜接受强制免疫。

动物疫病预防控制机构应当对奶畜的健康情况进行定期检测；经检测不符合健康标准的，应当立即隔离、治疗或者做无害化处理。

第十六条 奶畜养殖者应当做好奶畜和养殖场所的动物防疫工作，发现奶畜染疫或者疑似染疫的，应当立即报告，停止生鲜乳生产，并采取隔离等控制措施，防止疫病扩散。

奶畜养殖者对奶畜养殖过程中的排泄物、废弃物应当及时清运、处理。

第十七条 奶畜养殖者应当遵守国务院畜牧兽医主管部门制定的生鲜乳生产技术规程。直接从事挤奶工作的人员应当持有有效的健康证明。

奶畜养殖者对挤奶设施、生鲜乳贮存设施等应当及时清洗、消毒，避免对生鲜乳造成污染。

第十八条 生鲜乳应当冷藏。超过 2 小时未冷藏的生鲜乳，不得销售。

第三章　生鲜乳收购

第十九条　省、自治区、直辖市人民政府畜牧兽医主管部门应当根据当地奶源分布情况,按照方便奶畜养殖者、促进规模化养殖的原则,对生鲜乳收购站的建设进行科学规划和合理布局。必要时,可以实行生鲜乳集中定点收购。

国家鼓励乳制品生产企业按照规划布局,自行建设生鲜乳收购站或者收购原有生鲜乳收购站。

第二十条　生鲜乳收购站应当由取得工商登记的乳制品生产企业、奶畜养殖场、奶农专业生产合作社开办,并具备下列条件,取得所在地县级人民政府畜牧兽医主管部门颁发的生鲜乳收购许可证:

(一)符合生鲜乳收购站建设规划布局;

(二)有符合环保和卫生要求的收购场所;

(三)有与收奶量相适应的冷却、冷藏、保鲜设施和低温运输设备;

(四)有与检测项目相适应的化验、计量、检测仪器设备;

(五)有经培训合格并持有有效健康证明的从业人员;

(六)有卫生管理和质量安全保障制度。

生鲜乳收购许可证有效期 2 年;生鲜乳收购站不再办理工商登记。

禁止其他单位或者个人开办生鲜乳收购站。禁止其他单位或者个人收购生鲜乳。

国家对生鲜乳收购站给予扶持和补贴,提高其机械化挤奶和生鲜乳冷藏运输能力。

第二十一条　生鲜乳收购站应当及时对挤奶设施、生鲜乳贮存运输设施等进行清洗、消毒,避免对生鲜乳造成污染。

生鲜乳收购站应当按照乳品质量安全国家标准对收购的生鲜乳

进行常规检测。检测费用不得向奶畜养殖者收取。

生鲜乳收购站应当保持生鲜乳的质量。

第二十二条 生鲜乳收购站应当建立生鲜乳收购、销售和检测记录。生鲜乳收购、销售和检测记录应当包括畜主姓名、单次收购量、生鲜乳检测结果、销售去向等内容,并保存 2 年。

第二十三条 县级以上地方人民政府价格主管部门应当加强对生鲜乳价格的监控和通报,及时发布市场供求信息和价格信息。必要时,县级以上地方人民政府建立由价格、畜牧兽医等部门以及行业协会、乳制品生产企业、生鲜乳收购者、奶畜养殖者代表组成的生鲜乳价格协调委员会,确定生鲜乳交易参考价格,供购销双方签订合同时参考。

生鲜乳购销双方应当签订书面合同。生鲜乳购销合同示范文本由国务院畜牧兽医主管部门会同国务院工商行政管理部门制定并公布。

第二十四条 禁止收购下列生鲜乳:

(一)经检测不符合健康标准或者未经检疫合格的奶畜产的;

(二)奶畜产犊 7 日内的初乳,但以初乳为原料从事乳制品生产的除外;

(三)在规定用药期和休药期内的奶畜产的;

(四)其他不符合乳品质量安全国家标准的。

对前款规定的生鲜乳,经检测无误后,应当予以销毁或者采取其他无害化处理措施。

第二十五条 贮存生鲜乳的容器,应当符合国家有关卫生标准,在挤奶后 2 小时内应当降温至0—4℃。

生鲜乳运输车辆应当取得所在地县级人民政府畜牧兽医主管部门核发的生鲜乳准运证明,并随车携带生鲜乳交接单。交接单应当载明生鲜乳收购站的名称、生鲜乳数量、交接时间,并由生鲜乳收购站经手人、押运员、司机、收奶员签字。

生鲜乳交接单一式两份,分别由生鲜乳收购站和乳品生产者保存,保存时间 2 年。准运证明和交接单式样由省、自治区、直辖市人民政府畜牧兽医主管部门制定。

第二十六条 县级以上人民政府应当加强生鲜乳质量安全监测体系建设,配备相应的人员和设备,确保监测能力与监测任务相适应。

第二十七条 县级以上人民政府畜牧兽医主管部门应当加强生鲜乳质量安全监测工作,制定并组织实施生鲜乳质量安全监测计划,对生鲜乳进行监督抽查,并按照法定权限及时公布监督抽查结果。

监测抽查不得向被抽查人收取任何费用,所需费用由同级财政列支。

第四章　乳制品生产

第二十八条 从事乳制品生产活动,应当具备下列条件,取得所在地质量监督部门颁发的食品生产许可证:

(一)符合国家奶业产业政策;

(二)厂房的选址和设计符合国家有关规定;

(三)有与所生产的乳制品品种和数量相适应的生产、包装和检测设备;

(四)有相应的专业技术人员和质量检验人员;

(五)有符合环保要求的废水、废气、垃圾等污染物的处理设施;

(六)有经培训合格并持有有效健康证明的从业人员;

(七)法律、行政法规规定的其他条件。

质量监督部门对乳制品生产企业颁发食品生产许可证,应当征求所在地工业行业管理部门的意见。

未取得食品生产许可证的任何单位和个人,不得从事乳制品生产。

第二十九条　乳制品生产企业应当建立质量管理制度,采取质量安全管理措施,对乳制品生产实施从原料进厂到成品出厂的全过程质量控制,保证产品质量安全。

第三十条　乳制品生产企业应当符合良好生产规范要求。国家鼓励乳制品生产企业实施危害分析与关键控制点体系,提高乳制品安全管理水平。生产婴幼儿奶粉的企业应当实施危害分析与关键控制点体系。

对通过良好生产规范、危害分析与关键控制点体系认证的乳制品生产企业,认证机构应当依法实施跟踪调查;对不再符合认证要求的企业,应当依法撤销认证,并及时向有关主管部门报告。

第三十一条　乳制品生产企业应当建立生鲜乳进货查验制度,逐批检测收购的生鲜乳,如实记录质量检测情况、供货者的名称以及联系方式、进货日期等内容,并查验运输车辆生鲜乳交接单。查验记录和生鲜乳交接单应当保存2年。乳制品生产企业不得向未取得生鲜乳收购许可证的单位和个人购进生鲜乳。

乳制品生产企业不得购进兽药等化学物质残留超标,或者含有重金属等有毒有害物质、致病性的寄生虫和微生物、生物毒素以及其他不符合乳品质量安全国家标准的生鲜乳。

第三十二条　生产乳制品使用的生鲜乳、辅料、添加剂等,应当符合法律、行政法规的规定和乳品质量安全国家标准。

生产的乳制品应当经过巴氏杀菌、高温杀菌、超高温杀菌或者其他有效方式杀菌。

生产发酵乳制品的菌种应当纯良、无害,定期鉴定,防止杂菌污染。

生产婴幼儿奶粉应当保证婴幼儿生长发育所需的营养成分,不得添加任何可能危害婴幼儿身体健康和生长发育的物质。

第三十三条　乳制品的包装应当有标签。标签应当如实标明产品名称、规格、净含量、生产日期,成分或者配料表,生产企业的名称、地址、联系方式,保质期,产品标准代号,贮存条件,所使用的食品添加剂的化学通用名称,食品生产许可证编号,法律、行政法规或者乳品质量安全国家标准规定必须标明的其他事项。

使用奶粉、黄油、乳清粉等原料加工的液态奶,应当在包装上注明;使用复原乳作为原料生产液态奶的,应当标明"复原乳"字样,并在产品配料中如实标明复原乳所含原料及比例。

婴幼儿奶粉标签还应当标明主要营养成分及其含量,详细说明使用方法和注意事项。

第三十四条 出厂的乳制品应当符合乳品质量安全国家标准。

乳制品生产企业应当对出厂的乳制品逐批检验,并保存检验报告,留取样品。检验内容应当包括乳制品的感官指标、理化指标、卫生指标和乳制品中使用的添加剂、稳定剂以及酸奶中使用的菌种等;婴幼儿奶粉在出厂前还应当检测营养成分。对检验合格的乳制品应当标识检验合格证号;检验不合格的不得出厂。检验报告应当保存2年。

第三十五条 乳制品生产企业应当如实记录销售的乳制品名称、数量、生产日期、生产批号、检验合格证号、购货者名称及其联系方式、销售日期等。

第三十六条 乳制品生产企业发现其生产的乳制品不符合乳品质量安全国家标准、存在危害人体健康和生命安全危险或者可能危害婴幼儿身体健康或者生长发育的,应当立即停止生产,报告有关主管部门,告知销售者、消费者,召回已经出厂、上市销售的乳制品,并记录召回情况。

乳制品生产企业对召回的乳制品应当采取销毁、无害化处理等措施,防止其再次流入市场。

第五章 乳制品销售

第三十七条 从事乳制品销售应当按照食品安全监督管理的有关规定,依法向工商行政管理部门申请领取有关证照。

第三十八条 乳制品销售者应当建立并执行进货查验制度,审验供货商的经营资格,验明乳制品合格证明和产品标识,并建立乳制品进货台账,如实记录乳制品的名称、规格、数量、供货商及其联系方式、进货时间等内容。从事乳制品批发业务的销售企业应当建立乳制品销售台账,如实记录批发的乳制品的品种、规格、数量、流向等内容。进货台账和销售台账保存期限不得少于2年。

第三十九条 乳制品销售者应当采取措施,保持所销售乳制品的质量。

销售需要低温保存的乳制品的,应当配备冷藏设备或者采取冷藏措施。

第四十条 禁止购进、销售无质量合格证明、无标签或者标签残缺不清的乳制品。

禁止购进、销售过期、变质或者不符合乳品质量安全国家标准的乳制品。

第四十一条 乳制品销售者不得伪造产地,不得伪造或者冒用他人的厂名、厂址,不得伪造或者冒用认证标志等质量标志。

第四十二条 对不符合乳品质量安全国家标准、存在危害人体健康和生命安全或者可能危害婴幼儿身体健康和生长发育的乳制品,销售者应当立即停止销售,追回已经售出的乳制品,并记录追回情况。

乳制品销售者自行发现其销售的乳制品有前款规定情况的,还应当立即报告所在地工商行政管理等有关部门,通知乳制品生产企业。

第四十三条 乳制品销售者应当向消费者提供购货凭证,履行不合格乳制品的更换、退货等义务。

乳制品销售者依照前款规定履行更换、退货等义务后,属于乳制品生产企业或者供货商的责任的,销售者可以向乳制品生产企业或者供货商追偿。

第四十四条 进口的乳品应当按照乳品质量安全国家标准进行检验;尚未制定乳品质量安全国家标准的,可以参照国家有关部门指定的国外有关标准进行检验。

第四十五条 出口乳品的生产者、销售者应当保证其出口乳品符合乳品质量安全国家标准的同时还符合进口国家(地区)的标准或者合同要求。

第六章 监督检查

第四十六条 县级以上人民政府畜牧兽医主管部门应当加强对奶畜饲养以及生鲜乳生产环节、收购环节的监督检查。县级以上质量监督检验检疫部门应当加强对乳制品生产环节和乳品进出口环节的监督检查。县级以上工商行政管理部门应当加强对乳制品销售环节的监督检查。县级以上食品药品监督部门应当加强对乳制品餐饮服务环节的监督管理。监督检查部门之间,监督检查部门与其他有关部门之间,应当及时通报乳品质量安全监督管理信息。

畜牧兽医、质量监督、工商行政管理等部门应当定期开展监督抽查,并记录监督抽查的情况和处理结果。需要对乳品进行抽样检查的,不得收取任何费用,所需费用由同级财政列支。

第四十七条 畜牧兽医、质量监督、工商行政管理等部门在依据各自职责进行监督检查时,行使下列职权:

(一)实施现场检查;

(二)向有关人员调查、了解有关情况;

（三）查阅、复制有关合同、票据、账簿、检验报告等资料；

（四）查封、扣押有证据证明不符合乳品质量安全国家标准的乳品以及违法使用的生鲜乳、辅料、添加剂；

（五）查封涉嫌违法从事乳品生产经营活动的场所，扣押用于违法生产经营的工具、设备；

（六）法律、行政法规规定的其他职权。

第四十八条 县级以上质量监督部门、工商行政管理部门在监督检查中，对不符合乳品质量安全国家标准、存在危害人体健康和生命安全危险或者可能危害婴幼儿身体健康和生长发育的乳制品，责令并监督生产企业召回、销售者停止销售。

第四十九条 县级以上人民政府价格主管部门应当加强对生鲜乳购销过程中压级压价、价格欺诈、价格串通等不正当价格行为的监督检查。

第五十条 畜牧兽医主管部门、质量监督部门、工商行政管理部门应当建立乳品生产经营者违法行为记录，及时提供给中国人民银行，由中国人民银行纳入企业信用信息基础数据库。

第五十一条 省级以上人民政府畜牧兽医主管部门、质量监督部门、工商行政管理部门依据各自职责，公布乳品质量安全监督管理信息。有关监督管理部门应当及时向同级卫生主管部门通报乳品质量安全事故信息；乳品质量安全重大事故信息由省级以上人民政府卫生主管部门公布。

第五十二条 有关监督管理部门发现奶畜养殖者、生鲜乳收购者、乳制品生产企业和销售者涉嫌犯罪的，应当及时移送公安机关立案侦查。

第五十三条 任何单位和个人有权向畜牧兽医、卫生、质量监督、工商行政管理、食品药品监督等部门举报乳品生产经营中的违法行为。畜牧兽医、卫生、质量监督、工商行政管理、食品药品监督等部门应当公布本单位的电子邮件地址和举报电话；对接到的举报，应当完整地记录、保存。

接到举报的部门对属于本部门职责范围内的事项,应当及时依法处理,对于实名举报,应当及时答复;对不属于本部门职责范围内的事项,应当及时移交有权处理的部门,有权处理的部门应当立即处理,不得推诿。

第七章　法律责任

第五十四条　生鲜乳收购者、乳制品生产企业在生鲜乳收购、乳制品生产过程中,加入非食品用化学物质或者其他可能危害人体健康的物质,依照刑法第一百四十四条的规定,构成犯罪的,依法追究刑事责任,并由发证机关吊销许可证照;尚不构成犯罪的,由畜牧兽医主管部门、质量监督部门依据各自职责没收违法所得和违法生产的乳品,以及相关的工具、设备等物品,并处违法乳品货值金额 15 倍以上 30 倍以下罚款,由发证机关吊销许可证照。

第五十五条　生产、销售不符合乳品质量安全国家标准的乳品,依照刑法第一百四十三条的规定,构成犯罪的,依法追究刑事责任,并由发证机关吊销许可证照;尚不构成犯罪的,由畜牧兽医主管部门、质量监督部门、工商行政管理部门依据各自职责没收违法所得、违法乳品和相关的工具、设备等物品,并处违法乳品货值金额 10 倍以上 20 倍以下罚款,由发证机关吊销许可证照。

第五十六条　乳制品生产企业违反本条例第三十六条的规定,对不符合乳品质量安全国家标准、存在危害人体健康和生命安全或者可能危害婴幼儿身体健康和生长发育的乳制品,不停止生产、不召回的,由质量监督部门责令停止生产、召回;拒不停止生产、拒不召回的,没收其违法所得、违法乳制品和相关的工具、设备等物品,并处违法乳制品货值金额 15 倍以上 30 倍以下罚款,由发证机关吊销许可证照。

第五十七条 乳制品销售者违反本条例第四十二条的规定,对不符合乳品质量安全国家标准、存在危害人体健康和生命安全或者可能危害婴幼儿身体健康和生长发育的乳制品,不停止销售、不追回的,由工商行政管理部门责令停止销售、追回;拒不停止销售、拒不追回的,没收其违法所得、违法乳制品和相关的工具、设备等物品,并处违法乳制品货值金额 15 倍以上 30 倍以下罚款,由发证机关吊销许可证照。

第五十八条 违反本条例规定,在婴幼儿奶粉生产过程中,加入非食品用化学物质或其他可能危害人体健康的物质的,或者生产、销售的婴幼儿奶粉营养成分不足、不符合乳品质量安全国家标准的,依照本条例规定,从重处罚。

第五十九条 奶畜养殖者、生鲜乳收购者、乳制品生产企业和销售者在发生乳品质量安全事故后未报告、处置的,由畜牧兽医、质量监督、工商行政管理、食品药品监督等部门依据各自职责,责令改正,给予警告;毁灭有关证据的,责令停产停业,并处 10 万元以上 20 万元以下罚款;造成严重后果的,由发证机关吊销许可证照;构成犯罪的,依法追究刑事责任。

第六十条 有下列情形之一的,由县级以上地方人民政府畜牧兽医主管部门没收违法所得、违法收购的生鲜乳和相关的设备、设施等物品,并处违法乳品货值金额 5 倍以上 10 倍以下罚款;有许可证照的,由发证机关吊销许可证照:

(一)未取得生鲜乳收购许可证收购生鲜乳的;

(二)生鲜乳收购站取得生鲜乳收购许可证后,不再符合许可条件继续从事生鲜乳收购的;

(三)生鲜乳收购站收购本条例第二十四条规定禁止收购的生鲜乳的。

第六十一条 乳制品生产企业和销售者未取得许可证,或者取得许可证后不按照法定条件、法定要求从事生产销售活动的,由县级以上地方质量监督部门、工商行政管理部门依照《国务院关于加强食品等产品安全监督管理的特别规定》等法律、行政法规的规定处罚。

第六十二条　畜牧兽医、卫生、质量监督、工商行政管理等部门，不履行本条例规定职责、造成后果的，或者滥用职权、有其他渎职行为的，由监察机关或者任免机关对其主要负责人、直接负责的主管人员和其他直接责任人员给予记大过或者降级的处分;造成严重后果的，给予撤职或者开除的处分;构成犯罪的，依法追究刑事责任。

第八章　附　　则

第六十三条　草原牧区放牧饲养的奶畜所产的生鲜乳收购办法，由所在省、自治区、直辖市人民政府参照本条例另行制定。

第六十四条　本条例自公布之日起施行。

国务院法制办负责人就
《乳品质量安全监督管理条例》答记者问

2008 年 10 月 9 日,国务院总理温家宝签署国务院令,公布了《乳品质量安全监督管理条例》(以下简称条例),条例自公布之日起施行。日前,国务院法制办负责人就条例的有关问题回答了记者提问。

问:为什么要制定条例?

答:三鹿牌婴幼儿奶粉事件给婴幼儿的生命健康造成很大危害,给我国乳制品行业带来了严重影响。这一事件的发生,暴露出我国乳制品行业还存在一些比较突出的问题,如:生产流通秩序混乱,一些企业诚信缺失,市场监管存在缺位,有关部门配合不够等。为了解决上述问题,进一步完善乳品质量安全管理制度,加强从奶畜养殖、生鲜乳收购到乳制品生产、乳制品销售等全过程的质量安全管理,加大对违法生产经营行为的处罚力度,加重监督管理部门不依法履行职责的法律责任,保证乳品质量安全,更好地保障公众身体健康和生命安全,有必要制定《乳品质量安全监督管理条例》,为确保乳品质量安全提供有效的法律制度保障。

问:条例对监管部门的职责和法律责任作了哪些规定?

答:条例对此作了以下三个方面的规定:

一是明确监管部门的职责分工,并对监管部门的监督检查职责提出严格要求。条例规定,畜牧兽医部门负责奶畜饲养以及生鲜乳生产环节、收购环节的监督管理。质量监督检验检疫部门负责乳制品生产环节和乳品进出口环节的监督管理。工商管理部门负责乳制品销售环节的监督管理。食品药品监督部门负责乳制品餐饮服务环节的监督管理。卫生部门负责乳品质量安全监督管理的综合协调,组织查处食品安全重大事故,组织制定乳品质量安全国家标准。

条例规定,监管部门对乳品要定期监督抽查,公布举报方式和监管信息,并建立违法生产经营者"黑名单"制度。

二是严格领导责任。发生乳品质量安全事故,造成严重后果或者恶劣影响的,对有关人民政府、有关部门负有领导责任的负责人依法追究责任。

三是明确监管部门不履行职责的法律责任。监管部门不履行条例规定的职责、造成后果的,或者滥用职权、有其他渎职行为的,由监察机关或者任免机关对其主要负责人、直接负责的主管人员和其他直接责任人员给予记大过或者降级的处分;造成严重后果的,给予撤职或者开除的处分;构成犯罪的,依法追究刑事责任。

问:条例对乳品质量安全国家标准作了哪些规定?

答:乳品质量安全国家标准是检测乳品是否安全的重要依据,针对此次三鹿牌婴幼儿奶粉事件暴露出来的问题,条例作了以下三个方面的规定:

一是明确标准的制定部门。条例规定,生鲜乳和乳制品应当符合乳品质量安全国家标准。乳品质量安全国家标准由卫生部组织制定。

二是对标准的及时完善、修订作了规范。条例规定,卫生部应当根据疾病信息和监督管理部门的监督管理信息等对发现添加或者可能添加到乳品中的非食品用化学物质和其他可能危害人体健康的物质,立即组织进行风险评估,采取相应的监测、检测和监督措施,并根据风险监测和风险评估的结果及时组织修订标准。

三是规范标准的内容。条例规定,乳品质量安全国家标准应当包括乳品中的致病性微生物、农药残留、兽药残留、重金属以及其他危害人体健康物质的限量规定,乳品生产经营过程的卫生要求,通用的乳品检验方法与规程,与乳品安全有关的质量要求,以及其他需要制定为乳品质量安全国家标准的内容。

问:按照条例的规定,生产经营者的哪些行为是被禁止的？违反这些规定应当承担怎样的法律责任？

答:条例对生产经营者不得从事的行为作了明确规定,并对违反禁止性规定的行为设定了法律责任。

一是禁止在生鲜乳收购、贮存、运输、销售过程中添加任何物质;禁止在乳制品生产过程中添加非食品用化学物质或者其他可能危害人体健康的物质。对在生鲜乳收购、乳制品生产过程中加入非食品用化学物质或者其他可能危害人体健康的物质的,依照刑法第一百四十四条的规定,构成犯罪的,依法追究刑事责任,并由发证机关吊销许可证照;尚不构成犯罪的,由监管部门依据各自职责没收违法所得和违法生产的乳品,以及相关的工具、设备等物品,并处违法乳品货值金额 15 倍以上 30 倍以下罚款,由发证机关吊销许可证照。在婴幼儿奶粉生产过程中,加入非食品用化学物质和其他可能危害人体健康的物质的,从重处罚。

二是禁止在生产过程中使用不符合乳品质量安全国家标准的生鲜乳;禁止购进、销售过期、变质或者不符合乳品质量安全国家标准的乳制品。对生产、销售不符合乳品质量安全国家标准的乳制品,依照刑法第一百四十三条的规定,构成犯罪的,依法追究刑事责任,并由发证机关吊销许可证照;尚不构成犯罪的,由监管部门依据各自职责没收违法所得、违法乳制品和相关的工具、设备等物品,并处违法乳制品货值金额 10 倍以上 20 倍以下罚款,由发证机关吊销许可证照。生产、销售的婴幼儿奶粉营养成分不足、不符合国家乳品质量安全标准的,从重处罚。

三是禁止不符合条例规定的单位或者个人开办生鲜乳收购站、

收购生鲜乳;禁止收购不符合乳品质量安全国家标准的生鲜乳。违反上述规定,由畜牧兽医主管部门没收违法所得、违法收购的生鲜乳和相关的设备、设施等物品,并处违法乳品货值金额5倍以上10倍以下罚款;有许可证照的,由发证机关吊销许可证照:

四是禁止未取得食品生产许可证的任何单位和个人从事乳制品生产;禁止购进、销售无质量合格证明、无标签或者标签残缺不清的乳制品;乳制品销售者不得伪造产地,不得伪造或者冒用他人的厂名、厂址,不得伪造或者冒用认证标志等质量标志。违反上述规定,乳制品生产企业和销售者未取得许可证,或者取得许可证后不按照法定条件、法定要求从事生产销售活动的,由质量监督部门、工商管理部门依照《国务院关于加强食品等产品安全监督管理的特别规定》等法律、行政法规的规定处罚。

问:为确保婴幼儿奶粉质量安全,条例作了哪些专门规定?

答:为确保婴幼儿奶粉质量安全,条例作了以下三个方面的规定:

一是对制定婴幼儿奶粉质量安全标准提出明确要求。条例规定,制定婴幼儿奶粉的质量安全国家标准,应当充分考虑婴幼儿身体特点和生长发育需要,保证婴幼儿生长发育所需的营养成分。

二是加强对婴幼儿奶粉生产环节的监管。条例规定,生产婴幼儿奶粉的企业应当建立危害分析与关键控制点体系,提高质量安全管理水平;生产婴幼儿奶粉应当保证婴幼儿生长发育所需的营养成分,不得添加任何可能危害婴幼儿身体健康和生长发育的物质;婴幼儿奶粉出厂前应当检测营养成分,并详细标明使用方法和注意事项。

三是规定婴幼儿奶粉召回、退市特别制度。条例规定,只要发现乳制品存在可能危害婴幼儿身体健康或者生长发育的,乳制品生产企业应当立即召回,销售者必须立即停止销售。

问:条例在奶畜的养殖环节作了哪些规定来确保生鲜乳的质量安全?

答:优质的奶源是提高乳制品质量的重要保障,科学、规范的奶畜养殖,有利于从源头上提高乳品质量安全水平。条例对奶畜养殖环节作了以下三个方面的规定:

一是建立奶业发展支持保护体系。条例规定,国务院畜牧兽医主管部门会同国务院发展改革、工业和信息化、商务等部门制定全国奶业发展规划,县级以上地方人民政府应当合理确定奶畜养殖规模,科学安排生鲜乳生产收购布局;国家建立奶畜政策性保险制度,省级以上财政应当安排支持奶业发展资金,并鼓励对奶畜养殖者、奶农专业生产合作社等给予信贷支持;畜牧兽医技术推广机构应当为奶畜养殖者提供养殖技术、疫病防治等方面的服务。

二是对奶畜养殖场、养殖小区加强规范。条例规定,设立奶畜养殖场、养殖小区要符合规定条件,并向当地畜牧兽医主管部门备案;奶畜养殖场要建立养殖档案,如实记录奶畜品种、数量以及饲料、兽药使用情况,载明奶畜检疫、免疫和发病等情况。

三是对生鲜乳生产加强质量安全管理。条例规定,养殖奶畜应当遵守生产技术规程,做好防疫工作,不得使用国家禁用的饲料、饲料添加剂、兽药以及其他对动物和人体具有直接或者潜在危害的物质,不得销售用药期、休药期内奶畜产的生鲜乳;奶畜应当接受强制免疫,符合健康标准;挤奶设施、生鲜乳贮存设施应当及时清洗、消毒;生鲜乳应当冷藏,超过 2 小时未冷藏的生鲜乳,不得销售。

问:条例对生鲜乳收购作了哪些规定?

答:生鲜乳收购是奶农和乳制品生产者的中间环节,针对当前存在的问题,条例作了以下三个方面的规定:

一是建立生鲜乳收购市场准入制度。条例规定,开办生鲜乳收购站应当取得畜牧兽医主管部门的许可,符合建设规划布局,有必要的设备设施,达到相应的技术条件和管理要求;生鲜乳收购站应当由乳制品生产企业、奶畜养殖场或者奶农专业生产合作社开办,其他单位与个人不得从事生鲜乳收购。

二是规范生鲜乳收购站的经营行为。条例规定,生鲜乳收购站应当按照乳品质量安全国家标准对生鲜乳进行常规检测,不得收购可能危害人体健康的生鲜乳,并建立、保存收购、销售及检测记录,保证生鲜乳质量;贮存、运输生鲜乳应当符合冷藏、卫生等方面的要求。

三是加强对生鲜乳收购站的监督管理。条例规定,价格部门应当加强对生鲜乳价格的监控、通报,必要时县级以上地方人民政府可以组织有关部门、协会和奶农代表确定生鲜乳交易参考价格;畜牧兽医主管部门应当制定并组织实施生鲜乳质量安全监测计划,对生鲜乳进行监督抽查,并公布抽查结果。

问:为了确保乳制品质量安全,条例对乳制品生产作了哪些规定?

答:为了确保乳制品质量安全,条例对健全乳制品生产作了以下三个方面的规定:

一是强化乳制品生产企业的检验义务。在现行乳制品生产许可制度的基础上,条例进一步细化了相关条件和要求,并规定乳制品生产企业应当严格执行生鲜乳进货查验和乳制品出厂检验制度,对收购的生鲜乳和出厂的乳制品都必须实行逐批检验检测,不符合乳品质量安全国家标准的,一律不得购进、销售,并对检验检测情况和生鲜乳来源、乳制品流向等予以记录和保存。

二是规范乳制品的生产、包装和标识。条例规定,乳制品生产企业应当符合良好生产规范要求,对乳制品生产从原料进厂到成品出厂实行全过程质量控制;生鲜乳、辅料、添加剂、包装、标签等必须符合乳品质量安全国家标准;使用复原乳生产液态奶的必须标明"复原乳"字样。

三是建立健全不安全乳制品召回制度。条例规定,乳制品生产企业发现其生产的乳制品不符合乳品质量安全国家标准、存在危害人体健康和生命安全危险的,应当立即停止生产,报告有关主管部门,告知销售者、消费者,召回已经出厂、上市销售的乳制品;对召回的乳制品应当采取销毁、无害化处理等措施,防止其再次流入市场。质检、工商部门发现乳制品不安全的,应当责令并监督生产企业召回。

问:条例在销售环节规定哪些措施确保乳制品的质量安全?

答:为确保销售环节乳制品的质量安全,条例作了以下两个方面的规定:

一是强化乳制品销售者的质量安全义务。条例规定,乳制品销售者应当建立进货查验制度,审验乳制品供货商经营资格和产品合格证明,建立进货台账;从事乳制品批发业务的销售企业还应当建立销售台账,如实记录批发的乳制品品种、规格、数量、流向等内容。乳制品销售者不得销售不合格乳制品,不得伪造、冒用质量标志。

二是建立不合格乳制品退市制度。条例规定,乳制品不符合乳品质量安全国家标准、存在危害人体健康和生命安全危险的,其销售者应当立即停止销售,追回已经售出的乳制品;销售者发现乳制品不安全的,还应当立即报告有关主管部门,通知乳制品生产者。

(中国政府网 2008 年 10 月 10 日)

中华人民共和国国务院令

第 537 号

《中华人民共和国外国常驻新闻机构和外国记者采访条例》已经 2008 年 10 月 17 日国务院第 31 次常务会议通过,现予公布,自 2008 年 10 月 17 日起施行。

总理　**温家宝**
二〇〇八年十月十七日

中华人民共和国外国常驻新闻机构和外国记者采访条例

第一条　为了便于外国常驻新闻机构和外国记者在中华人民共和国境内依法采访报道,促进国际交往和信息传播,制定本条例。

第二条　本条例所称外国常驻新闻机构,是指外国新闻机构在中国境内设立、从事新闻采访报道业务的分支机构。

本条例所称外国记者包括外国常驻记者和外国短期采访记者。外国常驻记者是指由外国新闻机构派遣,在中国境内常驻6个月以上、从事新闻采访报道业务的职业记者;外国短期采访记者是指在中国境内停留期不超过6个月、从事新闻采访报道业务的职业记者。

第三条　中国实行对外开放的基本国策,依法保障外国常驻新闻机构和外国记者的合法权益,并为其依法从事新闻采访报道业务提供便利。

第四条　外国常驻新闻机构和外国记者应当遵守中国法律、法规和规章,遵守新闻职业道德,客观、公正地进行采访报道,不得进行与其机构性质或者记者身份不符的活动。

第五条　中华人民共和国外交部(以下简称外交部)主管外国常驻新闻机构和外国记者事务。国务院新闻办公室和其他部门在各自职责范围内负责外国常驻新闻机构和外国记者有关事务。

地方人民政府外事部门受外交部委托,办理本行政区域内外国常驻新闻机构和外国记者事务。地方人民政府新闻办公室和其他部门在各自职责范围内负责本行政区域内外国常驻新闻机构和外国记者有关事务。

第六条　外国新闻机构在中国境内设立常驻新闻机构、向中国派遣常驻记者,应当经外交部批准。

第七条　外国新闻机构申请在中国境内设立常驻新闻机构,应当直接或者通过中国驻外使领馆向外交部提交以下材料:

(一)由该新闻机构总部主要负责人签署的书面申请;

(二)该新闻机构情况介绍;

(三)拟设立机构的负责人、拟派遣的常驻记者以及工作人员情况介绍;

(四)该新闻机构在所在国设立的证明文件副本。

第八条　在中国境内设立常驻新闻机构的申请经批准后,该常驻新闻机构负责人应当自抵达中国之日起 7 个工作日内,持本人护照到外交部办理外国常驻新闻机构证;其中,驻北京市以外地区的常驻新闻机构,其负责人应当自抵达中国之日起 7 个工作日内,持本人护照到外交部委托的地方人民政府外事部门办理外国常驻新闻机构证。

第九条　外国新闻机构申请向中国派遣常驻记者,应当直接或者通过中国驻外使领馆向外交部提交以下材料:

(一)由该新闻机构总部负责人签署的书面申请;

(二)拟派遣记者情况介绍;

(三)拟派遣记者在所在国从事职业活动的证明文件副本。

两个以上外国新闻机构派遣同一名常驻记者的,应当依照前款规定分别办理申请手续,并在各自的书面申请中注明该记者所兼职的外国新闻机构。

第十条　向中国派遣常驻记者的申请经批准后,被派遣的外国记者应当自抵达中国之日起 7 个工作日内,持本人护照到外交部办理外国常驻记者证;其中,驻北京市以外地区的常驻记者,应当自抵达中国之日起 7 个工作日内,持本人护照到外交部委托的地方人民政府外事部门办理外国常驻记者证。

外国记者办理外国常驻记者证后,应当到居住地公安机关办理居留证。

第十一条 外国常驻新闻机构变更机构名称、常驻地区等事项,应当向外交部提交书面申请,经批准后办理变更手续。

外国常驻新闻机构变更负责人、办公地址等事项,应当在变更后 7 个工作日内书面告知外交部;其中,驻北京市以外地区的常驻新闻机构变更负责人、办公地址等事项,应当在变更后 7 个工作日内书面告知外交部委托的地方人民政府外事部门。

第十二条 外国常驻记者证有效期届满需要延期的,外国常驻记者应当提前向外交部或者外交部委托的地方人民政府外事部门提出申请,办理延期手续;逾期不办理的,视为自动放弃外国常驻记者资格,其外国常驻记者证将被注销。

第十三条 外国常驻新闻机构拟终止业务的,应当在终止业务 30 日前告知外交部,并自终止业务之日起 7 个工作日内到外交部或者外交部委托的地方人民政府外事部门办理外国常驻新闻机构证及其常驻记者的外国常驻记者证注销手续。

外国常驻新闻机构连续 10 个月以上无常驻记者,视为该机构已经自动终止业务,其外国常驻新闻机构证将被注销。

外国常驻记者在中国境内居留时间每年累计少于 6 个月的,其外国常驻记者证将被注销。

外国常驻新闻机构应当在其常驻记者离任前到外交部或者外交部委托的地方人民政府外事部门办理该记者外国常驻记者证注销手续。

第十四条 外国常驻新闻机构证、外国常驻记者证被注销后,应当向社会公布。

外国常驻记者证被注销的记者,其记者签证自注销之日起 10 日后自动失效。

外国常驻记者证被注销的记者,应当自外国常驻记者证被注销之日起 10 日内持相关证明,到居住地公安机关申请办理签证或者居留证变更登记。

第十五条 外国记者常驻或者短期采访,应当向中国驻外使领馆或者外交部授权的签证机构申请办理记者签证。

第十六条 外国记者随国家元首、政府首脑、议长、王室成员或者高级政府官员来中国访问,应当由该国外交部或者相关部门向中国驻外使领馆或者外交部授权的签证机构统一申请办理记者签证。

第十七条 外国记者在中国境内采访,需征得被采访单位和个人的同意。

外国记者采访时应当携带并出示外国常驻记者证或者短期采访记者签证。

第十八条 外国常驻新闻机构和外国记者可以通过外事服务单位聘用中国公民从事辅助工作。外事服务单位由外交部或者外交部委托的地方人民政府外事部门指定。

第十九条 外国常驻新闻机构和外国记者因采访报道需要,在依法履行报批手续后,可以临时进口、设置和使用无线电通信设备。

第二十条 外国人未取得或者未持有有效的外国常驻记者证或者短期采访记者签证,在中国境内从事新闻采访报道活动的,由公安机关责令其停止新闻采访报道活动,并依照有关法律予以处理。

第二十一条 外国常驻新闻机构和外国记者违反本条例规定的,由外交部予以警告,责令暂停或者终止其业务活动;情节严重的,吊销其外国常驻新闻机构证、外国常驻记者证或者记者签证。

第二十二条 外国常驻新闻机构和外国记者违反中国其他法律、法规和规章规定的,依法处理;情节严重的,由外交部吊销其外国常驻新闻机构证、外国常驻记者证或者记者签证。

第二十三条 本条例自 2008 年 10 月 17 日起施行。1990 年 1

月 19 日国务院公布的《外国记者和外国常驻新闻机构管理条例》同时废止。

外交部新闻司司长刘建超就国务院颁布实施《中华人民共和国外国常驻新闻机构和外国记者采访条例》举行中外记者会

2008 年 10 月 17 日晚,外交部新闻司司长刘建超举行中外记者会,就《中华人民共和国外国常驻新闻机构和外国记者采访条例》做出说明并回答记者提问。

刘建超:大家晚上好! 10 月 17 日,国务院总理温家宝签署中华人民共和国第 537 号国务院令,公布《中华人民共和国外国常驻新闻机构和外国记者采访条例》。新条例于 10 月 17 日起施行,《外国记者和外国常驻新闻机构管理条例》(第 47 号国务院令,以下称原条例)和《北京奥运会及其筹备期间外国记者在华采访规定》(第 477 号国务院令,以下称奥运《规定》)同时废止。

新条例是本着改革、开放、进步的精神制定的。新条例将《北京奥运会及其筹备期间外国记者在华采访规定》的主要原则和精神以长效法规固定下来,为外国新闻机构和外国记者在华采访提供便利。新条例同 1990 年公布的条例相比有了重大变化。比如,外国记者来华采访不再必须由中国国内单位接待并陪同,外国记者赴开放地区采访,无需向地方外事部门申请等。

外交部继续主管外国记者事务,地方政府外事部门受外交部委托办理外国记者事务,外交部和地方政府外事办公室愿继续同外国新闻机构和外国记者开展建设性合作。中国政府各部门、各级地方政府也将为外国记者在华采访提供帮助和服务。

我愿在此重申,中国政府欢迎外国记者来中国采访报道,将继续努力为大家在华工作生活提供便利与服务。我们也希望外国记者在华采访期间遵守中国的法律、法规和规章,客观、公正地报道中国,为增进中国同世界各国人民相互了解作出积极努力。

为帮助大家了解新条例,我们将于近期在外交部外国记者中心(IPC)网站上公布更新后的《外国记者在华指南》。

大家如有问题,我愿意回答。

问:关于外国记者赴西藏采访的规定是否发生了变化?第二个问题,外交部为何选择于今天晚上11时45分公布新条例?这一决定是由谁在何时作出的?

答:关于你的第一个问题,根据西藏自治区有关规定,外国记者赴西藏采访应当向西藏自治区外办申请办理"进藏批准函",希望大家继续遵守这一规定。

关于你的第二个问题,《北京奥运会及其筹备期间外国记者在华采访规定》于10月17日24时废止,也就是说,新条例在今晚24时颁布都不算晚。

问:你刚才表示,根据新条例的原则,外国记者赴开放地区采访无需向地方外事部门申请。我刚才粗略阅读了新规定,其中明确指出外国记者在中国境内采访需征得被采访单位和个人的同意,但对于你说的这一点并没有明确规定。你能否就此作出澄清?

答:正如大家所知,在制定法律时,会在法律中明确你需要做什么。法律没有明确你需要做的,你可以不做。这是一个很简单的道理。我们没必要把不需要做的事情都写入法律。正如我刚才所讲,外国记者在华采访需要征得被采访对象的同意。

问:根据新条例规定,外国记者聘用中国公民只能从事辅助工作。那么外国新闻机构是否可以雇用中国公民担任记者?还是说他们仍只能担任助手？

答：我们就这一问题做了非常认真和深入的研究。我们理解各新闻机构和记者希望能让中国公民承担更多工作包括担任记者的愿望，但由于受方方面面因素的制约，例如国内法律对记者资质等问题尚无界定，目前我们还不具备让中国公民担任外国新闻媒体记者的条件。外国新闻机构需要按照新条例的规定做出相应安排。

问：中国政府在什么情况下允许中国公民担任外国新闻机构的记者？第二个问题，中国政府哪个机构将确保新条例的贯彻执行？第三个问题，一些接受采访的人士受到了威胁。目前世界上许多国家都采取合法措施保护被采访人士，中方今后是否也会考虑出台这方面的法律？

答：关于中国公民能否担任外国记者的问题，我们可以继续进行探讨。从目前来看，这个问题涉及中国的其他法律框架。

关于新条例的贯彻执行，这是一个很重要的问题。我们对新条例得到全面、准确的执行很有信心。北京奥运会及其筹备期间，我们实施了国务院 477 号令，外交部和其他部门在全国范围内进行了大量深入细致的培训，加强意见沟通，统一规范操作，不到两年时间内，全国各级政府和各个部门已经逐渐熟悉并且适应了新的规定和操作。新条例基本沿续了奥运《规定》，执行起来相对容易。即便如此，我们仍会下大力气组织各种各样的培训和讲座，使各级政府和各部门的官员，包括执法人员了解如何执行新条例。当然这还需要一个过程，希望大家共同努力，以建设性合作的态度，把新条例执行好。

关于你的第三个问题，首先立论就不成立。所谓一些接受外国记者采访的人士受到威胁，我对此不能同意。中国宪法保障中国公民的言论自由。在中国，没有人因为正常发表言论而受到所谓干涉和干预。如果你发现这样的问题，请你告诉我。

问：北京奥运会召开前夕，我前往外地采访时受到地方外办阻拦。我告诉他们有奥运《规定》，但他们说他们还有内部规定。你能否告诉我是不是确有内部规定？第二个问题，中方在北京奥运会召开后解除了对美国之音等境外网站的封堵，今后这些网站是否将继续开放？

答：外交部在北京奥运会期间公布的帮助热线现在仍然有效，这些热线也将继续列入相关指南中。如果你遇到采访受阻的问题，请即与外交部或省级外办联系。在基层，一些部门可能存在对法规和规定了解不透彻的问题，但所谓"内部规定"是不存在的。中国政府依法治国，依法行政，任何人在处理相关事宜时必须依照法律进行。奥运期间，如果涉及外国记者采访，那就应该遵循《北京奥运会及其筹备期间外国记者在华采访规定》，除此之外没有其他规定。从今天开始，国务院第537号令正式实施。如果今后你再遇到类似问题，请与外交部直接联系，我们将尽可能推动解决。不过，在中国还有一些地区不向外国人开放，前往这些地区采访还需要按照有关规定和程序进行申请，但这样的地区很少。

关于你提到的第二个问题，中国社会在不断进步。我们依法对网站进行管理。这是另一个法律框架中的问题，不是我们今天要解决的问题。

问：今年我有几次采访遇到地方警察阻挠时，我援引奥运期间记者采访规定，但是他们表示不清楚有关规定。今天颁布的新条例何时能够在全国范围内被理解并实施呢？

答：我理解你急迫的心情。跟你一样，我也希望一过今晚十二点，全国的几百个市、几千个县，成千上万的官员，包括执法人员都能了解新规定。但实事求是地讲，这是做不到的。我们会尽可能缩短大家了解、熟悉新条例的时间，以便新法规能够尽快得到很好的执行，为外国新闻机构和记者在华采访提供很好的帮助。

追问：新条例是否已公布并已开始实施？

答：新条例今天已经对外公布并开始实施。新条例全文已于今晚11时45分通过新华社对外发表。

问：当你将这部法规告诉中国的官员时，你将告诉他们新法规对中国有什么好处？对他们有什么好处？

答：我会告诉他们，改革开放是中国的基本国策。要让中国同世界更好地相互了解，相互理解，相互合作，相互融合，新闻媒体是非常重要的媒介。只有你对媒体更公开，更透明，提供更多的信息，媒体才能帮助你。当然，不要指望媒体只报道中国好的、进步的和发展的一面，也要承受他们可能报道一些你不愿意被报道的问题。

在执行奥运《规定》的一年多时间里，中国的各级官员已经很大程度地提高了这种认识，我相信这样情况会得到进一步改善。

同时，我也要求外国记者在享受新条例带来的便利的同时，也要遵守条例规定的外国记者的义务，这样双方才能建立信任。

问：中国的学者和专家在决定是否接受采访时将会有多大的自由，他们会不会受到本单位的干扰？

答：我不想干预一个中国公民接受记者采访的决定过程，不管他是商人，学者，专家，还是政府官员，是否接受采访由他们以自己的方式做出决定。

问：除西藏自治区外，外国记者赴其他藏区采访还有什么限制性规定吗？

答：外国记者赴西藏采访需要根据西藏自治区政府的有关规定向西藏自治区外办申请办理"进藏批准函"，希望大家遵守。

至于西藏之外的藏族聚居区，新条例同样适用。

问：为什么西藏和其他藏区如此特殊呢？有人讽刺说，中国不少法律写得很漂亮，但是执法却相去甚远，你对此有何评论？

答：关于你提到的第一个问题，西藏自治区政府根据当地实际情况制定了相关规定。作为外交部官员，我不对没有被授权回答的问题做出解释。

关于你提到的第二个问题，如果你是指奥运《规定》没有得到有效执行的话，我会很失望。不知道你的记者同事们会不会同意你的观点。我也不知道你到底去了多少地方采访,遇到了多少问题。但是这么长时间你并没有与我们沟通,我的同事也没有接到你的抱怨。一些外国记者就奥运《规定》的执行提出了一些意见,也有一些抱怨,我们都很重视,出现了问题我们也与有关部门联系。目的就是为了让《规定》最大程度地得到执行。如果说奥运《规定》在执行过程中一点问题都没有,这不符合事实,但说《规定》执行情况相去甚远也不符合实际。减少出现问题需要双方建设性的合作。中国各地、各级政府要执行法规,外国记者在采访过程中也应该遵守中国有关法律、法规和规章。这是相互的。只有双方都朝这个方向做建设性努力,新条例才能尽快得到全面执行。

问:新条例和奥运《规定》哪些地方不同? 具体有哪些补充或变化?

答:新条例共23条,奥运《规定》只有9条,少了14条,数量上就不一样。内容上也有一些区别。奥运《规定》执行期间,1990年颁布的国务院47号令依然有效,两者相互矛盾时以奥运《规定》为准。奥运《规定》解决了一些非常重要的问题,但不是一个全面的法规。新条例是奥运《规定》和国务院第47号令的综合,但不是简单的组合。新条例继承了奥运《规定》的精神,同时对前两个法规相关内容做了调整。如果一一解释要花很多时间。如果你工作努力的话,今晚就别睡觉了,好好研究。

问:我理解要解释两个法规之间的不同要花费很多时间,但能不能告诉我们,今天和昨天相比,外国记者在华采访享有的自由是更多了还是减少了?

答:应该讲,新条例和奥运《规定》的主要内容没有太大区别,但和第47号国务院令的区别就大了。如果将新条例和47号令相比,我可以给你列举出很多不同。而新条例与奥运《规定》相比尽管有一些变化,但总体精神和原则没有变化。

问:你提到外国人入藏仍需办理"进藏批准函",我们到底应该向西藏自治区旅游局还是向自治区外办申请?

答:不管是作为记者还是旅游者,"进藏批准函"的审批权在自治区外办,即使通过旅行社办理也需要外办最终决定。

"进藏批准函"并不意味着我们要把西藏大门关起来。实际上,这些年入藏采访和旅游大有人在。当然,今年发生的"3·14"事件破坏了西藏的稳定,影响了外国人入藏。从这个角度上讲,我们也应该反对"藏独",反对"藏独"分子在西藏制造不稳定、动乱甚至是暴力事件。这样西藏才能在健康、稳定的环境中发展。我们希望大家共同努力,使赴西藏采访、旅行更加便利。

问:除了西藏,还有哪些地方外国记者去采访需要申请许可?

答:根据中国出入境法规,有些地区不对外国人开放。如果大家想去这些地方采访,需要履行相关申请手续。首先应该和地方外办联系。这类地区非常少,不会对大家在中国境内的采访产生大的影响。我想我没有被授权告诉大家这些地区的名称。实际上我也不知道。

问:你如何形容这部新条例,它的出台对于中国是否是一大进步?

答:我想它的出台不仅仅是中国在对外开放,对外国新闻媒体开放方面迈出的一个非常重要的步骤,也是在便利外国记者在华采访方面迈出的一个重要步骤。我希望大家喜欢这部新条例,更希望这部条例在我们共同努力下得到顺利全面的实施。

问:四川地震刚开始时,记者可以自由采访。但是后来在采访当地学生家长举行抗议等敏感问题时遭到了阻拦,我们还是需要申请许可。新条例的颁布是否意味着我们今后不需要向地方政府申请采访许可?

答:你提到了一个我们在执行新条例时很可能会经常遇到的问题。就是说,有一些地区可能会发生突发事件,例如,群体性事件或者自然灾害等紧急情况,执法人员可能会采取一些应急措施,这些措施并不是专门针对外国记者的,而是为了恢复秩序在有关地区所采取必要措施。如果出现这样的情况,希望大家能够服从执法人员的指挥和管理。

问:新华社和《人民日报》常常报道,中国在制定新的法律法规时会广泛征求社会意见。你能否告诉我们,中国政府在制定新条例前咨询了哪些新闻媒体或外国记者组织,诸如驻华外国记者俱乐部的意见? 第二,外交部有多少人负责接听外国记者的热线电话并跟进他们提出的问题?

答:关于你提到的第一个问题,在制定新条例过程中,我们考虑了各方面因素,其中很重要的一个就是外国记者对条例的期待。在过去两年中,我们同外国记者进行了多次沟通,每次都讨论奥运《规定》的执行情况,听取大家的意见及建议。记者朋友们直言不讳地谈到了奥运《规定》在执行中遇到的这样或那样的问题,但大家都认为这是一个好规定,正因为如此,即使出现了一些问题,我们仍然觉得我们走的路是正确的。我们是继续本着开放、改革、进步的精神制定新条例的。

追问:你们是否问了法新社和美联社的意见?

答:我的同事今天还和法新社进行了交流。我们的交流是很多的。我记得咱俩也在一起交流过嘛。

关于你提到的第二个问题,外国记者提出的一些问题在外交部是不是有人负责。我可以负责任地告诉你,我的同事们做了大量工作,其中包括处理外国记者在华采访过程中遇到的问题。只要向外交部反映的,我们都会尽最大努力去帮助、疏通。有很多外国记者也写信向我们表示感谢。但另一方面,外国记者反应的问题中有一些责任并不在中国的相关部门和地方,外国记者也有责任。在这个过程中,从外交部来讲,我们尽可能使问题在建设性气氛中解决。今后,如果新条例在执行过程中出现误解和问题,希望大家继续本着冷静、理智、建设性的态度加以解决。

追问：具体有多少人负责？

答：在新闻司有 35 至 40 人负责解决外国记者遇到的问题，当然这不是他们工作的全部，他们还有很多其他工作。

问：《条例》第十八条说，外国常驻新闻机构和外国记者可以通过外事服务单位聘用中国公民从事辅助工作。这是说我们可以自由雇用中国助手，还是说我们必须通过这些机构雇用他们？

答：关于《条例》第十八条，实际上大家也知道，在中国，公民从事某项工作要履行必要的手续。北京外交人员服务局长期以来为外国记者提供包括住房、人员等方面的服务，但这并不是说所有人员都要由他们来选。大家如果想雇用哪位中国公民协助工作，到北京外交人员服务局履行必要手续就可以了。做这样的规定是因为涉及到一系列的问题，例如中方雇员交税的问题、安全的问题，要有机构来负责这些事情。并不是说要通过外交人员服务局来控制大家雇佣中国公民，而是要有序的管理。这方面我们适时会有一个具体的规定告诉大家。

问：我想确认一下你对我刚才提出的问题的回答。你说，在发生突发事件时，地方政府可能会采取一些特别措施，那么如何看待这些特别措施？举个例，如果我明天去四川，这不应算是紧急情况吧？

答：我的意思是，发生突发事件后，需要尽快恢复秩序，这在任何一个国家都如此。这个过程中要采取必要的措施，需要中国公民、外国公民，包括中外记者听从现场执法人员指挥。不知道你是美国人吗？在美国也一样，假如发生了凶杀和爆炸，执法人员要处理相关事宜，不会让记者靠近，用警戒线将现场隔离。这是可以理解的。

追问：我理解你提到的情形，但我希望"特别措施"这一措辞不应被滥用于各种情况。

答：我们要防止你说的滥用情况发生。

（中国政府网 2008 年 10 月 18 日）

中华人民共和国国务院令

第 538 号

《中华人民共和国增值税暂行条例》已经 2008 年 11 月 5 日国务院第 34 次常务会议修订通过,现将修订后的《中华人民共和国增值税暂行条例》公布,自 2009 年 1 月 1 日起施行。

总理　温家宝

二〇〇八年十一月十日

中华人民共和国增值税暂行条例

(1993 年 12 月 13 日中华人民共和国国务院令第 134 号发布　2008 年 11 月 5 日国务院第 34 次常务会议修订通过)

第一条　在中华人民共和国境内销售货物或者提供加工、修理修配劳务以及进口货物的单位和个人,为增值税的纳税人,应当依照本条例缴纳增值税。

第二条　增值税税率:

(一)纳税人销售或者进口货物,除本条第(二)项、第(三)项规定外,税率为 17%。

(二)纳税人销售或者进口下列货物,税率为 13%:

1. 粮食、食用植物油;

2. 自来水、暖气、冷气、热水、煤气、石油液化气、天然气、沼气、居民用煤炭制品;

3. 图书、报纸、杂志;

4. 饲料、化肥、农药、农机、农膜;

5. 国务院规定的其他货物。

(三)纳税人出口货物,税率为零;但是,国务院另有规定的除外。

(四)纳税人提供加工、修理修配劳务(以下称应税劳务),税率为 17%。

税率的调整,由国务院决定。

第三条 纳税人兼营不同税率的货物或者应税劳务,应当分别核算不同税率货物或者应税劳务的销售额;未分别核算销售额的,从高适用税率。

第四条 除本条例第十一条规定外,纳税人销售货物或者提供应税劳务(以下简称销售货物或者应税劳务),应纳税额为当期销项税额抵扣当期进项税额后的余额。应纳税额计算公式:

应纳税额 = 当期销项税额 – 当期进项税额

当期销项税额小于当期进项税额不足抵扣时,其不足部分可以结转下期继续抵扣。

第五条 纳税人销售货物或者应税劳务,按照销售额和本条例第二条规定的税率计算并向购买方收取的增值税额,为销项税额。销项税额计算公式:

销项税额 = 销售额 × 税率

第六条 销售额为纳税人销售货物或者应税劳务向购买方收取的全部价款和价外费用,但是不包括收取的销项税额。

销售额以人民币计算。纳税人以人民币以外的货币结算销售额的,应当折合成人民币计算。

第七条 纳税人销售货物或者应税劳务的价格明显偏低并无正当理由的,由主管税务机关核定其销售额。

第八条 纳税人购进货物或者接受应税劳务(以下简称购进货物或者应税劳务)支付或者负担的增值税额,为进项税额。

下列进项税额准予从销项税额中抵扣:

(一)从销售方取得的增值税专用发票上注明的增值税额。

(二)从海关取得的海关进口增值税专用缴款书上注明的增值税额。

(三)购进农产品,除取得增值税专用发票或者海关进口增值税

专用缴款书外,按照农产品收购发票或者销售发票上注明的农产品买价和13%的扣除率计算的进项税额。进项税额计算公式:

进项税额＝买价×扣除率

(四)购进或者销售货物以及在生产经营过程中支付运输费用的,按照运输费用结算单据上注明的运输费用金额和7%的扣除率计算的进项税额。进项税额计算公式:

进项税额＝运输费用金额×扣除率

准予抵扣的项目和扣除率的调整,由国务院决定。

第九条 纳税人购进货物或者应税劳务,取得的增值税扣税凭证不符合法律、行政法规或者国务院税务主管部门有关规定的,其进项税额不得从销项税额中抵扣。

第十条 下列项目的进项税额不得从销项税额中抵扣:

(一)用于非增值税应税项目、免征增值税项目、集体福利或者个人消费的购进货物或者应税劳务;

(二)非正常损失的购进货物及相关的应税劳务;

(三)非正常损失的在产品、产成品所耗用的购进货物或者应税劳务;

(四)国务院财政、税务主管部门规定的纳税人自用消费品;

(五)本条第(一)项至第(四)项规定的货物的运输费用和销售免税货物的运输费用。

第十一条 小规模纳税人销售货物或者应税劳务,实行按照销售额和征收率计算应纳税额的简易办法,并不得抵扣进项税额。应纳税额计算公式:

应纳税额＝销售额×征收率

小规模纳税人的标准由国务院财政、税务主管部门规定。

第十二条 小规模纳税人增值税征收率为3%。

征收率的调整,由国务院决定。

第十三条 小规模纳税人以外的纳税人应当向主管税务机关申

请资格认定。具体认定办法由国务院税务主管部门制定。

小规模纳税人会计核算健全,能够提供准确税务资料的,可以向主管税务机关申请资格认定,不作为小规模纳税人,依照本条例有关规定计算应纳税额。

第十四条 纳税人进口货物,按照组成计税价格和本条例第二条规定的税率计算应纳税额。组成计税价格和应纳税额计算公式:

组成计税价格=关税完税价格+关税+消费税

应纳税额=组成计税价格×税率

第十五条 下列项目免征增值税:

(一)农业生产者销售的自产农产品;

(二)避孕药品和用具;

(三)古旧图书;

(四)直接用于科学研究、科学试验和教学的进口仪器、设备;

(五)外国政府、国际组织无偿援助的进口物资和设备;

(六)由残疾人的组织直接进口供残疾人专用的物品;

(七)销售的自己使用过的物品。

除前款规定外,增值税的免税、减税项目由国务院规定。任何地区、部门均不得规定免税、减税项目。

第十六条 纳税人兼营免税、减税项目的,应当分别核算免税、减税项目的销售额;未分别核算销售额的,不得免税、减税。

第十七条 纳税人销售额未达到国务院财政、税务主管部门规定的增值税起征点的,免征增值税;达到起征点的,依照本条例规定全额计算缴纳增值税。

第十八条 中华人民共和国境外的单位或者个人在境内提供应税劳务,在境内未设有经营机构的,以其境内代理人为扣缴义务人;在境内没有代理人的,以购买方为扣缴义务人。

第十九条 增值税纳税义务发生时间:

(一)销售货物或者应税劳务,为收讫销售款项或者取得索取销售款项凭据的当天;先开具发票的,为开具发票的当天。

(二)进口货物,为报关进口的当天。

增值税扣缴义务发生时间为纳税人增值税纳税义务发生的当天。

第二十条 增值税由税务机关征收,进口货物的增值税由海关代征。

个人携带或者邮寄进境自用物品的增值税,连同关税一并计征。具体办法由国务院关税税则委员会会同有关部门制定。

第二十一条 纳税人销售货物或者应税劳务,应当向索取增值税专用发票的购买方开具增值税专用发票,并在增值税专用发票上分别注明销售额和销项税额。

属于下列情形之一的,不得开具增值税专用发票:

(一)向消费者个人销售货物或者应税劳务的;

(二)销售货物或者应税劳务适用免税规定的;

(三)小规模纳税人销售货物或者应税劳务的。

第二十二条 增值税纳税地点:

(一)固定业户应当向其机构所在地的主管税务机关申报纳税。总机构和分支机构不在同一县(市)的,应当分别向各自所在地的主管税务机关申报纳税;经国务院财政、税务主管部门或者其授权的财政、税务机关批准,可以由总机构汇总向总机构所在地的主管税务机关申报纳税。

(二)固定业户到外县(市)销售货物或者应税劳务,应当向其机构所在地的主管税务机关申请开具外出经营活动税收管理证明,并向其机构所在地的主管税务机关申报纳税;未开具证明的,应当向销售地或者劳务发生地的主管税务机关申报纳税;未向销售地或者劳务发生地的主管税务机关申报纳税的,由其机构所在地的主管税务机关补征税款。

(三)非固定业户销售货物或者应税劳务,应当向销售地或者劳务发生地的主管税务机关申报纳税;未向销售地或者劳务发生地的主管税务机关申报纳税的,由其机构所在地或者居住地的主管税务机关补征税款。

(四)进口货物,应当向报关地海关申报纳税。

扣缴义务人应当向其机构所在地或者居住地的主管税务机关申报缴纳其扣缴的税款。

第二十三条 增值税的纳税期限分别为 1 日、3 日、5 日、10 日、15 日、1 个月或者 1 个季度。纳税人的具体纳税期限,由主管税务机关根据纳税人应纳税额的大小分别核定;不能按照固定期限纳税的,可以按次纳税。

纳税人以 1 个月或者 1 个季度为 1 个纳税期的,自期满之日起 15 日内申报纳税;以 1 日、3 日、5 日、10 日或者 15 日为 1 个纳税期的,自期满之日起 5 日内预缴税款,于次月 1 日起 15 日内申报纳税并结清上月应纳税款。

扣缴义务人解缴税款的期限,依照前两款规定执行。

第二十四条 纳税人进口货物,应当自海关填发海关进口增值税专用缴款书之日起 15 日内缴纳税款。

第二十五条 纳税人出口货物适用退(免)税规定的,应当向海关办理出口手续,凭出口报关单等有关凭证,在规定的出口退(免)税申报期内按月向主管税务机关申报办理该项出口货物的退(免)税。具体办法由国务院财政、税务主管部门制定。

出口货物办理退税后发生退货或者退关的,纳税人应当依法补缴已退的税款。

第二十六条 增值税的征收管理,依照《中华人民共和国税收征收管理法》及本条例有关规定执行。

第二十七条 本条例自 2009 年 1 月 1 日起施行。

中华人民共和国增值税暂行条例实施细则

（中华人民共和国财政部国家税务总局令第50号 自2009年1月1日起施行）

第一条 根据《中华人民共和国增值税暂行条例》（以下简称条例），制定本细则。

第二条 条例第一条所称货物，是指有形动产，包括电力、热力、气体在内。

条例第一条所称加工，是指受托加工货物，即委托方提供原料及主要材料，受托方按照委托方的要求，制造货物并收取加工费的业务。

条例第一条所称修理修配，是指受托对损伤和丧失功能的货物进行修复，使其恢复原状和功能的业务。

第三条 条例第一条所称销售货物，是指有偿转让货物的所有权。

条例第一条所称提供加工、修理修配劳务（以下称应税劳务），是指有偿提供加工、修理修配劳务。单位或者个体工商户聘用的员工为本单位或者雇主提供加工、修理修配劳务，不包括在内。

本细则所称有偿，是指从购买方取得货币、货物或者其他经济利益。

第四条 单位或者个体工商户的下列行为,视同销售货物:

(一)将货物交付其他单位或者个人代销;

(二)销售代销货物;

(三)设有两个以上机构并实行统一核算的纳税人,将货物从一个机构移送其他机构用于销售,但相关机构设在同一县(市)的除外;

(四)将自产或者委托加工的货物用于非增值税应税项目;

(五)将自产、委托加工的货物用于集体福利或者个人消费;

(六)将自产、委托加工或者购进的货物作为投资,提供给其他单位或者个体工商户;

(七)将自产、委托加工或者购进的货物分配给股东或者投资者;

(八)将自产、委托加工或者购进的货物无偿赠送其他单位或者个人。

第五条 一项销售行为如果既涉及货物又涉及非增值税应税劳务,为混合销售行为。除本细则第六条的规定外,从事货物的生产、批发或者零售的企业、企业性单位和个体工商户的混合销售行为,视为销售货物,应当缴纳增值税;其他单位和个人的混合销售行为,视为销售非增值税应税劳务,不缴纳增值税。

本条第一款所称非增值税应税劳务,是指属于应缴营业税的交通运输业、建筑业、金融保险业、邮电通信业、文化体育业、娱乐业、服务业税目征收范围的劳务。

本条第一款所称从事货物的生产、批发或者零售的企业、企业性单位和个体工商户,包括以从事货物的生产、批发或者零售为主,并兼营非增值税应税劳务的单位和个体工商户在内。

第六条 纳税人的下列混合销售行为,应当分别核算货物的销售额和非增值税应税劳务的营业额,并根据其销售货物的销售额计算缴纳增值税,非增值税应税劳务的营业额不缴纳增值税;未分别核

算的,由主管税务机关核定其货物的销售额:

(一)销售自产货物并同时提供建筑业劳务的行为;

(二)财政部、国家税务总局规定的其他情形。

第七条 纳税人兼营非增值税应税项目的,应分别核算货物或者应税劳务的销售额和非增值税应税项目的营业额;未分别核算的,由主管税务机关核定货物或者应税劳务的销售额。

第八条 条例第一条所称在中华人民共和国境内(以下简称境内)销售货物或者提供加工、修理修配劳务,是指:

(一)销售货物的起运地或者所在地在境内;

(二)提供的应税劳务发生在境内。

第九条 条例第一条所称单位,是指企业、行政单位、事业单位、军事单位、社会团体及其他单位。

条例第一条所称个人,是指个体工商户和其他个人。

第十条 单位租赁或者承包给其他单位或者个人经营的,以承租人或者承包人为纳税人。

第十一条 小规模纳税人以外的纳税人(以下称一般纳税人)因销售货物退回或者折让而退还给购买方的增值税额,应从发生销售货物退回或者折让当期的销项税额中扣减;因购进货物退出或者折让而收回的增值税额,应从发生购进货物退出或者折让当期的进项税额中扣减。

一般纳税人销售货物或者应税劳务,开具增值税专用发票后,发生销售货物退回或者折让、开票有误等情形,应按国家税务总局的规定开具红字增值税专用发票。未按规定开具红字增值税专用发票的,增值税额不得从销项税额中扣减。

第十二条 条例第六条第一款所称价外费用,包括价外向购买方收取的手续费、补贴、基金、集资费、返还利润、奖励费、违约金、滞纳金、延期付款利息、赔偿金、代收款项、代垫款项、包装费、包装物租金、储备费、优质费、运输装卸费以及其他各种性质的价外收费。但下列项目不包括在内：

（一）受托加工应征消费税的消费品所代收代缴的消费税；

（二）同时符合以下条件的代垫运输费用：

1. 承运部门的运输费用发票开具给购买方的；

2. 纳税人将该项发票转交给购买方的。

（三）同时符合以下条件代为收取的政府性基金或者行政事业性收费：

1. 由国务院或者财政部批准设立的政府性基金，由国务院或者省级人民政府及其财政、价格主管部门批准设立的行政事业性收费；

2. 收取时开具省级以上财政部门印制的财政票据；

3. 所收款项全额上缴财政。

（四）销售货物的同时代办保险等而向购买方收取的保险费，以及向购买方收取的代购买方缴纳的车辆购置税、车辆牌照费。

第十三条 混合销售行为依照本细则第五条规定应当缴纳增值税的，其销售额为货物的销售额与非增值税应税劳务营业额的合计。

第十四条 一般纳税人销售货物或者应税劳务，采用销售额和销项税额合并定价方法的，按下列公式计算销售额：

销售额 = 含税销售额 ÷（1 + 税率）

第十五条 纳税人按人民币以外的货币结算销售额的，其销售额的人民币折合率可以选择销售额发生的当天或者当月 1 日的人民币汇率中间价。纳税人应在事先确定采用何种折合率，确定后 1 年内不得变更。

第十六条 纳税人有条例第七条所称价格明显偏低并无正当理由或者有本细则第四条所列视同销售货物行为而无销售额者，按下列顺序确定销售额：

（一）按纳税人最近时期同类货物的平均销售价格确定；

（二）按其他纳税人最近时期同类货物的平均销售价格确定；

（三）按组成计税价格确定。组成计税价格的公式为：

组成计税价格 = 成本 × (1 + 成本利润率)

属于应征消费税的货物,其组成计税价格中应加计消费税额。

公式中的成本是指:销售自产货物的为实际生产成本,销售外购货物的为实际采购成本。公式中的成本利润率由国家税务总局确定。

第十七条 条例第八条第二款第(三)项所称买价,包括纳税人购进农产品在农产品收购发票或者销售发票上注明的价款和按规定缴纳的烟叶税。

第十八条 条例第八条第二款第(四)项所称运输费用金额,是指运输费用结算单据上注明的运输费用(包括铁路临管线及铁路专线运输费用)、建设基金,不包括装卸费、保险费等其他杂费。

第十九条 条例第九条所称增值税扣税凭证,是指增值税专用发票、海关进口增值税专用缴款书、农产品收购发票和农产品销售发票以及运输费用结算单据。

第二十条 混合销售行为依照本细则第五条规定应当缴纳增值税的,该混合销售行为所涉及的非增值税应税劳务所用购进货物的进项税额,符合条例第八条规定的,准予从销项税额中抵扣。

第二十一条 条例第十条第(一)项所称购进货物,不包括既用于增值税应税项目(不含免征增值税项目)也用于非增值税应税项目、免征增值税(以下简称免税)项目、集体福利或者个人消费的固定资产。

前款所称固定资产,是指使用期限超过 12 个月的机器、机械、运输工具以及其他与生产经营有关的设备、工具、器具等。

第二十二条 条例第十条第(一)项所称个人消费包括纳税人的交际应酬消费。

第二十三条 条例第十条第(一)项和本细则所称非增值税应税项目,是指提供非增值税应税劳务、转让无形资产、销售不动产和不动产在建工程。

前款所称不动产是指不能移动或者移动后会引起性质、形状改变的财产,包括建筑物、构筑物和其他土地附着物。

纳税人新建、改建、扩建、修缮、装饰不动产,均属于不动产在建工程。

第二十四条 条例第十条第(二)项所称非正常损失,是指因管理不善造成被盗、丢失、霉烂变质的损失。

第二十五条 纳税人自用的应征消费税的摩托车、汽车、游艇,其进项税额不得从销项税额中抵扣。

第二十六条 一般纳税人兼营免税项目或者非增值税应税劳务而无法划分不得抵扣的进项税额的,按下列公式计算不得抵扣的进项税额:

不得抵扣的进项税额 = 当月无法划分的全部进项税额 × 当月免税项目销售额、非增值税应税劳务营业额合计 ÷ 当月全部销售额、营业额合计

第二十七条 已抵扣进项税额的购进货物或者应税劳务,发生条例第十条规定的情形的(免税项目、非增值税应税劳务除外),应当将该项购进货物或者应税劳务的进项税额从当期的进项税额中扣减;无法确定该项进项税额的,按当期实际成本计算应扣减的进项税额。

第二十八条 条例第十一条所称小规模纳税人的标准为:

(一)从事货物生产或者提供应税劳务的纳税人,以及以从事货物生产或者提供应税劳务为主,并兼营货物批发或者零售的纳税人,年应征增值税销售额(以下简称应税销售额)在 50 万元以下(含本数,下同)的;

(二)除本条第一款第(一)项规定以外的纳税人,年应税销售额在 80 万元以下的。

本条第一款所称以从事货物生产或者提供应税劳务为主,是指纳税人的年货物生产或者提供应税劳务的销售额占年应税销售额的

比重在50%以上。

第二十九条 年应税销售额超过小规模纳税人标准的其他个人按小规模纳税人纳税;非企业性单位、不经常发生应税行为的企业可选择按小规模纳税人纳税。

第三十条 小规模纳税人的销售额不包括其应纳税额。

小规模纳税人销售货物或者应税劳务采用销售额和应纳税额合并定价方法的,按下列公式计算销售额:

销售额 = 含税销售额 ÷(1 + 征收率)

第三十一条 小规模纳税人因销售货物退回或者折让退还给购买方的销售额,应从发生销售货物退回或者折让当期的销售额中扣减。

第三十二条 条例第十三条和本细则所称会计核算健全,是指能够按照国家统一的会计制度规定设置账簿,根据合法、有效凭证核算。

第三十三条 除国家税务总局另有规定外,纳税人一经认定为一般纳税人后,不得转为小规模纳税人。

第三十四条 有下列情形之一者,应按销售额依照增值税税率计算应纳税额,不得抵扣进项税额,也不得使用增值税专用发票:

(一)一般纳税人会计核算不健全,或者不能够提供准确税务资料的;

(二)除本细则第二十九条规定外,纳税人销售额超过小规模纳税人标准,未申请办理一般纳税人认定手续的。

第三十五条 条例第十五条规定的部分免税项目的范围,限定如下:

(一)第一款第(一)项所称农业,是指种植业、养殖业、林业、牧业、水产业。

农业生产者,包括从事农业生产的单位和个人。

农产品,是指初级农产品,具体范围由财政部、国家税务总局确定。

（二）第一款第（三）项所称古旧图书，是指向社会收购的古书和旧书。

（三）第一款第（七）项所称自己使用过的物品，是指其他个人自己使用过的物品。

第三十六条　纳税人销售货物或者应税劳务适用免税规定的，可以放弃免税，依照条例的规定缴纳增值税。放弃免税后，36个月内不得再申请免税。

第三十七条　增值税起征点的适用范围限于个人。

增值税起征点的幅度规定如下：

（一）销售货物的，为月销售额2000—5000元；

（二）销售应税劳务的，为月销售额1500—3000元；

（三）按次纳税的，为每次（日）销售额150—200元。

前款所称销售额，是指本细则第三十条第一款所称小规模纳税人的销售额。

省、自治区、直辖市财政厅（局）和国家税务局应在规定的幅度内，根据实际情况确定本地区适用的起征点，并报财政部、国家税务总局备案。

第三十八条　条例第十九条第一款第（一）项规定的收讫销售款项或者取得索取销售款项凭据的当天，按销售结算方式的不同，具体为：

（一）采取直接收款方式销售货物，不论货物是否发出，均为收到销售款或者取得索取销售款凭据的当天；

（二）采取托收承付和委托银行收款方式销售货物，为发出货物并办妥托收手续的当天；

（三）采取赊销和分期收款方式销售货物，为书面合同约定的收款日期的当天，无书面合同的或者书面合同没有约定收款日期的，为货物发出的当天；

（四）采取预收货款方式销售货物，为货物发出的当天，但生产销售生产工期超过 12 个月的大型机械设备、船舶、飞机等货物，为收到预收款或者书面合同约定的收款日期的当天；

（五）委托其他纳税人代销货物，为收到代销单位的代销清单或者收到全部或者部分货款的当天。未收到代销清单及货款的，为发出代销货物满 180 天的当天；

（六）销售应税劳务，为提供劳务同时收讫销售款或者取得索取销售款的凭据的当天；

（七）纳税人发生本细则第四条第（三）项至第（八）项所列视同销售货物行为，为货物移送的当天。

第三十九条 条例第二十三条以 1 个季度为纳税期限的规定仅适用于小规模纳税人。小规模纳税人的具体纳税期限，由主管税务机关根据其应纳税额的大小分别核定。

第四十条 本细则自 2009 年 1 月 1 日起施行。

财政部、国家税务总局负责人就全国实施增值税转型改革答记者问

近日,国务院常务会议批准了财政部、国家税务总局提交的增值税转型改革方案,决定自 2009 年 1 月 1 日起,在全国范围内实施增值税转型改革。财政部和国家税务总局负责人 11 日就增值税转型改革的有关问题回答了记者的提问。

问:在当前经济形势下推出增值税转型改革,对保持我国经济平稳较快发展有什么重大意义?

答:增值税转型改革,允许企业抵扣其购进设备所含的增值税,将消除我国当前生产型增值税制产生的重复征税因素,降低企业设备投资的税收负担,在维持现行税率不变的前提下,是一项重大的减税政策。由于它可避免企业设备购置的重复征税,有利于鼓励投资和扩大内需,促进企业技术进步、产业结构调整和经济增长方式的转变。目前,由美国次贷危机引发的金融危机已波及欧洲、亚洲、拉丁美洲,全球经济增长出现明显放缓势头,一些国家甚至出现经济衰退的迹象,金融危机正在对实体经济产生重人不利影响。在这种形势下,适时推出增值税转型改革,对于增强企业发展后劲,提高我国企业竞争力和抗风险能力,克服国际金融危机对我国经济带来的不利影响具有十分重要的作用。据测算,此项改革财政预计将减收超过

1200 亿元,是我国历史上单项税制改革减税力度最大的一次,相信这一政策的出台对于我国经济的持续平稳较快发展会产生积极的促进作用。

问:增值税转型改革对于完善增值税制度有什么重要意义?

答:增值税制的一大优点是能够避免生产专业化过程中的重复征税问题。根据对外购固定资产所含税金扣除方式的不同,增值税制分为生产型、收入型和消费型三种类型。生产型不允许扣除外购固定资产所含的已征增值税,税基相当于国民生产总值,税基最大,但重复征税也最严重。收入型允许扣除固定资产当期折旧所含的增值税,税基相当于国民收入,税基其次。消费型允许一次性扣除外购固定资产所含的增值税,税基相当于最终消费,税基最小,但消除重复征税也最彻底。在目前世界上 140 多个实行增值税的国家中,绝大多数国家实行的是消费型增值税。

1994 年,我国选择采用生产型增值税,一方面是出于财政收入的考虑,另一方面则为了抑制投资膨胀。随着我国社会主义市场经济体制的逐步完善和经济全球化的纵深发展,推进增值税转型改革的必要性日益突出。

党的十六届三中全会明确提出要适时实施这项改革,"十一五规划"明确在十一五期间完成这一改革。自 2004 年 7 月 1 日起,在东北、中部等部分地区已先后实行了改革试点,试点工作运行顺利,达到了预期目标。2008 年国务院政府工作报告提出,要研究制定全国增值税转型改革方案。十一届全国人大一次会议审议同意的全国人大财经委关于预算草案审查结果报告,明确提出争取 2009 年在全国推开增值税转型改革。在这种情况下,国务院决定实施增值税转型改革,规范和完善我国增值税制度,使税收制度更加符合科学发展观的要求,并为最终完善增值税制、完成全国人大常委会要求 5 年内制定增值税法的任务创造条件。

问:增值税转型改革方案的主要内容是什么?

答:此次增值税转型改革方案的主要内容是:自 2009 年 1 月 1 日起,在维持现行增值税税率不变的前提下,允许全国范围内(不分地区和行业)的所有增值税一般纳税人抵扣其新购进设备所含的进项税额,未抵扣完的进项税额结转下期继续抵扣。为预防出现税收漏洞,将与企业技术更新无关,且容易混为个人消费的应征消费税的小汽车、摩托车和游艇排除在上述设备范围之外。同时,作为转型改革的配套措施,将相应取消进口设备增值税免税政策和外商投资企业采购国产设备增值税退税政策,将小规模纳税人征收率统一调低至 3%,将矿产品增值税税率恢复到 17%。

问:增值税转型改革在东北和中部等局部地区试点的情况如何?此次转型改革方案与试点办法有什么不同?

答:根据国务院的部署,2004 年 7 月 1 日起,转型试点首先在东北三省的装备制造业、石油化工业等八大行业进行;2007 年 7 月 1 日起,将试点范围扩大到中部六省 26 个老工业基地城市的电力业、采掘业等八大行业;2008 年 7 月 1 日,又将试点范围扩大到内蒙古自治区东部五个盟市和四川汶川地震受灾严重地区。除四川汶川地震受灾严重地区以外,其他试点地区实行的试点办法的主要内容是:对企业新购入的设备所含进项税额,先抵减欠缴增值税,再在企业本年新增增值税的额度内抵扣,未抵扣完的进项税余额结转下期继续抵扣。

据统计,截至 2007 年年底,东北和中部转型试点地区新增设备进项税额总计 244 亿元,累计抵减欠缴增值税额和退给企业增值税额 186 亿元。试点工作运行顺利,有力地推动试点地区经济发展、设备更新和技术改造,也为全面推开增值税转型改革积累了丰富的经验。

与试点办法相比,此次全国增值税转型改革方案在三个方面作了调整:一是企业新购进设备所含进项税额不再采用退税办法,而是采取规范的抵扣办法,企业购进设备和原材料一样,按正常办法直接抵扣其进项税额;二是转型改革在全国所有地区推开,取消了地区和行业限制;三是为了保证增值税转型改革对扩大内需的积极效用,转型改革后企业抵扣设备进项税额时不再受其是否有应交增值税增量的限制。

问:纳入抵扣范围的固定资产具体指什么? 房屋建筑物等不动产能否允许纳入抵扣范围?

答:现行增值税征税范围中的固定资产主要是机器、机械、运输工具以及其他与生产、经营有关的设备、工具、器具,因此,转型改革后允许抵扣的固定资产仍然是上述范围。房屋、建筑物等不动产不能纳入增值税的抵扣范围。

问:此次改革为什么要相应取消进口设备免税政策和外商投资企业购买国产设备增值税退税政策?

答:此次改革要取消的进口设备免征增值税政策,主要是指《国务院关于调整进口设备税收政策的通知》(国发〔1997〕37 号)和《国务院办公厅转发外经贸等部门关于当前进一步鼓励外商投资意见的通知》(国办发〔1999〕73 号)规定的增值税免税政策。这些政策是在我国实行生产型增值税的背景下出台的,主要是为了鼓励相关产业扩大利用外资、引进国外先进技术。但在执行中也反映出一些问题,主要有:一是进口免税设备范围较宽,不利于自主创新、设备国产化和我国装备制造业的振兴;二是内资企业进口设备的免税范围小于外资企业,税负不公。转型改革后,企业购买设备,不管是进口的还是国产的,其进项税额均可以抵扣,原有政策已经可以用新的方式替代,原来对进口设备免税的必要性已不复存在,这一政策应予停止执行。

外商投资企业采购国产设备增值税退税政策也是在生产型增值税和对进口设备免征增值税的背景下出台的。由于转型改革后,这部分设备一样能得到抵扣,因此,外商投资企业采购国产设备增值税退税政策也相应停止执行。

问:请问将金属矿和非金属矿采选产品的增值税率从13%恢复到17%是出于什么考虑?

答:1994年税制改革时,部分矿产品仍实行计划价格和计划调拨、历史遗留问题较多,经国务院批准,1994年5月起将金属矿、非金属矿采选产品的税率由17%调整为13%。这一政策对采掘业的稳定和发展起到了一定的作用,但也出现一些问题,主要有:一是对不可再生的矿产资源适用低税率,不符合资源节约、环境保护的要求;二是减少了资源开采地的税收收入,削弱资源开采地提供公共产品的能力;三是矿产资源基本都作为原料使用,矿山企业少交的增值税因下个环节减少进项税额而补征回来,政策效果并不明显;四是导致征纳双方要对这类适用低税率的货物与其他货物划分,增大征收和纳税成本。

转型改革后,矿山企业外购设备将纳入进项税额的抵扣范围,整体税负将有所下降,为公平税负,规范税制,促进资源节约和综合利用,需要将金属矿、非金属矿采选产品的增值税税率恢复到17%。

提高矿产品增值税税率以后,因下个环节可抵扣的进项税额相应增加,最终产品所含的增值税在总量上并不会增加或减少,只是税负在上下环节之间会发生一定转移,在总量上财政并不因此增加或减少收入。

问:此次改革对中小企业的发展有何具体措施?

答:适用转型改革的对象是增值税一般纳税人,改革后这些纳税人的增值税负担会普遍下降,而规模小、财务核算不健全的小规模纳税人(包括个体工商户),由于是按照销售额和征收率计算缴纳增值税且不抵扣进项税额,其增值税负担不会因转型改革而降低。

现行政策规定,小规模纳税人按工业和商业两类分别适用6%和4%的征收率。因此为了平衡小规模纳税人与一般纳税人之间的税负水平,促进中小企业的发展和扩大就业,需要相应降低小规模纳税人的征收率。考虑到现实经济活动中小规模纳税人混业经营十分普遍,实际征管中难以明确划分工业和商业小规模纳税人,对小规模纳税人不再区分工业和商业设置两档征收率,将小规模纳税人的征收率统一降低至3%。

小规模纳税人征收率水平的大幅下调,将减轻中小企业税收负担,为中小企业提供一个更加有利的发展环境。此外,财政部和国家税务总局还将通过调高增值税、营业税起征点等政策在税收上进一步鼓励中小企业的发展。

(新华社北京 2008 年 11 月 11 日电)

国务院法制办、财政部、国家税务总局负责人就《中华人民共和国增值税暂行条例》、《中华人民共和国消费税暂行条例》、《中华人民共和国营业税暂行条例》修订有关问题答记者问

11 月 10 日,国务院总理温家宝签署国务院令,公布修订后的《中华人民共和国增值税暂行条例》、《中华人民共和国消费税暂行条例》和《中华人民共和国营业税暂行条例》。新修订的三个条例将于 2009 年 1 月 1 日起施行。为便于大家理解三个条例的有关内容,国务院法制办、财政部、国家税务总局负责人接受了记者的采访。

问:增值税条例修订的主要背景是什么?

答:修订前的增值税条例对于保障财政收入、调控国民经济发展发挥了积极作用。但修订前的增值税条例实行的是生产型增值税,不允许企业抵扣购进固定资产的进项税额,存在重复征税问题,制约了企业技术改进的积极性。随着这些年来经济社会环境的发展变化,各界要求增值税由生产型向消费型转变的呼声很高。党的十六届三中全会明确提出适时实施增值税转型改革,"十一五规划"明确在十一五期间完成这一改革。自 2004 年 7 月 1 日起,经国务院批准,东北、中部等部分地区已先后进行改革试点,取得了成功经验。为了进一步消除重复征税因素,降低企业设备投资税收负担,鼓励企业技术进步和促进产业结构调整,有必要尽快在全国推开转型改革;尤其为应对目前国际金融危机对我国经济发展带来的不利影响,努

力扩大需求,作为一项促进企业设备投资和扩大生产,保持我国经济平稳较快增长的重要举措,全面推行增值税转型改革的紧迫性更加突出。因此,国务院决定自 2009 年 1 月 1 日起,在全国推开增值税转型改革。

增值税转型改革的核心是在企业计算应缴增值税时,允许扣除购入机器设备所含的增值税,这一变化,与修订前的增值税条例关于不得抵扣固定资产进项税额的规定有冲突。因此,实行增值税转型改革需要对增值税条例进行修订。

问:增值税条例修订遵循了哪些主要原则?

答:考虑到当前经济形势和转型改革的紧迫性,此次对增值税条例进行修订的原则是:

(一)确保改革重点,不作全面修订,为增值税转型改革提供法律依据。

(二)体现法治要求,保持政策稳定,将现行政策和条例的相关规定进行衔接。

(三)满足征管需要,优化纳税服务,促进征管水平的提高和执法行为的规范。

问:增值税条例主要作了哪些修订?

答:增值税条例主要作了以下五个方面的修订:

一是允许抵扣固定资产进项税额。修订前的增值税条例规定,购进固定资产的进项税额不得从销项税额中抵扣,即实行生产型增值税,这样企业购进机器设备税负比较重。为减轻企业负担,修订后的增值税条例删除了有关不得抵扣购进固定资产的进项税额的规定,允许纳税人抵扣购进固定资产的进项税额,实现增值税由生产型向消费型的转换。

二是为堵塞因转型可能会带来的一些税收漏洞,修订后的增值税条例规定,与企业技术更新无关且容易混为个人消费的自用消费品(如小汽车、游艇等)所含的进项税额,不得予以抵扣。

三是降低小规模纳税人的征收率。修订前的增值税条例规定，小规模纳税人的征收率为6%。根据条例的规定，经国务院批准，从1998年起已经将小规模纳税人划分为工业和商业两类，征收率分别为6%和4%。考虑到增值税转型改革后，一般纳税人的增值税负担水平总体降低，为了平衡小规模纳税人与一般纳税人之间的税负水平，促进中小企业的发展和扩大就业，应当降低小规模纳税人的征收率。同时考虑到现实经济活动中，小规模纳税人混业经营十分普遍，实际征管中难以明确划分工业和商业小规模纳税人，因此修订后的增值税条例对小规模纳税人不再设置工业和商业两档征收率，将征收率统一降至3%。

四是将一些现行增值税政策体现到修订后的条例中。主要是补充了有关农产品和运输费用扣除率、对增值税一般纳税人进行资格认定等规定，取消了已不再执行的对来料加工、来料装配和补偿贸易所需进口设备的免税规定。

五是根据税收征管实践，为了方便纳税人纳税申报，提高纳税服务水平，缓解征收大厅的申报压力，将纳税申报期限从10日延长至15日。明确了对境外纳税人如何确定扣缴义务人、扣缴义务发生时间、扣缴地点和扣缴期限的规定。

问：为什么要同时修订消费税条例和营业税条例，修订的主要内容有哪些？

答：增值税、消费税和营业税是我国流转税体系中三大主体税种，在我国税制中占有十分重要的地位。增值税的征税范围是所有货物和加工修理修配劳务，而交通运输、建筑安装等其他劳务则属于营业税的征税范围，在税收实践中纳税人同时缴纳增值税和营业税的情形十分普遍；消费税是在对所有货物普遍征收增值税的基础上选择少量消费品征收的，因此，消费税纳税人同时也是增值税纳税人。

增值税条例除了为转型改革的需要作相应修订外，还存在以下问题需要在此次修订时一并解决:首先,纳税申报期限较短,不便于纳税人申报纳税;其次,经国务院同意,财政部、国家税务总局对增值税条例的有些内容已经作了调整,增值税条例需要作相应的补充完善。鉴于营业税、消费税与增值税之间存在较强的相关性,消费税条例和营业税条例也存在增值税条例的上述两个问题,因此为了保持这三个税种相关政策和征管措施之间的有效衔接,有必要同时对消费税条例和营业税条例进行相应修改。

问:消费税条例修订的主要内容是什么?

答:消费税条例主要作了以下两方面的修订:

一是将1994年以来出台的政策调整内容,更新到新修订的消费税条例中,如:部分消费品(金银首饰、铂金首饰、钻石及钻石饰品)的消费税调整在零售环节征收、对卷烟和白酒增加复合计税办法、消费税税目税率调整等。

二是与增值税条例衔接,将纳税申报期限从10日延长至15日,对消费税的纳税地点等规定进行了调整。

问:营业税条例修订的主要内容是什么?

答:营业税条例主要作了以下四个方面修订:

一是调整了纳税地点的表述方式。为了解决在实际执行中一些应税劳务的发生地难以确定的问题,考虑到大多数应税劳务的发生地与机构所在地是一致的,而且有些应税劳务的纳税地点现行政策已经规定为机构所在地,将营业税纳税人提供应税劳务的纳税地点由按劳务发生地原则确定调整为按机构所在地或者居住地原则确定。

二是删除了转贷业务差额征税的规定。这一规定在实际执行中仅适用于外汇转贷业务,造成外汇转贷与人民币转贷之间的政策不平衡,因此,删除了这一规定。

三是考虑到营业税各税目的具体征收范围难以列举全面,删除了营业税条例所附的税目税率表中征收范围一栏,具体范围由财政部和国家税务总局规定。

四是与增值税条例衔接,将纳税申报期限从 10 日延长至 15 日。进一步明确了对境外纳税人如何确定扣缴义务人、扣缴义务发生时间、扣缴地点和扣缴期限的规定。

问:此次修订对现行增值税、消费税、营业税优惠政策是如何处理的?

答:此次修订条例主要是为了增值税转型改革的需要,时间十分紧迫,因此基本上没有对优惠政策作出新的调整。对过去已经国务院批准同意的优惠政策可以继续执行,而不必对三个条例的有关内容进行修改,因为三个条例都已经明确规定,国务院可以在执行中对税收优惠范围进行调整。

（新华社北京 2008 年 11 月 14 日电）

中华人民共和国国务院令

第 539 号

《中华人民共和国消费税暂行条例》已经 2008 年 11 月 5 日国务院第 34 次常务会议修订通过,现将修订后的《中华人民共和国消费税暂行条例》公布,自 2009 年 1 月 1 日起施行。

总理　温家宝

二〇〇八年十一月十日

中华人民共和国消费税暂行条例

（1993 年 12 月 13 日中华人民共和国国务院令第 135 号发布　2008 年 11 月 5 日国务院第 34 次常务会议修订通过）

第一条　在中华人民共和国境内生产、委托加工和进口本条例规定的消费品的单位和个人，以及国务院确定的销售本条例规定的消费品的其他单位和个人，为消费税的纳税人，应当依照本条例缴纳消费税。

第二条　消费税的税目、税率，依照本条例所附的《消费税税目税率表》执行。

消费税税目、税率的调整，由国务院决定。

第三条　纳税人兼营不同税率的应当缴纳消费税的消费品（以下简称应税消费品），应当分别核算不同税率应税消费品的销售额、销售数量；未分别核算销售额、销售数量，或者将不同税率的应税消费品组成成套消费品销售的，从高适用税率。

第四条　纳税人生产的应税消费品，于纳税人销售时纳税。纳税人自产自用的应税消费品，用于连续生产应税消费品的，不纳税；用于其他方面的，于移送使用时纳税。

委托加工的应税消费品，除受托方为个人外，由受托方在向委托方交货时代收代缴税款。委托加工的应税消费品，委托方用于连续生产应税消费品的,所纳税款准予按规定抵扣。

进口的应税消费品,于报关进口时纳税。

第五条 消费税实行从价定率、从量定额,或者从价定率和从量定额复合计税(以下简称复合计税)的办法计算应纳税额。应纳税额计算公式:

实行从价定率办法计算的应纳税额 = 销售额 × 比例税率

实行从量定额办法计算的应纳税额 = 销售数量 × 定额税率

实行复合计税办法计算的应纳税额 = 销售额 × 比例税率 + 销售数量 × 定额税率

纳税人销售的应税消费品,以人民币计算销售额。纳税人以人民币以外的货币结算销售额的,应当折合成人民币计算。

第六条 销售额为纳税人销售应税消费品向购买方收取的全部价款和价外费用。

第七条 纳税人自产自用的应税消费品,按照纳税人生产的同类消费品的销售价格计算纳税;没有同类消费品销售价格的,按照组成计税价格计算纳税。

实行从价定率办法计算纳税的组成计税价格计算公式:

组成计税价格 = (成本 + 利润) ÷ (1 - 比例税率)

实行复合计税办法计算纳税的组成计税价格计算公式:

组成计税价格 = (成本 + 利润 + 自产自用数量 × 定额税率) ÷ (1 - 比例税率)

第八条 委托加工的应税消费品,按照受托方的同类消费品的销售价格计算纳税;没有同类消费品销售价格的,按照组成计税价格计算纳税。

实行从价定率办法计算纳税的组成计税价格计算公式:

组成计税价格 = (材料成本 + 加工费) ÷ (1 - 比例税率)

实行复合计税办法计算纳税的组成计税价格计算公式:

组成计税价格 = (材料成本 + 加工费 + 委托加工数量 × 定额税

率)÷(1－比例税率)

第九条 进口的应税消费品,按照组成计税价格计算纳税。

实行从价定率办法计算纳税的组成计税价格计算公式:

组成计税价格=(关税完税价格+关税)÷(1－消费税比例税率)

实行复合计税办法计算纳税的组成计税价格计算公式:

组成计税价格=(关税完税价格+关税+进口数量×消费税定额税率)÷(1－消费税比例税率)

第十条 纳税人应税消费品的计税价格明显偏低并无正当理由的,由主管税务机关核定其计税价格。

第十一条 对纳税人出口应税消费品,免征消费税;国务院另有规定的除外。出口应税消费品的免税办法,由国务院财政、税务主管部门规定。

第十二条 消费税由税务机关征收,进口的应税消费品的消费税由海关代征。

个人携带或者邮寄进境的应税消费品的消费税,连同关税一并计征。具体办法由国务院关税税则委员会会同有关部门制定。

第十三条 纳税人销售的应税消费品,以及自产自用的应税消费品,除国务院财政、税务主管部门另有规定外,应当向纳税人机构所在地或者居住地的主管税务机关申报纳税。

委托加工的应税消费品,除受托方为个人外,由受托方向机构所在地或者居住地的主管税务机关解缴消费税税款。

进口的应税消费品,应当向报关地海关申报纳税。

第十四条 消费税的纳税期限分别为 1 日、3 日、5 日、10 日、15 日、1 个月或者 1 个季度。纳税人的具体纳税期限,由主管税务机关根据纳税人应纳税额的大小分别核定;不能按照固定期限纳税的,可以按次纳税。

纳税人以 1 个月或者 1 个季度为 1 个纳税期的,自期满之日起

15 日内申报纳税;以 1 日、3 日、5 日、10 日或者 15 日为 1 个纳税期的,自期满之日起 5 日内预缴税款,于次月 1 日起 15 日内申报纳税并结清上月应纳税款。

第十五条 纳税人进口应税消费品,应当自海关填发海关进口消费税专用缴款书之日起 15 日内缴纳税款。

第十六条 消费税的征收管理,依照《中华人民共和国税收征收管理法》及本条例有关规定执行。

第十七条 本条例自 2009 年 1 月 1 日起施行。

附:消费税税目税率表

消费税税目税率表

税　　目	税　　率
一、烟	
1. 卷烟	
(1)甲类卷烟	45%加 0.003 元/支
(2)乙类卷烟	30%加 0.003 元/支
2. 雪茄烟	25%
3. 烟丝	30%
二、酒及酒精	
1. 白酒	20%加 0.5 元/500 克(或者 500 毫升)
2. 黄酒	240 元/吨
3. 啤酒	
(1)甲类啤酒	250 元/吨
(2)乙类啤酒	220 元/吨
4. 其他酒	10%
5. 酒精	5%

税　目	税　率
三、化妆品	30%
四、贵重首饰及珠宝玉石 　　1. 金银首饰、铂金首饰和钻石及钻石饰品 　　2. 其他贵重首饰和珠宝玉石	 5% 10%
五、鞭炮、焰火	15%
六、成品油 　　1. 汽油 　　　（1）含铅汽油 　　　（2）无铅汽油 　　2. 柴油 　　3. 航空煤油 　　4. 石脑油 　　5. 溶剂油 　　6. 润滑油 　　7. 燃料油	 0.28 元/升 0.20 元/升 0.10 元/升 0.10 元/升 0.20 元/升 0.20 元/升 0.20 元/升 0.10 元/升
七、汽车轮胎	3%
八、摩托车 　　1. 气缸容量（排气量，下同）在 250 毫升（含 250 毫升）以下的 　　2. 气缸容量在 250 毫升以上的	 3% 10%

税　目	税　率
九、小汽车	
1. 乘用车	
(1)气缸容量(排气量,下同)在 1.0 升(含 1.0 升)以下的	1%
(2)气缸容量在 1.0 升以上至 1.5 升(含 1.5 升)的	3%
(3)气缸容量在 1.5 升以上至 2.0 升(含 2.0 升)的	5%
(4)气缸容量在 2.0 升以上至 2.5 升(含 2.5 升)的	9%
(5)气缸容量在 2.5 升以上至 3.0 升(含 3.0 升)的	12%
(6)气缸容量在 3.0 升以上至 4.0 升(含 4.0 升)的	25%
(7)气缸容量在 4.0 升以上的	40%
2. 中轻型商用客车	5%
十、高尔夫球及球具	10%
十一、高档手表	20%
十二、游艇	10%
十三、木制一次性筷子	5%
十四、实木地板	5%

中华人民共和国消费税暂行条例实施细则

（中华人民共和国财政部国家税务总局令第51号　自2009年1月1日起施行）

第一条　根据《中华人民共和国消费税暂行条例》（以下简称条例），制定本细则。

第二条　条例第一条所称单位，是指企业、行政单位、事业单位、军事单位、社会团体及其他单位。

条例第一条所称个人，是指个体工商户及其他个人。

条例第一条所称在中华人民共和国境内，是指生产、委托加工和进口属于应当缴纳消费税的消费品的起运地或者所在地在境内。

第三条　条例所附《消费税税目税率表》中所列应税消费品的具体征税范围，由财政部、国家税务总局确定。

第四条　条例第三条所称纳税人兼营不同税率的应当缴纳消费税的消费品，是指纳税人生产销售两种税率以上的应税消费品。

第五条　条例第四条第一款所称销售，是指有偿转让应税消费品的所有权。

前款所称有偿，是指从购买方取得货币、货物或者其他经济利益。

第六条　条例第四条第一款所称用于连续生产应税消费品，是指纳税人将自产自用的应税消费品作为直接材料生产最终应税消费品,自产自用应税消费品构成最终应税消费品的实体。

条例第四条第一款所称用于其他方面,是指纳税人将自产自用应税消费品用于生产非应税消费品、在建工程、管理部门、非生产机构、提供劳务、馈赠、赞助、集资、广告、样品、职工福利、奖励等方面。

第七条 条例第四条第二款所称委托加工的应税消费品,是指由委托方提供原料和主要材料,受托方只收取加工费和代垫部分辅助材料加工的应税消费品。对于由受托方提供原材料生产的应税消费品,或者受托方先将原材料卖给委托方,然后再接受加工的应税消费品,以及由受托方以委托方名义购进原材料生产的应税消费品,不论在财务上是否作销售处理,都不得作为委托加工应税消费品,而应当按照销售自制应税消费品缴纳消费税。

委托加工的应税消费品直接出售的,不再缴纳消费税。

委托个人加工的应税消费品,由委托方收回后缴纳消费税。

第八条 消费税纳税义务发生时间,根据条例第四条的规定,分列如下:

(一)纳税人销售应税消费品的,按不同的销售结算方式分别为:

1. 采取赊销和分期收款结算方式的,为书面合同约定的收款日期的当天,书面合同没有约定收款日期或者无书面合同的,为发出应税消费品的当天;

2. 采取预收货款结算方式的,为发出应税消费品的当天;

3. 采取托收承付和委托银行收款方式的,为发出应税消费品并办妥托收手续的当天;

4. 采取其他结算方式的,为收讫销售款或者取得索取销售款凭据的当天。

(二)纳税人自产自用应税消费品的,为移送使用的当天。

(三)纳税人委托加工应税消费品的,为纳税人提货的当天。

(四)纳税人进口应税消费品的,为报关进口的当天。

第九条 条例第五条第一款所称销售数量,是指应税消费品的数量。具体为:

(一)销售应税消费品的,为应税消费品的销售数量;

(二)自产自用应税消费品的,为应税消费品的移送使用数量;

(三)委托加工应税消费品的,为纳税人收回的应税消费品数量;

(四)进口应税消费品的,为海关核定的应税消费品进口征税数量。

第十条 实行从量定额办法计算应纳税额的应税消费品,计量单位的换算标准如下:

(一)黄酒　1 吨 = 962 升

(二)啤酒　1 吨 = 988 升

(三)汽油　1 吨 = 1388 升

(四)柴油　1 吨 = 1176 升

(五)航空煤油　1 吨 = 1246 升

(六)石脑油　1 吨 = 1385 升

(七)溶剂油　1 吨 = 1282 升

(八)润滑油　1 吨 = 1126 升

(九)燃料油　1 吨 = 1015 升

第十一条 纳税人销售的应税消费品,以人民币以外的货币结算销售额的,其销售额的人民币折合率可以选择销售额发生的当天或者当月 1 日的人民币汇率中间价。纳税人应在事先确定采用何种折合率,确定后 1 年内不得变更。

第十二条 条例第六条所称销售额,不包括应向购货方收取的增值税税款。如果纳税人应税消费品的销售额中未扣除增值税税款或者因不得开具增值税专用发票而发生价款和增值税税款合并收取的,在计算消费税时,应当换算为不含增值税税款的销售额。其换算公式为:

应税消费品的销售额 = 含增值税的销售额 ÷（1 + 增值税税率或者征收率）

第十三条 应税消费品连同包装物销售的,无论包装物是否单独计价以及在会计上如何核算,均应并入应税消费品的销售额中缴纳消费税。如果包装物不作价随同产品销售,而是收取押金,此项押金则不应并入应税消费品的销售额中征税。但对因逾期未收回的包装物不再退还的或者已收取的时间超过 12 个月的押金,应并入应税消费品的销售额,按照应税消费品的适用税率缴纳消费税。

对既作价随同应税消费品销售,又另外收取押金的包装物的押金,凡纳税人在规定的期限内没有退还的,均应并入应税消费品的销售额,按照应税消费品的适用税率缴纳消费税。

第十四条 条例第六条所称价外费用,是指价外向购买方收取的手续费、补贴、基金、集资费、返还利润、奖励费、违约金、滞纳金、延期付款利息、赔偿金、代收款项、代垫款项、包装费、包装物租金、储备费、优质费、运输装卸费以及其他各种性质的价外收费。但下列项目不包括在内:

(一)同时符合以下条件的代垫运输费用:

1. 承运部门的运输费用发票开具给购买方的;

2. 纳税人将该项发票转交给购买方的。

(二)同时符合以下条件代为收取的政府性基金或者行政事业性收费:

1. 由国务院或者财政部批准设立的政府性基金,由国务院或者省级人民政府及其财政、价格主管部门批准设立的行政事业性收费;

2. 收取时开具省级以上财政部门印制的财政票据;

3. 所收款项全额上缴财政。

第十五条 条例第七条第一款所称纳税人自产自用的应税消费品,是指依照条例第四条第一款规定于移送使用时纳税的应税消费品。

条例第七条第一款、第八条第一款所称同类消费品的销售价格，是指纳税人或者代收代缴义务人当月销售的同类消费品的销售价格，如果当月同类消费品各期销售价格高低不同，应按销售数量加权平均计算。但销售的应税消费品有下列情况之一的，不得列入加权平均计算：

（一）销售价格明显偏低并无正当理由的；

（二）无销售价格的。

如果当月无销售或者当月未完结，应按照同类消费品上月或者最近月份的销售价格计算纳税。

第十六条 条例第七条所称成本，是指应税消费品的产品生产成本。

第十七条 条例第七条所称利润，是指根据应税消费品的全国平均成本利润率计算的利润。应税消费品全国平均成本利润率由国家税务总局确定。

第十八条 条例第八条所称材料成本，是指委托方所提供加工材料的实际成本。

委托加工应税消费品的纳税人，必须在委托加工合同上如实注明（或者以其他方式提供）材料成本，凡未提供材料成本的，受托方主管税务机关有权核定其材料成本。

第十九条 条例第八条所称加工费，是指受托方加工应税消费品向委托方所收取的全部费用（包括代垫辅助材料的实际成本）。

第二十条 条例第九条所称关税完税价格，是指海关核定的关税计税价格。

第二十一条 条例第十条所称应税消费品的计税价格的核定权限规定如下：

（一）卷烟、白酒和小汽车的计税价格由国家税务总局核定，送财政部备案；

（二）其他应税消费品的计税价格由省、自治区和直辖市国家税务局核定；

（三）进口的应税消费品的计税价格由海关核定。

第二十二条 出口的应税消费品办理退税后，发生退关，或者国外退货进口时予以免税的，报关出口者必须及时向其机构所在地或者居住地主管税务机关申报补缴已退的消费税税款。

纳税人直接出口的应税消费品办理免税后，发生退关或者国外退货，进口时已予以免税的，经机构所在地或者居住地主管税务机关批准，可暂不办理补税，待其转为国内销售时，再申报补缴消费税。

第二十三条 纳税人销售的应税消费品，如因质量等原因由购买者退回时，经机构所在地或者居住地主管税务机关审核批准后，可退还已缴纳的消费税税款。

第二十四条 纳税人到外县（市）销售或者委托外县（市）代销自产应税消费品的，于应税消费品销售后，向机构所在地或者居住地主管税务机关申报纳税。

纳税人的总机构与分支机构不在同一县（市）的，应当分别向各自机构所在地的主管税务机关申报纳税；经财政部、国家税务总局或者其授权的财政、税务机关批准，可以由总机构汇总向总机构所在地的主管税务机关申报纳税。

委托个人加工的应税消费品，由委托方向其机构所在地或者居住地主管税务机关申报纳税。

进口的应税消费品，由进口人或者其代理人向报关地海关申报纳税。

第二十五条 本细则自 2009 年 1 月 1 日起施行。

中华人民共和国国务院令

第 540 号

《中华人民共和国营业税暂行条例》已经 2008 年 11 月 5 日国务院第 34 次常务会议修订通过，现将修订后的《中华人民共和国营业税暂行条例》公布，自 2009 年 1 月 1 日起施行。

总理　温家宝
二○○八年十一月十日

中华人民共和国营业税暂行条例

(1993 年 12 月 13 日中华人民共和国国务院令第 136 号发布 2008 年 11 月 5 日国务院第 34 次常务会议修订通过)

第一条 在中华人民共和国境内提供本条例规定的劳务、转让无形资产或者销售不动产的单位和个人,为营业税的纳税人,应当依照本条例缴纳营业税。

第二条 营业税的税目、税率,依照本条例所附的《营业税税目税率表》执行。

税目、税率的调整,由国务院决定。

纳税人经营娱乐业具体适用的税率,由省、自治区、直辖市人民政府在本条例规定的幅度内决定。

第三条 纳税人兼有不同税目的应当缴纳营业税的劳务(以下简称应税劳务)、转让无形资产或者销售不动产,应当分别核算不同税目的营业额、转让额、销售额(以下统称营业额);未分别核算营业额的,从高适用税率。

第四条 纳税人提供应税劳务、转让无形资产或者销售不动产,按照营业额和规定的税率计算应纳税额。应纳税额计算公式:

应纳税额 = 营业额 × 税率

营业额以人民币计算。纳税人以人民币以外的货币结算营业额的,应当折合成人民币计算。

第五条　纳税人的营业额为纳税人提供应税劳务、转让无形资产或者销售不动产收取的全部价款和价外费用。但是,下列情形除外:

(一)纳税人将承揽的运输业务分给其他单位或者个人的,以其取得的全部价款和价外费用扣除其支付给其他单位或者个人的运输费用后的余额为营业额;

(二)纳税人从事旅游业务的,以其取得的全部价款和价外费用扣除替旅游者支付给其他单位或者个人的住宿费、餐费、交通费、旅游景点门票和支付给其他接团旅游企业的旅游费后的余额为营业额;

(三)纳税人将建筑工程分包给其他单位的,以其取得的全部价款和价外费用扣除其支付给其他单位的分包款后的余额为营业额;

(四)外汇、有价证券、期货等金融商品买卖业务,以卖出价减去买入价后的余额为营业额;

(五)国务院财政、税务主管部门规定的其他情形。

第六条　纳税人按照本条例第五条规定扣除有关项目,取得的凭证不符合法律、行政法规或者国务院税务主管部门有关规定的,该项目金额不得扣除。

第七条　纳税人提供应税劳务、转让无形资产或者销售不动产的价格明显偏低并无正当理由的,由主管税务机关核定其营业额。

第八条　下列项目免征营业税:

(一)托儿所、幼儿园、养老院、残疾人福利机构提供的育养服务,婚姻介绍,殡葬服务;

(二)残疾人员个人提供的劳务;

(三)医院、诊所和其他医疗机构提供的医疗服务;

(四)学校和其他教育机构提供的教育劳务,学生勤工俭学提供的劳务;

（五）农业机耕、排灌、病虫害防治、植物保护、农牧保险以及相关技术培训业务，家禽、牲畜、水生动物的配种和疾病防治；

（六）纪念馆、博物馆、文化馆、文物保护单位管理机构、美术馆、展览馆、书画院、图书馆举办文化活动的门票收入，宗教场所举办文化、宗教活动的门票收入；

（七）境内保险机构为出口货物提供的保险产品。

除前款规定外，营业税的免税、减税项目由国务院规定。任何地区、部门均不得规定免税、减税项目。

第九条　纳税人兼营免税、减税项目的，应当分别核算免税、减税项目的营业额；未分别核算营业额的，不得免税、减税。

第十条　纳税人营业额未达到国务院财政、税务主管部门规定的营业税起征点的，免征营业税；达到起征点的，依照本条例规定全额计算缴纳营业税。

第十一条　营业税扣缴义务人：

（一）中华人民共和国境外的单位或者个人在境内提供应税劳务、转让无形资产或者销售不动产，在境内未设有经营机构的，以其境内代理人为扣缴义务人；在境内没有代理人的，以受让方或者购买方为扣缴义务人。

（二）国务院财政、税务主管部门规定的其他扣缴义务人。

第十二条　营业税纳税义务发生时间为纳税人提供应税劳务、转让无形资产或者销售不动产并收讫营业收入款项或者取得索取营业收入款项凭据的当天。国务院财政、税务主管部门另有规定的，从其规定。

营业税扣缴义务发生时间为纳税人营业税纳税义务发生的当天。

第十三条　营业税由税务机关征收。

第十四条　营业税纳税地点：

（一）纳税人提供应税劳务应当向其机构所在地或者居住地的

主管税务机关申报纳税。但是,纳税人提供的建筑业劳务以及国务院财政、税务主管部门规定的其他应税劳务,应当向应税劳务发生地的主管税务机关申报纳税。

(二)纳税人转让无形资产应当向其机构所在地或者居住地的主管税务机关申报纳税。但是,纳税人转让、出租土地使用权,应当向土地所在地的主管税务机关申报纳税。

(三)纳税人销售、出租不动产应当向不动产所在地的主管税务机关申报纳税。

扣缴义务人应当向其机构所在地或者居住地的主管税务机关申报缴纳其扣缴的税款。

第十五条 营业税的纳税期限分别为 5 日、10 日、15 日、1 个月或者 1 个季度。纳税人的具体纳税期限,由主管税务机关根据纳税人应纳税额的大小分别核定;不能按照固定期限纳税的,可以按次纳税。

纳税人以 1 个月或者 1 个季度为一个纳税期的,自期满之日起 15 日内申报纳税;以 5 日、10 日或者 15 日为一个纳税期的,自期满之日起 5 日内预缴税款,于次月 1 日起 15 日内申报纳税并结清上月应纳税款。

扣缴义务人解缴税款的期限,依照前两款的规定执行。

第十六条 营业税的征收管理,依照《中华人民共和国税收征收管理法》及本条例有关规定执行。

第十七条 本条例自 2009 年 1 月 1 日起施行。

附:营业税税目税率表

营业税税目税率表

税　目	税　率
一、交通运输业	3%

税　目	税　率
二、建筑业	3%
三、金融保险业	5%
四、邮电通信业	3%
五、文化体育业	3%
六、娱乐业	5%—20%
七、服务业	5%
八、转让无形资产	5%
九、销售不动产	5%

中华人民共和国营业税暂行条例实施细则

（中华人民共和国财政部国家税务总局令第52号 自2009年1月1日起施行）

第一条 根据《中华人民共和国营业税暂行条例》（以下简称条例），制定本细则。

第二条 条例第一条所称条例规定的劳务是指属于交通运输业、建筑业、金融保险业、邮电通信业、文化体育业、娱乐业、服务业税目征收范围的劳务（以下称应税劳务）。

加工和修理、修配，不属于条例规定的劳务（以下称非应税劳务）。

第三条 条例第一条所称提供条例规定的劳务、转让无形资产或者销售不动产，是指有偿提供条例规定的劳务、有偿转让无形资产或者有偿转让不动产所有权的行为（以下称应税行为）。但单位或者个体工商户聘用的员工为本单位或者雇主提供条例规定的劳务，不包括在内。

前款所称有偿，是指取得货币、货物或者其他经济利益。

第四条 条例第一条所称在中华人民共和国境内（以下简称境内）提供条例规定的劳务、转让无形资产或者销售不动产，是指：

（一）提供或者接受条例规定劳务的单位或者个人在境内；

（二）所转让的无形资产（不含土地使用权）的接受单位或者个人在境内；

（三）所转让或者出租土地使用权的土地在境内；

（四）所销售或者出租的不动产在境内。

第五条 纳税人有下列情形之一的,视同发生应税行为：

（一）单位或者个人将不动产或者土地使用权无偿赠送其他单位或者个人；

（二）单位或者个人自己新建（以下简称自建）建筑物后销售,其所发生的自建行为；

（三）财政部、国家税务总局规定的其他情形。

第六条 一项销售行为如果既涉及应税劳务又涉及货物,为混合销售行为。除本细则第七条的规定外,从事货物的生产、批发或者零售的企业、企业性单位和个体工商户的混合销售行为,视为销售货物,不缴纳营业税；其他单位和个人的混合销售行为,视为提供应税劳务,缴纳营业税。

第一款所称货物,是指有形动产,包括电力、热力、气体在内。

第一款所称从事货物的生产、批发或者零售的企业、企业性单位和个体工商户,包括以从事货物的生产、批发或者零售为主,并兼营应税劳务的企业、企业性单位和个体工商户在内。

第七条 纳税人的下列混合销售行为,应当分别核算应税劳务的营业额和货物的销售额,其应税劳务的营业额缴纳营业税,货物销售额不缴纳营业税；未分别核算的,由主管税务机关核定其应税劳务的营业额：

（一）提供建筑业劳务的同时销售自产货物的行为；

（二）财政部、国家税务总局规定的其他情形。

第八条 纳税人兼营应税行为和货物或者非应税劳务的,应当分别核算应税行为的营业额和货物或者非应税劳务的销售额,其应税行为营业额缴纳营业税,货物或者非应税劳务销售额不缴纳营业税;未分别核算的,由主管税务机关核定其应税行为营业额。

第九条 条例第一条所称单位,是指企业、行政单位、事业单位、军事单位、社会团体及其他单位。

条例第一条所称个人,是指个体工商户和其他个人。

第十条 除本细则第十一条和第十二条的规定外,负有营业税纳税义务的单位为发生应税行为并收取货币、货物或者其他经济利益的单位,但不包括单位依法不需要办理税务登记的内设机构。

第十一条 单位以承包、承租、挂靠方式经营的,承包人、承租人、挂靠人(以下统称承包人)发生应税行为,承包人以发包人、出租人、被挂靠人(以下统称发包人)名义对外经营并由发包人承担相关法律责任的,以发包人为纳税人;否则以承包人为纳税人。

第十二条 中央铁路运营业务的纳税人为铁道部,合资铁路运营业务的纳税人为合资铁路公司,地方铁路运营业务的纳税人为地方铁路管理机构,基建临管线运营业务的纳税人为基建临管线管理机构。

第十三条 条例第五条所称价外费用,包括收取的手续费、补贴、基金、集资费、返还利润、奖励费、违约金、滞纳金、延期付款利息、赔偿金、代收款项、代垫款项、罚息及其他各种性质的价外收费,但不包括同时符合以下条件代为收取的政府性基金或者行政事业性收费:

(一)由国务院或者财政部批准设立的政府性基金,由国务院或者省级人民政府及其财政、价格主管部门批准设立的行政事业性收费;

(二)收取时开具省级以上财政部门印制的财政票据;

(三)所收款项全额上缴财政。

第十四条 纳税人的营业额计算缴纳营业税后因发生退款减除营业额的,应当退还已缴纳营业税税款或者从纳税人以后的应缴纳营业税税额中减除。

第十五条 纳税人发生应税行为,如果将价款与折扣额在同一张发票上注明的,以折扣后的价款为营业额;如果将折扣额另开发票的,不论其在财务上如何处理,均不得从营业额中扣除。

第十六条 除本细则第七条规定外,纳税人提供建筑业劳务(不含装饰劳务)的,其营业额应当包括工程所用原材料、设备及其他物资和动力价款在内,但不包括建设方提供的设备的价款。

第十七条 娱乐业的营业额为经营娱乐业收取的全部价款和价外费用,包括门票收费、台位费、点歌费、烟酒、饮料、茶水、鲜花、小吃等收费及经营娱乐业的其他各项收费。

第十八条 条例第五条第(四)项所称外汇、有价证券、期货等金融商品买卖业务,是指纳税人从事的外汇、有价证券、非货物期货和其他金融商品买卖业务。

货物期货不缴纳营业税。

第十九条 条例第六条所称符合国务院税务主管部门有关规定的凭证(以下统称合法有效凭证),是指:

(一)支付给境内单位或者个人的款项,且该单位或者个人发生的行为属于营业税或者增值税征收范围的,以该单位或者个人开具的发票为合法有效凭证;

(二)支付的行政事业性收费或者政府性基金,以开具的财政票据为合法有效凭证;

(三)支付给境外单位或者个人的款项,以该单位或者个人的签收单据为合法有效凭证,税务机关对签收单据有疑义的,可以要求其提供境外公证机构的确认证明;

(四)国家税务总局规定的其他合法有效凭证。

第二十条 纳税人有条例第七条所称价格明显偏低并无正当理由或者本细则第五条所列视同发生应税行为而无营业额的,按下列顺序确定其营业额:

(一)按纳税人最近时期发生同类应税行为的平均价格核定;

（二）按其他纳税人最近时期发生同类应税行为的平均价格核定。

（三）按下列公式核定：

营业额＝营业成本或者工程成本×（1＋成本利润率）÷（1－营业税税率）

公式中的成本利润率，由省、自治区、直辖市税务局确定。

第二十一条 纳税人以人民币以外的货币结算营业额的，其营业额的人民币折合率可以选择营业额发生的当天或者当月1日的人民币汇率中间价。纳税人应当在事先确定采用何种折合率，确定后1年内不得变更。

第二十二条 条例第八条规定的部分免税项目的范围，限定如下：

（一）第一款第（二）项所称残疾人员个人提供的劳务，是指残疾人员本人为社会提供的劳务。

（二）第一款第（四）项所称学校和其他教育机构，是指普通学校以及经地、市级以上人民政府或者同级政府的教育行政部门批准成立、国家承认其学员学历的各类学校。

（三）第一款第（五）项所称农业机耕，是指在农业、林业、牧业中使用农业机械进行耕作（包括耕耘、种植、收割、脱粒、植物保护等）的业务；排灌，是指对农田进行灌溉或排涝的业务；病虫害防治，是指从事农业、林业、牧业、渔业的病虫害测报和防治的业务；农牧保险，是指为种植业、养殖业、牧业种植和饲养的动植物提供保险的业务；相关技术培训，是指与农业机耕、排灌、病虫害防治、植物保护业务相关以及为使农民获得农牧保险知识的技术培训业务；家禽、牲畜、水生动物的配种和疾病防治业务的免税范围，包括与该项劳务有关的提供药品和医疗用具的业务。

（四）第一款第（六）项所称纪念馆、博物馆、文化馆、文物保护单位管理机构、美术馆、展览馆、书画院、图书馆举办文化活动，是指这些单位在自己的场所举办的属于文化体育业税目征税范围的文化活动。其门票收入,是指销售第一道门票的收入。宗教场所举办文化、宗教活动的门票收入,是指寺院、宫观、清真寺和教堂举办文化、宗教活动销售门票的收入。

(五)第一款第(七)项所称为出口货物提供的保险产品,包括出口货物保险和出口信用保险。

第二十三条　条例第十条所称营业税起征点,是指纳税人营业额合计达到起征点。

营业税起征点的适用范围限于个人。

营业税起征点的幅度规定如下:

(一)按期纳税的,为月营业额 1000—5000 元;

(二)按次纳税的,为每次(日)营业额 100 元。

省、自治区、直辖市财政厅(局)、税务局应当在规定的幅度内,根据实际情况确定本地区适用的起征点,并报财政部、国家税务总局备案。

第二十四条　条例第十二条所称收讫营业收入款项,是指纳税人应税行为发生过程中或者完成后收取的款项。

条例第十二条所称取得索取营业收入款项凭据的当天,为书面合同确定的付款日期的当天;未签订书面合同或者书面合同未确定付款日期的,为应税行为完成的当天。

第二十五条　纳税人转让土地使用权或者销售不动产,采取预收款方式的,其纳税义务发生时间为收到预收款的当天。

纳税人提供建筑业或者租赁业劳务,采取预收款方式的,其纳税义务发生时间为收到预收款的当天。

纳税人发生本细则第五条所称将不动产或者土地使用权无偿赠送其他单位或者个人的,其纳税义务发生时间为不动产所有权、土地使用权转移的当天。

纳税人发生本细则第五条所称自建行为的,其纳税义务发生时间为销售自建建筑物的纳税义务发生时间。

第二十六条 按照条例第十四条规定,纳税人应当向应税劳务发生地、土地或者不动产所在地的主管税务机关申报纳税而自应当申报纳税之月起超过 6 个月没有申报纳税的,由其机构所在地或者居住地的主管税务机关补征税款。

第二十七条 银行、财务公司、信托投资公司、信用社、外国企业常驻代表机构的纳税期限为 1 个季度。

第二十八条 本细则自 2009 年 1 月 1 日起施行。

中华人民共和国国务院令

第 541 号

　　《森林防火条例》已经 2008 年 11 月 19 日国务院第 36 次常务会议修订通过,现将修订后的《森林防火条例》公布,自 2009 年 1 月 1 日起施行。

总理　温家宝

二〇〇八年十二月一日

森林防火条例

(1988 年 1 月 16 日国务院发布　2008 年 11 月 19 日国务院第 36 次常务会议修订通过)

第一章　总　　则

第一条　为了有效预防和扑救森林火灾,保障人民生命财产安全,保护森林资源,维护生态安全,根据《中华人民共和国森林法》,制定本条例。

第二条　本条例适用于中华人民共和国境内森林火灾的预防和扑救。但是,城市市区的除外。

第三条　森林防火工作实行预防为主、积极消灭的方针。

第四条　国家森林防火指挥机构负责组织、协调和指导全国的森林防火工作。

国务院林业主管部门负责全国森林防火的监督和管理工作,承担国家森林防火指挥机构的日常工作。

国务院其他有关部门按照职责分工,负责有关的森林防火工作。

第五条　森林防火工作实行地方各级人民政府行政首长负责制。

县级以上地方人民政府根据实际需要设立的森林防火指挥机

构,负责组织、协调和指导本行政区域的森林防火工作。

县级以上地方人民政府林业主管部门负责本行政区域森林防火的监督和管理工作,承担本级人民政府森林防火指挥机构的日常工作。

县级以上地方人民政府其他有关部门按照职责分工,负责有关的森林防火工作。

第六条　森林、林木、林地的经营单位和个人,在其经营范围内承担森林防火责任。

第七条　森林防火工作涉及两个以上行政区域的,有关地方人民政府应当建立森林防火联防机制,确定联防区域,建立联防制度,实行信息共享,并加强监督检查。

第八条　县级以上人民政府应当将森林防火基础设施建设纳入国民经济和社会发展规划,将森林防火经费纳入本级财政预算。

第九条　国家支持森林防火科学研究,推广和应用先进的科学技术,提高森林防火科技水平。

第十条　各级人民政府、有关部门应当组织经常性的森林防火宣传活动,普及森林防火知识,做好森林火灾预防工作。

第十一条　国家鼓励通过保险形式转移森林火灾风险,提高林业防灾减灾能力和灾后自我救助能力。

第十二条　对在森林防火工作中作出突出成绩的单位和个人,按照国家有关规定,给予表彰和奖励。

对在扑救重大、特别重大森林火灾中表现突出的单位和个人,可以由森林防火指挥机构当场给予表彰和奖励。

第二章　森林火灾的预防

第十三条　省、自治区、直辖市人民政府林业主管部门应当按照国务院林业主管部门制定的森林火险区划等级标准,以县为单位确定本行政区域的森林火险区划等级,向社会公布,并报国务院林业主管部门备案。

第十四条 国务院林业主管部门应当根据全国森林火险区划等级和实际工作需要,编制全国森林防火规划,报国务院或者国务院授权的部门批准后组织实施。

县级以上地方人民政府林业主管部门根据全国森林防火规划,结合本地实际,编制本行政区域的森林防火规划,报本级人民政府批准后组织实施。

第十五条 国务院有关部门和县级以上地方人民政府应当按照森林防火规划,加强森林防火基础设施建设,储备必要的森林防火物资,根据实际需要整合、完善森林防火指挥信息系统。

国务院和省、自治区、直辖市人民政府根据森林防火实际需要,充分利用卫星遥感技术和现有军用、民用航空基础设施,建立相关单位参与的航空护林协作机制,完善航空护林基础设施,并保障航空护林所需经费。

第十六条 国务院林业主管部门应当按照有关规定编制国家重大、特别重大森林火灾应急预案,报国务院批准。

县级以上地方人民政府林业主管部门应当按照有关规定编制森林火灾应急预案,报本级人民政府批准,并报上一级人民政府林业主管部门备案。

县级人民政府应当组织乡(镇)人民政府根据森林火灾应急预案制定森林火灾应急处置办法;村民委员会应当按照森林火灾应急预案和森林火灾应急处置办法的规定,协助做好森林火灾应急处置工作。

县级以上人民政府及其有关部门应当组织开展必要的森林火灾应急预案的演练。

第十七条 森林火灾应急预案应当包括下列内容:

(一)森林火灾应急组织指挥机构及其职责;

（二）森林火灾的预警、监测、信息报告和处理；

（三）森林火灾的应急响应机制和措施；

（四）资金、物资和技术等保障措施；

（五）灾后处置。

第十八条　在林区依法开办工矿企业、设立旅游区或者新建开发区的，其森林防火设施应当与该建设项目同步规划、同步设计、同步施工、同步验收；在林区成片造林的，应当同时配套建设森林防火设施。

第十九条　铁路的经营单位应当负责本单位所属林地的防火工作，并配合县级以上地方人民政府做好铁路沿线森林火灾危险地段的防火工作。

电力、电信线路和石油天然气管道的森林防火责任单位，应当在森林火灾危险地段开设防火隔离带，并组织人员进行巡护。

第二十条　森林、林木、林地的经营单位和个人应当按照林业主管部门的规定，建立森林防火责任制，划定森林防火责任区，确定森林防火责任人，并配备森林防火设施和设备。

第二十一条　地方各级人民政府和国有林业企业、事业单位应当根据实际需要，成立森林火灾专业扑救队伍；县级以上地方人民政府应当指导森林经营单位和林区的居民委员会、村民委员会、企业、事业单位建立森林火灾群众扑救队伍。专业的和群众的火灾扑救队伍应当定期进行培训和演练。

第二十二条　森林、林木、林地的经营单位配备的兼职或者专职护林员负责巡护森林，管理野外用火，及时报告火情，协助有关机关调查森林火灾案件。

第二十三条　县级以上地方人民政府应当根据本行政区域内森林资源分布状况和森林火灾发生规律，划定森林防火区，规定森林防火期，并向社会公布。

森林防火期内，各级人民政府森林防火指挥机构和森林、林木、林地的经营单位和个人,应当根据森林火险预报,采取相应的预防和应急准备措施。

第二十四条 县级以上人民政府森林防火指挥机构,应当组织有关部门对森林防火区内有关单位的森林防火组织建设、森林防火责任制落实、森林防火设施建设等情况进行检查;对检查中发现的森林火灾隐患,县级以上地方人民政府林业主管部门应当及时向有关单位下达森林火灾隐患整改通知书,责令限期整改,消除隐患。

被检查单位应当积极配合,不得阻挠、妨碍检查活动。

第二十五条 森林防火期内,禁止在森林防火区野外用火。因防治病虫鼠害、冻害等特殊情况确需野外用火的,应当经县级人民政府批准,并按照要求采取防火措施,严防失火;需要进入森林防火区进行实弹演习、爆破等活动的,应当经省、自治区、直辖市人民政府林业主管部门批准,并采取必要的防火措施;中国人民解放军和中国人民武装警察部队因处置突发事件和执行其他紧急任务需要进入森林防火区的,应当经其上级主管部门批准,并采取必要的防火措施。

第二十六条 森林防火期内,森林、林木、林地的经营单位应当设置森林防火警示宣传标志,并对进入其经营范围的人员进行森林防火安全宣传。

森林防火期内,进入森林防火区的各种机动车辆应当按照规定安装防火装置,配备灭火器材。

第二十七条 森林防火期内,经省、自治区、直辖市人民政府批准,林业主管部门、国务院确定的重点国有林区的管理机构可以设立临时性的森林防火检查站,对进入森林防火区的车辆和人员进行森林防火检查。

第二十八条 森林防火期内,预报有高温、干旱、大风等高火险天气的,县级以上地方人民政府应当划定森林高火险区,规定森林高火险期。必要时,县级以上地方人民政府可以根据需要发布命令,严禁一切野外用火;对可能引起森林火灾的居民生活用火应当严格管理。

第二十九条 森林高火险期内,进入森林高火险区的,应当经县级以上地方人民政府批准,严格按照批准的时间、地点、范围活动,并接受县级以上地方人民政府林业主管部门的监督管理。

第三十条 县级以上人民政府林业主管部门和气象主管机构应当根据森林防火需要,建设森林火险监测和预报台站,建立联合会商机制,及时制作发布森林火险预警预报信息。

气象主管机构应当无偿提供森林火险天气预报服务。广播、电视、报纸、互联网等媒体应当及时播发或者刊登森林火险天气预报。

第三章 森林火灾的扑救

第三十一条 县级以上地方人民政府应当公布森林火警电话,建立森林防火值班制度。

任何单位和个人发现森林火灾,应当立即报告。接到报告的当地人民政府或者森林防火指挥机构应当立即派人赶赴现场,调查核实,采取相应的扑救措施,并按照有关规定逐级报上级人民政府和森林防火指挥机构。

第三十二条 发生下列森林火灾,省、自治区、直辖市人民政府森林防火指挥机构应当立即报告国家森林防火指挥机构,由国家森林防火指挥机构按照规定报告国务院,并及时通报国务院有关部门:

(一)国界附近的森林火灾;

(二)重大、特别重大森林火灾;

(三)造成 3 人以上死亡或者 10 人以上重伤的森林火灾;

(四)威胁居民区或者重要设施的森林火灾;

(五)24 小时尚未扑灭明火的森林火灾;

(六)未开发原始林区的森林火灾;

(七)省、自治区、直辖市交界地区危险性大的森林火灾;

（八）需要国家支援扑救的森林火灾。

本条第一款所称"以上"包括本数。

第三十三条 发生森林火灾，县级以上地方人民政府森林防火指挥机构应当按照规定立即启动森林火灾应急预案；发生重大、特别重大森林火灾，国家森林防火指挥机构应当立即启动重大、特别重大森林火灾应急预案。

森林火灾应急预案启动后，有关森林防火指挥机构应当在核实火灾准确位置、范围以及风力、风向、火势的基础上，根据火灾现场天气、地理条件，合理确定扑救方案，划分扑救地段，确定扑救责任人，并指定负责人及时到达森林火灾现场具体指挥森林火灾的扑救。

第三十四条 森林防火指挥机构应当按照森林火灾应急预案，统一组织和指挥森林火灾的扑救。

扑救森林火灾，应当坚持以人为本、科学扑救，及时疏散、撤离受火灾威胁的群众，并做好火灾扑救人员的安全防护，尽最大可能避免人员伤亡。

第三十五条 扑救森林火灾应当以专业火灾扑救队伍为主要力量；组织群众扑救队伍扑救森林火灾的，不得动员残疾人、孕妇和未成年人以及其他不适宜参加森林火灾扑救的人员参加。

第三十六条 武装警察森林部队负责执行国家赋予的森林防火任务。武装警察森林部队执行森林火灾扑救任务，应当接受火灾发生地县级以上地方人民政府森林防火指挥机构的统一指挥；执行跨省、自治区、直辖市森林火灾扑救任务的，应当接受国家森林防火指挥机构的统一指挥。

中国人民解放军执行森林火灾扑救任务的，依照《军队参加抢险救灾条例》的有关规定执行。

第三十七条 发生森林火灾，有关部门应当按照森林火灾应急预案和森林防火指挥机构的统一指挥，做好扑救森林火灾的有关工作。

气象主管机构应当及时提供火灾地区天气预报和相关信息,并根据天气条件适时开展人工增雨作业。

交通运输主管部门应当优先组织运送森林火灾扑救人员和扑救物资。

通信主管部门应当组织提供应急通信保障。

民政部门应当及时设置避难场所和救灾物资供应点,紧急转移并妥善安置灾民,开展受灾群众救助工作。

公安机关应当维护治安秩序,加强治安管理。

商务、卫生等主管部门应当做好物资供应、医疗救护和卫生防疫等工作。

第三十八条 因扑救森林火灾的需要,县级以上人民政府森林防火指挥机构可以决定采取开设防火隔离带、清除障碍物、应急取水、局部交通管制等应急措施。

因扑救森林火灾需要征用物资、设备、交通运输工具的,由县级以上人民政府决定。扑火工作结束后,应当及时返还被征用的物资、设备和交通工具,并依照有关法律规定给予补偿。

第三十九条 森林火灾扑灭后,火灾扑救队伍应当对火灾现场进行全面检查,清理余火,并留有足够人员看守火场,经当地人民政府森林防火指挥机构检查验收合格,方可撤出看守人员。

第四章 灾后处置

第四十条 按照受害森林面积和伤亡人数,森林火灾分为一般森林火灾、较大森林火灾、重大森林火灾和特别重大森林火灾:

(一)一般森林火灾:受害森林面积在 1 公顷以下或者其他林地起火的,或者死亡 1 人以上 3 人以下的,或者重伤 1 人以上 10 人以下的;

(二)较大森林火灾:受害森林面积在 1 公顷以上 100 公顷以下

的,或者死亡 3 人以上 10 人以下的,或者重伤 10 人以上 50 人以下的;

（三）重大森林火灾:受害森林面积在 100 公顷以上 1000 公顷以下的,或者死亡 10 人以上 30 人以下的,或者重伤 50 人以上 100 人以下的;

（四）特别重大森林火灾:受害森林面积在 1000 公顷以上的,或者死亡 30 人以上的,或者重伤 100 人以上的。

本条第一款所称"以上"包括本数,"以下"不包括本数。

第四十一条　县级以上人民政府林业主管部门应当会同有关部门及时对森林火灾发生原因、肇事者、受害森林面积和蓄积、人员伤亡、其他经济损失等情况进行调查和评估,向当地人民政府提出调查报告;当地人民政府应当根据调查报告,确定森林火灾责任单位和责任人,并依法处理。

森林火灾损失评估标准,由国务院林业主管部门会同有关部门制定。

第四十二条　县级以上地方人民政府林业主管部门应当按照有关要求对森林火灾情况进行统计,报上级人民政府林业主管部门和本级人民政府统计机构,并及时通报本级人民政府有关部门。

森林火灾统计报告表由国务院林业主管部门制定,报国家统计局备案。

第四十三条　森林火灾信息由县级以上人民政府森林防火指挥机构或者林业主管部门向社会发布。重大、特别重大森林火灾信息由国务院林业主管部门发布。

第四十四条　对因扑救森林火灾负伤、致残或者死亡的人员,按照国家有关规定给予医疗、抚恤。

第四十五条　参加森林火灾扑救的人员的误工补贴和生活补助以及扑救森林火灾所发生的其他费用,按照省、自治区、直辖市人民政府规定的标准,由火灾肇事单位或者个人支付;起火原因不清的,由起火单位支付;火灾肇事单位、个人或者起火单位确实无力支付的部分,由当地人民政府支付。误工补贴和生活补助以及扑救森林火灾所发生的其他费用,可以由当地人民政府先行支付。

第四十六条 森林火灾发生后,森林、林木、林地的经营单位和个人应当及时采取更新造林措施,恢复火烧迹地森林植被。

第五章 法律责任

第四十七条 违反本条例规定,县级以上地方人民政府及其森林防火指挥机构、县级以上人民政府林业主管部门或者其他有关部门及其工作人员,有下列行为之一的,由其上级行政机关或者监察机关责令改正;情节严重的,对直接负责的主管人员和其他直接责任人员依法给予处分;构成犯罪的,依法追究刑事责任:

(一)未按照有关规定编制森林火灾应急预案的;

(二)发现森林火灾隐患未及时下达森林火灾隐患整改通知书的;

(三)对不符合森林防火要求的野外用火或者实弹演习、爆破等活动予以批准的;

(四)瞒报、谎报或者故意拖延报告森林火灾的;

(五)未及时采取森林火灾扑救措施的;

(六)不依法履行职责的其他行为。

第四十八条 违反本条例规定,森林、林木、林地的经营单位或者个人未履行森林防火责任的,由县级以上地方人民政府林业主管部门责令改正,对个人处 500 元以上 5000 元以下罚款,对单位处 1 万元以上 5 万元以下罚款。

第四十九条 违反本条例规定,森林防火区内的有关单位或者个人拒绝接受森林防火检查或者接到森林火灾隐患整改通知书逾期不消除火灾隐患的,由县级以上地方人民政府林业主管部门责令改正,给予警告,对个人并处 200 元以上 2000 元以下罚款,对单位并处 5000 元以上 1 万元以下罚款。

第五十条 违反本条例规定,森林防火期内未经批准擅自在森林防火区内野外用火的,由县级以上地方人民政府林业主管部门责令停止违法行为,给予警告,对个人并处 200 元以上 3000 元以下罚款,对单位并处 1 万元以上 5 万元以下罚款。

第五十一条 违反本条例规定,森林防火期内未经批准在森林防火区内进行实弹演习、爆破等活动的,由县级以上地方人民政府林业主管部门责令停止违法行为,给予警告,并处 5 万元以上 10 万元以下罚款。

第五十二条 违反本条例规定,有下列行为之一的,由县级以上地方人民政府林业主管部门责令改正,给予警告,对个人并处 200 元以上 2000 元以下罚款,对单位并处 2000 元以上 5000 元以下罚款:

(一)森林防火期内,森林、林木、林地的经营单位未设置森林防火警示宣传标志的;

(二)森林防火期内,进入森林防火区的机动车辆未安装森林防火装置的;

(三)森林高火险期内,未经批准擅自进入森林高火险区活动的。

第五十三条 违反本条例规定,造成森林火灾,构成犯罪的,依法追究刑事责任;尚不构成犯罪的,除依照本条例第四十八条、第四十九条、第五十条、第五十一条、第五十二条的规定追究法律责任外,县级以上地方人民政府林业主管部门可以责令责任人补种树木。

第六章　附　　则

第五十四条 森林消防专用车辆应当按照规定喷涂标志图案,安装警报器、标志灯具。

第五十五条 在中华人民共和国边境地区发生的森林火灾,按照中华人民共和国政府与有关国家政府签订的有关协定开展扑救工作;没有协定的,由中华人民共和国政府和有关国家政府协商办理。

第五十六条 本条例自2009年1月1日起施行。

国务院法制办负责人就
《森林防火条例》答记者问

2008 年 12 月 1 日,温家宝总理签署国务院令公布了修订后的《森林防火条例》(以下简称条例),条例自 2009 年 1 月 1 日起施行。日前,国务院法制办负责人就条例的有关问题回答了记者提问。

问:为什么要对 1988 年施行的《森林防火条例》进行修订?

答:森林火灾是一种突发性强、破坏性大、危险性高、处置困难的灾害。近年来,在气候变暖背景下,我国南方地区连续干旱、北方地区暖冬现象明显,森林火灾呈现多发态势,森林防火形势非常严峻。1988 年施行的《森林防火条例》(以下简称现行条例)对预防和扑救森林火灾、保障人民生命财产安全、保护森林资源和维护生态环境发挥了非常重要的作用。但是随着经济社会的发展,森林防火工作出现了一些新情况、新问题,主要表现在:

一是随着行政管理体制改革的不断深入,国有林区逐步推进政企、政事分开,有必要在改革的基础上进一步强化政府在火灾预防、扑救等方面的职责。

二是随着集体林权制度改革和国有林业企业经营体制改革的不断深入,承包、租赁等已经成为森林经营的主要模式,有必要在强化政府责任的基础上,明确森林、林木、林地经营单位和个人的防火义务。

三是近几年随着我国应急法律体系的完善和应急机制的建立,

特别是《中华人民共和国突发事件应对法》和各类应急预案的公布施行,现行条例关于火灾扑救的规定也需要进行相应完善。

四是现行条例对违法行为处罚力度偏轻,难以有效制裁违法行为,有必要予以完善。

因此,根据新情况、新问题,在总结实践经验的基础上国务院对1988年施行的《森林防火条例》进行了修改、完善。

问:森林火灾的预防和扑救是政府公共管理服务的重要组成部分,条例对各级人民政府在森林火灾预防和扑救中的职责作了哪些完善?

答:实践证明,强化各级人民政府的职责,实行政府全面负责、部门齐抓共管、社会广泛参与的工作机制,是预防和及时扑救森林火灾的重要保证。为此,条例主要作了以下补充、完善:

一是进一步强化地方人民政府行政首长负责制。规定森林防火工作实行地方各级人民政府行政首长负责制。

二是完善联防制度。规定森林防火工作涉及两个以上行政区域的,有关地方人民政府应当建立森林防火联防机制,确定联防区域,建立联防制度,实行信息共享,并加强监督检查。

三是进一步明确森林防火指挥机构、林业主管部门和其他有关部门在森林防火工作中的职责。规定森林防火指挥机构负责组织、协调和指导森林防火工作;林业主管部门负责森林防火的监督和管理工作,承担森林防火指挥机构的日常工作;其他有关部门按照职责分工,负责有关的森林防火工作。

四是增加规定县级以上人民政府应当编制森林防火规划和森林火灾应急预案,县级以上人民政府及其有关部门应当组织开展必要的森林火灾应急预案的演练。

五是增加规定各级人民政府应当加强对森林防火工作的监督检查。

六是依法赋予各级人民政府森林防火指挥机构在森林火灾扑救

过程中采取紧急措施的权力。规定因扑救森林火灾的需要,县级以上人民政府森林防火指挥机构可以决定采取开设防火隔离带、清除障碍物、应急取水、局部交通管制等应急措施。

七是增加规定火灾信息发布权限。森林火灾信息由县级以上人民政府森林防火指挥机构或者林业主管部门向社会发布;重大、特别重大森林火灾信息由国务院林业主管部门发布。

问:森林、林木、林地的经营单位和个人在森林防火工作中负有重要的责任,对此,条例作了哪些规定?

答:随着集体林权制度改革和国有林业企业经营体制改革的不断深入,森林、林木、林地的经营主体和模式都发生了很大变化,有必要在强化政府责任的基础上,明确森林、林木、林地的经营单位和个人以及林区内其他单位、个人的防火义务。对此,条例主要作了以下规定:

一是建立森林防火责任制。规定森林、林木、林地的经营单位和个人,在其经营范围内承担森林防火责任,并应当按照规定划定森林防火责任区,确定森林防火责任人,配备森林防火设施和设备。

二是完善护林员制度。规定森林、林木、林地的经营单位配备的兼职或者专职护林员负责巡护森林,管理野外用火,及时报告火情,协助有关机关调查森林火灾案件。

三是履行森林防火宣传教育义务。规定森林防火期内,森林、林木、林地的经营单位应当设置森林防火警示宣传标志,并对进入其经营范围的人员进行森林防火安全宣传。

四是进一步加强野外用火管理。规定森林防火期内,禁止在森林防火区野外用火。因防治病虫鼠害、冻害等特殊情况确需野外用火的,应当经批准并按照要求采取防火措施,严防失火。

五是规范林区其他单位、个人的森林防火义务。规定铁路的经营单位应当负责本单位所属林地的防火工作,并配合县级以上地方人民政府做好铁路沿线森林火灾危险地段的防火工作;电力、电信线路和石油天然气管道的森林防火责任单位,应当在森林火灾危险地段开设防火隔离带,并组织人员进行巡护。

问:处置森林火灾具有高度危险性和时效性,为有效扑救火灾、保护人民群众生命财产安全,需要完备的火灾扑救制度、措施以及过硬的扑救队伍作保障,对此,条例作了哪些完善?

答:根据近年来森林火灾扑救的实践并与相关应急法律制度和应急预案相衔接,条例主要作了以下规定:

一是进一步规范森林火灾报告程序。规定县级以上地方人民政府应当公布森林火警电话,建立森林防火值班制度;任何单位和个人发现森林火灾,应当立即报告;当地人民政府或者森林防火指挥机构接到报告后,应当立即派人赶赴现场,调查核实,采取相应的扑救措施,并按照有关规定逐级报上级人民政府和森林防火指挥机构。

二是增加规定扑救森林火灾的指导原则。规定扑救森林火灾,应当坚持以人为本、科学扑救,及时疏散、撤离受火灾威胁的群众,并做好火灾扑救人员的安全防护,尽最大可能避免人员伤亡。

三是补充、完善各有关部门的职责。规定气象主管机构应当及时提供火灾地区天气预报和相关信息,并根据天气条件适时开展人工增雨作业;交通运输主管部门应当优先组织运送森林火灾扑救人员和扑救物资;通信主管部门应当组织提供应急通信保障;民政部门应当及时设置避难场所和救灾物资供应点,紧急转移并妥善安置灾民,开展受灾群众救助工作;公安机关应当维护治安秩序,加强治安管理;商务、卫生等主管部门应当做好物资供应、医疗救护和卫生防疫等工作。

四是加强应急队伍建设,发挥专业扑救队伍的作用。规定地方各级人民政府和国有林业企业、事业单位应当根据实际需要,成立森林火灾专业扑救队伍,县级以上地方人民政府应当指导森林经营单位和林区的居民委员会、村民委员会、企业、事业单位建立森林火灾群众扑救队伍;专业的和群众的火灾扑救队伍应当定期进行培训和演练;扑救森林火灾应当以专业火灾扑救队伍为主要力量;武装警察森林部队负责执行国家赋予的森林防火任务;中国人民解放军执行森林火灾扑救任务的,依照《军队参加抢险救灾条例》的有关规定执行。

问:为依法惩处违法行为,防范森林火灾的发生,条例在法律责任方面作了哪些完善?

答:条例从以下几个方面进一步完善了法律责任:

一是明确了地方人民政府及其森林防火指挥机构、县级以上人民政府林业主管部门或者其他有关部门及其工作人员,不依法履行森林防火职责的法律责任。

二是明确了森林、林木、林地的经营单位和个人及其他管理相对人违反有关森林防火管理行为的法律责任。

三是规定了违反本条例规定,造成森林火灾,构成犯罪的,依法追究刑事责任;尚不构成犯罪的,除依照本条例的规定追究法律责任外,还可以责令责任人补种树木。

四是为有效遏制和惩处各种违法行为,条例提高了罚款的数额。

(中国政府网 2008 年 12 月 5 日)

中华人民共和国国务院令

第 542 号

　　《草原防火条例》已经 2008 年 11 月 19 日国务院第 36 次常务会议修订通过,现将修订后的《草原防火条例》公布,自 2009 年 1 月 1 日起施行。

总理　**温家宝**

二〇〇八年十一月二十九日

草原防火条例

（1993 年 10 月 5 日中华人民共和国国务院令第 130 号公布
2008 年 11 月 19 日国务院第 36 次常务会议修订通过）

第一章 总 则

第一条 为了加强草原防火工作，积极预防和扑救草原火灾，保护草原，保障人民生命和财产安全，根据《中华人民共和国草原法》，制定本条例。

第二条 本条例适用于中华人民共和国境内草原火灾的预防和扑救。但是，林区和城市市区的除外。

第三条 草原防火工作实行预防为主、防消结合的方针。

第四条 县级以上人民政府应当加强草原防火工作的组织领导，将草原防火所需经费纳入本级财政预算，保障草原火灾预防和扑救工作的开展。

草原防火工作实行地方各级人民政府行政首长负责制和部门、单位领导负责制。

第五条 国务院草原行政主管部门主管全国草原防火工作。

县级以上地方人民政府确定的草原防火主管部门主管本行政区域内的草原防火工作。

县级以上人民政府其他有关部门在各自的职责范围内做好草原防火工作。

第六条 草原的经营使用单位和个人,在其经营使用范围内承担草原防火责任。

第七条 草原防火工作涉及两个以上行政区域或者涉及森林防火、城市消防的,有关地方人民政府及有关部门应当建立联防制度,确定联防区域,制定联防措施,加强信息沟通和监督检查。

第八条 各级人民政府或者有关部门应当加强草原防火宣传教育活动,提高公民的草原防火意识。

第九条 国家鼓励和支持草原火灾预防和扑救的科学技术研究,推广先进的草原火灾预防和扑救技术。

第十条 对在草原火灾预防和扑救工作中有突出贡献或者成绩显著的单位、个人,按照国家有关规定给予表彰和奖励。

第二章 草原火灾的预防

第十一条 国务院草原行政主管部门根据草原火灾发生的危险程度和影响范围等,将全国草原划分为极高、高、中、低四个等级的草原火险区。

第十二条 国务院草原行政主管部门根据草原火险区划和草原防火工作的实际需要,编制全国草原防火规划,报国务院或者国务院授权的部门批准后组织实施。

县级以上地方人民政府草原防火主管部门根据全国草原防火规划,结合本地实际,编制本行政区域的草原防火规划,报本级人民政府批准后组织实施。

第十三条 草原防火规划应当主要包括下列内容:

(一)草原防火规划制定的依据;

(二)草原防火组织体系建设;

（三）草原防火基础设施和装备建设；

（四）草原防火物资储备；

（五）保障措施。

第十四条 县级以上人民政府应当组织有关部门和单位，按照草原防火规划，加强草原火情瞭望和监测设施、防火隔离带、防火道路、防火物资储备库（站）等基础设施建设，配备草原防火交通工具、灭火器械、观察和通信器材等装备，储存必要的防火物资，建立和完善草原防火指挥信息系统。

第十五条 国务院草原行政主管部门负责制订全国草原火灾应急预案，报国务院批准后组织实施。

县级以上地方人民政府草原防火主管部门负责制订本行政区域的草原火灾应急预案，报本级人民政府批准后组织实施。

第十六条 草原火灾应急预案应当主要包括下列内容：

（一）草原火灾应急组织机构及其职责；

（二）草原火灾预警与预防机制；

（三）草原火灾报告程序；

（四）不同等级草原火灾的应急处置措施；

（五）扑救草原火灾所需物资、资金和队伍的应急保障；

（六）人员财产撤离、医疗救治、疾病控制等应急方案。

草原火灾根据受害草原面积、伤亡人数、受灾牲畜数量以及对城乡居民点、重要设施、名胜古迹、自然保护区的威胁程度等，分为特别重大、重大、较大、一般四个等级。具体划分标准由国务院草原行政主管部门制定。

第十七条 县级以上地方人民政府应当根据草原火灾发生规律，确定本行政区域的草原防火期，并向社会公布。

第十八条 在草原防火期内，因生产活动需要在草原上野外用火的，应当经县级人民政府草原防火主管部门批准。用火单位或者个人应当采取防火措施，防止失火。

在草原防火期内,因生活需要在草原上用火的,应当选择安全地点,采取防火措施,用火后彻底熄灭余火。

除本条第一款、第二款规定的情形外,在草原防火期内,禁止在草原上野外用火。

第十九条 在草原防火期内,禁止在草原上使用枪械狩猎。

在草原防火期内,在草原上进行爆破、勘察和施工等活动的,应当经县级以上地方人民政府草原防火主管部门批准,并采取防火措施,防止失火。

在草原防火期内,部队在草原上进行实弹演习、处置突发性事件和执行其他任务,应当采取必要的防火措施。

第二十条 在草原防火期内,在草原上作业或者行驶的机动车辆,应当安装防火装置,严防漏火、喷火和闸瓦脱落引起火灾。在草原上行驶的公共交通工具上的司机和乘务人员,应当对旅客进行草原防火宣传。司机、乘务人员和旅客不得丢弃火种。

在草原防火期内,对草原上从事野外作业的机械设备,应当采取防火措施;作业人员应当遵守防火安全操作规程,防止失火。

第二十一条 在草原防火期内,经本级人民政府批准,草原防火主管部门应当对进入草原、存在火灾隐患的车辆以及可能引发草原火灾的野外作业活动进行草原防火安全检查。发现存在火灾隐患的,应当告知有关责任人员采取措施消除火灾隐患;拒不采取措施消除火灾隐患的,禁止进入草原或者在草原上从事野外作业活动。

第二十二条 在草原防火期内,出现高温、干旱、大风等高火险天气时,县级以上地方人民政府应当将极高草原火险区、高草原火险区以及一旦发生草原火灾可能造成人身重大伤亡或者财产重大损失的区域划为草原防火管制区,规定管制期限,及时向社会公布,并报上一级人民政府备案。

在草原防火管制区内,禁止一切野外用火。对可能引起草原火灾的非野外用火,县级以上地方人民政府或者草原防火主管部门应当按照管制要求,严格管理。

进入草原防火管制区的车辆,应当取得县级以上地方人民政府草原防火主管部门颁发的草原防火通行证,并服从防火管制。

第二十三条 草原上的农(牧)场、工矿企业和其他生产经营单位,以及驻军单位、自然保护区管理单位和农村集体经济组织等,应当在县级以上地方人民政府的领导和草原防火主管部门的指导下,落实草原防火责任制,加强火源管理,消除火灾隐患,做好本单位的草原防火工作。

铁路、公路、电力和电信线路以及石油天然气管道等的经营单位,应当在其草原防火责任区内,落实防火措施,防止发生草原火灾。

承包经营草原的个人对其承包经营的草原,应当加强火源管理,消除火灾隐患,履行草原防火义务。

第二十四条 省、自治区、直辖市人民政府可以根据本地的实际情况划定重点草原防火区,报国务院草原行政主管部门备案。

重点草原防火区的县级以上地方人民政府和自然保护区管理单位,应当根据需要建立专业扑火队;有关乡(镇)、村应当建立群众扑火队。扑火队应当进行专业培训,并接受县级以上地方人民政府的指挥、调动。

第二十五条 县级以上人民政府草原防火主管部门和气象主管机构,应当联合建立草原火险预报预警制度。气象主管机构应当根据草原防火的实际需要,做好草原火险气象等级预报和发布工作;新闻媒体应当及时播报草原火险气象等级预报。

第三章 草原火灾的扑救

第二十六条 从事草原火情监测以及在草原上从事生产经营活动的单位和个人,发现草原火情的,应当采取必要措施,并及时向当地人民政府或者草原防火主管部门报告。其他发现草原火情的单位和个人,也应当及时向当地人民政府或者草原防火主管部门报告。

当地人民政府或者草原防火主管部门接到报告后,应当立即组织人员赶赴现场,核实火情,采取控制和扑救措施,防止草原火灾扩大。

第二十七条 当地人民政府或者草原防火主管部门应当及时将草原火灾发生时间、地点、估测过火面积、火情发展趋势等情况报上级人民政府及其草原防火主管部门;境外草原火灾威胁到我国草原安全的,还应当报告境外草原火灾距我国边境距离、沿边境蔓延长度以及对我国草原的威胁程度等情况。

禁止瞒报、谎报或者授意他人瞒报、谎报草原火灾。

第二十八条 县级以上地方人民政府应当根据草原火灾发生情况确定火灾等级,并及时启动草原火灾应急预案。特别重大、重大草原火灾以及境外草原火灾威胁到我国草原安全的,国务院草原行政主管部门应当及时启动草原火灾应急预案。

第二十九条 草原火灾应急预案启动后,有关地方人民政府应当按照草原火灾应急预案的要求,立即组织、指挥草原火灾的扑救工作。

扑救草原火灾应当首先保障人民群众的生命安全,有关地方人民政府应当及时动员受到草原火灾威胁的居民以及其他人员转移到安全地带,并予以妥善安置;情况紧急时,可以强行组织避灾疏散。

第三十条 县级以上人民政府有关部门应当按照草原火灾应急预案的分工,做好相应的草原火灾应急工作。

气象主管机构应当做好气象监测和预报工作,及时向当地人民政府提供气象信息,并根据天气条件适时实施人工增雨。

民政部门应当及时设置避难场所和救济物资供应点,开展受灾群众救助工作。

卫生主管部门应当做好医疗救护、卫生防疫工作。

铁路、交通、航空等部门应当优先运送救灾物资、设备、药物、食品。

通信主管部门应当组织提供应急通信保障。

公安部门应当及时查处草原火灾案件,做好社会治安维护工作。

第三十一条 扑救草原火灾应当组织和动员专业扑火队和受过专业培训的群众扑火队;接到扑救命令的单位和个人,必须迅速赶赴指定地点,投入扑救工作。

扑救草原火灾,不得动员残疾人、孕妇、未成年人和老年人参加。

需要中国人民解放军和中国人民武装警察部队参加草原火灾扑救的,依照《军队参加抢险救灾条例》的有关规定执行。

第三十二条 根据扑救草原火灾的需要,有关地方人民政府可以紧急征用物资、交通工具和相关的设施、设备;必要时,可以采取清除障碍物、建设隔离带、应急取水、局部交通管制等应急管理措施。

因救灾需要,紧急征用单位和个人的物资、交通工具、设施、设备或者占用其房屋、土地的,事后应当及时返还,并依照有关法律规定给予补偿。

第三十三条 发生特别重大、重大草原火灾的,国务院草原行政主管部门应当立即派员赶赴火灾现场,组织、协调、督导火灾扑救,并做好跨省、自治区、直辖市草原防火物资的调用工作。

发生威胁林区安全的草原火灾的,有关草原防火主管部门应当及时通知有关林业主管部门。

境外草原火灾威胁到我国草原安全的,国务院草原行政主管部门应当立即派员赶赴有关现场,组织、协调、督导火灾预防,并及时将有关情况通知外交部。

第三十四条 国家实行草原火灾信息统一发布制度。特别重大、重大草原火灾以及威胁到我国草原安全的境外草原火灾信息,由国务院草原行政主管部门发布;其他草原火灾信息,由省、自治区、直辖市人民政府草原防火主管部门发布。

第三十五条 重点草原防火区的县级以上地方人民政府可以根

据草原火灾应急预案的规定,成立草原防火指挥部,行使本章规定的本级人民政府在草原火灾扑救中的职责。

第四章　灾后处置

第三十六条　草原火灾扑灭后,有关地方人民政府草原防火主管部门或者其指定的单位应当对火灾现场进行全面检查,清除余火,并留有足够的人员看守火场。经草原防火主管部门检查验收合格,看守人员方可撤出。

第三十七条　草原火灾扑灭后,有关地方人民政府应当组织有关部门及时做好灾民安置和救助工作,保障灾民的基本生活条件,做好卫生防疫工作,防止传染病的发生和传播。

第三十八条　草原火灾扑灭后,有关地方人民政府应当组织有关部门及时制定草原恢复计划,组织实施补播草籽和人工种草等技术措施,恢复草场植被,并做好畜禽检疫工作,防止动物疫病的发生。

第三十九条　草原火灾扑灭后,有关地方人民政府草原防火主管部门应当及时会同公安等有关部门,对火灾发生时间、地点、原因以及肇事人等进行调查并提出处理意见。

草原防火主管部门应当对受灾草原面积、受灾畜禽种类和数量、受灾珍稀野生动植物种类和数量、人员伤亡以及物资消耗和其他经济损失等情况进行统计,对草原火灾给城乡居民生活、工农业生产、生态环境造成的影响进行评估,并按照国务院草原行政主管部门的规定上报。

第四十条　有关地方人民政府草原防火主管部门应当严格按照草原火灾统计报表的要求,进行草原火灾统计,向上一级人民政府草原防火主管部门报告,并抄送同级公安部门、统计机构。草原火灾统计报表由国务院草原行政主管部门会同国务院公安部门制定,报国家统计部门备案。

第四十一条 对因参加草原火灾扑救受伤、致残或者死亡的人员,按照国家有关规定给予医疗、抚恤。

第五章　法律责任

第四十二条 违反本条例规定,县级以上人民政府草原防火主管部门或者其他有关部门及其工作人员,有下列行为之一的,由其上级行政机关或者监察机关责令改正;情节严重的,对直接负责的主管人员和其他直接责任人员依法给予处分;构成犯罪的,依法追究刑事责任:

(一)未按照规定制订草原火灾应急预案的;

(二)对不符合草原防火要求的野外用火或者爆破、勘察和施工等活动予以批准的;

(三)对不符合条件的车辆发放草原防火通行证的;

(四)瞒报、谎报或者授意他人瞒报、谎报草原火灾的;

(五)未及时采取草原火灾扑救措施的;

(六)不依法履行职责的其他行为。

第四十三条 截留、挪用草原防火资金或者侵占、挪用草原防火物资的,依照有关财政违法行为处罚处分的法律、法规进行处理;构成犯罪的,依法追究刑事责任。

第四十四条 违反本条例规定,有下列行为之一的,由县级以上地方人民政府草原防火主管部门责令停止违法行为,采取防火措施,并限期补办有关手续,对有关责任人员处 2000 元以上 5000 元以下罚款,对有关责任单位处 5000 元以上 2 万元以下罚款:

(一)未经批准在草原上野外用火或者进行爆破、勘察和施工等活动的;

(二)未取得草原防火通行证进入草原防火管制区的。

第四十五条 违反本条例规定,有下列行为之一的,由县级以上地方人民政府草原防火主管部门责令停止违法行为,采取防火措施,消除火灾隐患,并对有关责任人员处 200 元以上 2000 元以下罚款,对有关责任单位处 2000 元以上 2 万元以下罚款;拒不采取防火措施、消除火灾隐患的,由县级以上地方人民政府草原防火主管部门代为采取防火措施、消除火灾隐患,所需费用由违法单位或者个人承担:

(一)在草原防火期内,经批准的野外用火未采取防火措施的;

(二)在草原上作业和行驶的机动车辆未安装防火装置或者存在火灾隐患的;

(三)在草原上行驶的公共交通工具上的司机、乘务人员或者旅客丢弃火种的;

(四)在草原上从事野外作业的机械设备作业人员不遵守防火安全操作规程或者对野外作业的机械设备未采取防火措施的;

(五)在草原防火管制区内未按照规定用火的。

第四十六条 违反本条例规定,草原上的生产经营等单位未建立或者未落实草原防火责任制的,由县级以上地方人民政府草原防火主管部门责令改正,对有关责任单位处 5000 元以上 2 万元以下罚款。

第四十七条 违反本条例规定,故意或者过失引发草原火灾,构成犯罪的,依法追究刑事责任。

第六章 附 则

第四十八条 草原消防车辆应当按照规定喷涂标志图案,安装警报器、标志灯具。

第四十九条 本条例自 2009 年 1 月 1 日起施行。

国务院法制办负责人就
《草原防火条例》答记者问

2008 年 11 月 29 日,温家宝总理签署国务院令,公布了修订后的《草原防火条例》(以下简称条例),条例自 2009 年 1 月 1 日起施行。日前,国务院法制办负责人就条例的有关问题回答了记者提问。

问:为什么要对 1993 年施行的《草原防火条例》进行修订?

答:我国草原面积 4 亿公顷,约占国土总面积的 40%,是世界上草原面积第二大国。据统计,在 4 亿公顷草原中,草原火灾易发区占 1/3,频发区占 1/6。1993 年国务院发布的《草原防火条例》,对预防和扑救草原火灾,发挥了积极的作用。但随着经济社会的发展,我国草原防火工作面临的形势也发生了一些变化,主要表现在:一是草原作为重要的生态保护屏障和牧民的基本生产资料,其作用日益凸显,对草原防火工作的要求越来越高,需要在总结实践经验的基础上,完善草原火灾预防、扑救和灾后处置等制度;二是为了完善草原防火责任制,需要进一步明确各级人民政府、草原防火主管部门、有关部门及单位在草原防火工作中的责任;三是按照应急管理工作的要求,需要进一步加强草原火灾监测预警、快速反应和综合扑救等方面的制度建设;四是 1993 年条例的法律责任部分对违法行为的处罚力度偏轻,对一些违法行为没有规定相应的处罚措施,难以有效制裁各种违法行为,需要进一步完善。因此,国务院对 1993 年的《草原防火条例》作了补充和完善。

问：反应快捷、保障有力的草原防火组织体系是做好草原防火工作的关键。对此，条例对政府、社会、个人在草原防火中的责任作了哪些规定？

答：为了切实履行政府的社会管理和公共服务职能，进一步加强各级人民政府对草原防火工作的组织领导，发挥社会和个人在草原防火中的作用，条例作了以下规定：

一是进一步明确草原防火工作实行行政首长负责制。实践证明，统一领导，分级负责，属地管理为主的体制是有效预防和扑救草原火灾的重要保证。为此，规定防火工作实行地方行政首长负责制和部门、单位领导负责制；国务院草原行政主管部门主管全国草原防火工作，地方草原防火主管部门主管本行政区域内的草原防火工作，其他部门在职责范围内做好相关工作；重点草原防火区的地方政府可以根据草原火灾应急预案的规定，成立草原防火指挥部，行使本级政府在草原火灾扑救中的职责。

二是完善联防制度。规定草原防火工作涉及两个以上行政区域或者涉及森林防火、城市消防的，有关地方政府应当建立联防制度，确定联防区域，加强信息沟通和监督检查。

三是加强草原火灾扑救队伍的建设。扑救草原火灾危险性较大，同时对扑火设备的操作和扑火技术有一定的要求，实践证明，组织专业扑火队或者经过培训的群众扑火队参与火灾扑救，既能减少人员伤亡，又能有效扑救火灾。因此，条例完善了对专业和群众扑火队的规定，并要求扑火队应当经过专业培训。

四是落实草原使用者的草原防火责任制。规定草原上的生产经营单位、驻军单位、农村集体经济组织等，应当落实防火责任；承包经营草原的个人应当履行防火义务。

问：草原火灾重在预防。对此，条例在草原火灾预防措施方面作了哪些规定？

答：按照预防为主、科学预防的要求，条例进一步加强了草原火

灾预防能力建设,作了以下规定:

一是增加规定草原火险区划制度。规定根据草原火灾发生的危险程度和影响范围等,将全国草原划分为极高、高、中、低四个等级的草原火险区。火险区是制定草原防火规划和进行草原防火基础设施建设的依据。

二是增加规定草原防火规划的制定。规定各级草原防火主管部门负责编制草原防火规划,规划应当主要包括草原防火组织体系建设、防火基础设施和装备建设、防火物资储备和保障措施等内容。有关部门和单位应当按照规划加强建设。

三是增加规定草原火灾应急预案的制定。规定各级草原防火主管部门制订、组织实施草原火灾应急预案,应急预案主要包括草原火灾应急组织机构及职责、预警与预防机制、报告程序、应急处置措施等内容。

四是完善现行预防措施。规定地方政府应当根据草原火灾发生规律,确定草原防火期。在防火期内,生产性用火以及爆破、勘察和施工等活动,应当经草原防火主管部门批准;草原上行驶的车辆和野外作业的机械设备,以及进行实弹演习、处置突发性事件等活动时,应当采取防火措施;主管部门应当对存在火灾隐患的车辆、野外作业活动进行防火检查。

问:草原火灾发生后,如何有效扑救草原火灾? 条例在细化草原火灾扑救措施方面作了哪些规定?

答:为了及时、有效扑救草原火灾,按照早发现、快反应的要求,条例作了以下完善和补充:

一是完善草原火情报告制度。规定发现草原火情的单位或个人,应当及时向政府报告;接到报告的部门应当立即组织人员赶赴现场,核实火情,采取控制和扑救措施。

二是增加规定草原火灾应急预案的启动以及各级地方人民政府的职责。规定区别草原火灾的危害,不同层级的政府启动不同等级的应急预案。扑救火灾应当首先保障群众的安全,及时动员人员转移到安全地带,并予以妥善安置;情况紧急时,地方政府可以强行组织避灾疏散,并可以依法紧急征用物资,采取建设隔离带、应急取水、交通管制等措施。

三是补充、完善草原防火主管部门在草原火灾扑救中的责任。规定发生特别重大、重大草原火灾的,国务院草原行政主管部门应当组织、协调火灾扑救,做好跨省物资调用;发生威胁林区的草原火灾的,草原防火主管部门应当及时通知林业部门;境外草原火灾威胁到我国草原安全的,国务院草原行政主管部门应当及时将情况通知外交部。

四是细化其他部门在草原火灾扑救中的责任。规定气象机构应当做好气象监测和预报工作,及时向当地人民政府提供气象信息;民政部门应当及时设置避难场所和救济物资供应点;卫生部门应当做好医疗救护、卫生防疫工作;交通等部门应当优先运送救灾物资;通信部门应当组织提供应急通信保障;公安部门应当及时查处火灾案件,做好治安维护工作。

五是建立草原火灾信息统一发布制度。规定草原火灾信息分别由国务院草原行政主管部门和省级政府草原防火主管部门统一发布。

问:草原是重要的生态屏障和牧民的基本生产资料。火灾发生后,如何有效保障牧民的生产生活,如何促进草原植被尽快恢复。对此,条例作了哪些规定?

答:一是增加有关灾民安置和救助的规定。规定草原火灾扑灭后,地方政府应当组织有关部门及时做好灾民安置、救助以及卫生防疫工作。

二是完善灾后生产恢复措施。规定草原火灾扑灭后,地方政府应当组织制定草原恢复计划,尽快恢复草场植被,并做好畜禽检疫工作。

三是规范灾后调查统计工作。规定草原火灾扑灭后，草原防火主管部门、公安等部门，应当及时对火灾发生时间、地点、原因及肇事人进行调查并提出处理意见；对受灾草原面积、受灾畜禽和珍稀野生动植物种类和数量、人员伤亡及物资消耗等进行统计；对火灾对居民生活、生产、环境的影响进行评估，并根据评估结果做好有关工作。

问：为依法惩处违法行为，防范草原火灾的发生，条例在法律责任方面作了哪些完善？

答：一是强化主管部门及其工作人员的法律责任。按照有权必有责、用权受监督、违法受追究的要求，增加规定地方政府、草原防火主管部门或者其他有关部门及其工作人员在草原防火工作中不依法履行职责应当承担的法律责任。

二是完善管理相对人的法律责任。条例对在草原上违法进行生产用火、爆破、勘察等活动，区分违法情节和危害后果，设定了责令改正、责令停止违法行为、补办有关手续、采取防火措施、消除火灾隐患、罚款直至依法追究刑事责任等法律责任。

（中国政府网 2008 年 12 月 5 日）

中华人民共和国国务院令

第 543 号

现公布《国务院关于修改〈中华人民共和国公路管理条例〉的决定》,自 2009 年 1 月 1 日起施行。

总理　温家宝

二〇〇八年十二月二十七日

国务院关于修改《中华人民共和国
公路管理条例》的决定

国务院决定对《中华人民共和国公路管理条例》做如下修改：

一、将第九条第一款修改为："公路建设资金可以采取以下方式筹集：国家和地方投资、专用单位投资、中外合资、社会集资、贷款和车辆购置税。"

二、将第三十三条改为第三十一条，删除该条中有关设立"公路征费稽查站卡"的规定，并将这一条修改为："经省、自治区、直辖市人民政府批准，公路主管部门可以在必要的公路路口、桥头、渡口、隧道口设立收取车辆通行费的站卡。"

三、删除第十八条、第十九条、第三十五条。

此外，对其他条文的顺序做相应调整。

本决定自 2009 年 1 月 1 日起施行。

《中华人民共和国公路管理条例》根据本决定做相应修改，重新公布。

中华人民共和国公路管理条例

(1987 年 10 月 13 日国务院发布　根据 2008 年 12 月 27 日
《国务院关于修改〈中华人民共和国公路管理条例〉的决
定》修订)

第一章　总　　则

第一条　为加强公路的建设和管理,发挥公路在国民经济、国防
和人民生活中的作用,适应社会主义现代化建设的需要,特制定本
条例。

第二条　本条例适用于中华人民共和国境内的国家干线公路
(以下简称国道),省、自治区、直辖市干线公路(以下简称省道),县
公路(以下简称县道),乡公路(以下简称乡道)。

本条例对专用公路有规定的,适用于专用公路。

第三条　中华人民共和国交通部主管全国公路事业。

第四条　公路管理工作实行统一领导、分级管理的原则。

国道、省道由省、自治区、直辖市公路主管部门负责修建、养护和
管理。

国道中跨省、自治区、直辖市的高速公路,由交通部批准的专门
机构负责修建、养护和管理。

县道由县(市)公路主管部门负责修建、养护和管理。

乡道由乡(镇)人民政府负责修建、养护和管理。

专用公路由专用单位负责修建、养护和管理。

第五条 公路、公路用地和公路设施受国家法律保护,任何单位和个人均不得侵占和破坏。

第二章　公路建设

第六条 公路发展规划应当以国民经济、国防建设和人民生活的需要为依据,并与铁路、水路、航空、管道运输的发展规划相协调,与城市建设发展规划相配合。

第七条 国道发展规划由交通部编制,报国务院审批。

省道发展规划由省、自治区、直辖市公路主管部门编制,报省、自治区、直辖市人民政府审批,并报交通部备案。

县道发展规划由地级市(或相当于地级市的机构)的公路主管部门编制,报省、自治区、直辖市人民政府或其派出机构审批。

乡道发展规划由县公路主管部门编制,报县人民政府审批。

专用公路的建设计划,由专用单位编制,报上级主管部门审批,并报当地公路主管部门备案。

第八条 国家鼓励专用公路用于社会运输。专用公路主要用于社会运输时,经省、自治区、直辖市公路主管部门批准,可以改划为省道或者县道。

第九条 公路建设资金可以采取以下方式筹集:国家和地方投资、专用单位投资、中外合资、社会集资、贷款和车辆购置税。

公路建设还可以采取民工建勤、民办公助和以工代赈的办法。

第十条 公路主管部门对利用集资、贷款修建的高速公路、一级公路、二级公路和大型的公路桥梁、隧道、轮渡码头,可以向过往车辆收取通行费,用于偿还集资和贷款。

通行费的征收办法由交通部会同财政部和国家物价局制定。

第十一条　公路建设用地,按照《中华人民共和国土地管理法》的规定办理。

第十二条　根据公路发展规划,确定新建公路或者扩宽原有公路路基、增建其他公路设施需要的土地,由当地人民政府纳入其土地利用总体规划。

第十三条　修建公路影响铁路、管道、水利、电力、邮电等设施正常使用时,建设单位应当事先征得有关部门的同意。

第十四条　公路主管部门负责对公路建设工程的质量进行监督和检验。未按国家有关规定验收合格的公路,不得交付使用。

第十五条　修建公路,应当同时修建公路的防护、养护、环境保护等配套设施。

公路建成后,应当按规定设置各种交通标志。

第三章　公路养护

第十六条　公路主管部门应当加强公路养护工作,保持公路完好、平整、畅通,提高公路的耐久性和抗灾能力。

进行公路维修应当规定修复期限。施工期间,应当采取措施,保证车辆通行。临时不能通行的,应当通过公安交通管理机关事先发布通告。

第十七条　公路养护实行专业养护与民工建勤养护相结合的制度。

民工建勤的用工、用车数额不得超过国家规定的标准。

第十八条　公路交通遇严重灾害受阻时,当地县级以上人民政府应当立即动员和组织附近驻军、机关、团体、学校、企业事业单位、城乡居民协助公路主管部门限期修复。

第十九条　因公路修建、养护需要,在空地、荒山、河流、滩涂取土采石,应当征得县(市)人民政府同意。

在上述地点取土采石不得影响附近建筑物和水利、电力、通讯设施以及农田水土保持。

在县(市)人民政府核准的公路料场取土采石,任何单位和个人不得借故阻挠或者索取价款。

第二十条　公路绿化工作,由公路主管部门统筹规划并组织实施。

公路绿化必须按照公路技术标准进行。

公路两侧林木不得任意砍伐,需要更新砍伐的,必须经公路主管部门批准。

第四章　路政管理

第二十一条　公路主管部门负责管理和保护公路、公路用地及公路设施,有权依法检查、制止、处理各种侵占、破坏公路、公路用地及公路设施的行为。

第二十二条　禁止在公路及公路用地上构筑设施、种植作物。禁止任意利用公路边沟进行灌溉或者排放污水。

第二十三条　在公路两侧开山、伐木、施工作业,不得危及公路及公路设施的安全。

第二十四条　不得在大型公路桥梁和公路渡口的上、下游各200米范围内采挖沙石、修筑堤坝、倾倒垃圾、压缩或者扩宽河床、进行爆破作业。不得在公路隧道上方和洞口外100米范围内任意取土、采石、伐木。

第二十五条　通过公路渡口的车辆和人员,必须遵守渡口管理规章。

第二十六条　未经公路主管部门批准,履带车和铁轮车不得在铺有路面的公路上行驶,超过桥梁限载标准的车辆、物件不得过桥。

在特殊情况下,必须通过公路、桥梁时,应当采取有效的技术保护措施。

第二十七条　兴建铁路、机场、电站、水库、水渠,铺设管线或者进行其他建设工程,需要挖掘公路,挖掘、占用、利用公路用地及公路设施时,建设单位必须事先取得公路主管部门同意,影响车辆通行的,还须征得公安交通管理机关同意。工程完成后,建设单位应当按照原有技术标准,或者经协商按照规划标准修复或者改建公路。

第二十八条　修建跨越公路的桥梁、渡槽、架设管线等,应当考虑公路的远景发展,符合公路的技术标准,并事先征得当地公路主管部门和公安交通管理机关同意。

第二十九条　在公路两侧修建永久性工程设施,其建筑物边缘与公路边沟外缘的间距为:国道不少于 20 米,省道不少于 15 米,县道不少于 10 米,乡道不少于 5 米。

第三十条　在公路上设置交叉道口,必须经公路主管部门和公安交通管理机关批准。

设计、修建交叉道口,必须符合国家规定的技术标准。

第三十一条　经省、自治区、直辖市人民政府批准,公路主管部门可以在必要的公路路口、桥头、渡口、隧道口设立收取车辆通行费的站卡。

第五章　法律责任

第三十二条　对违反本条例规定的单位和个人,公路主管部门可以分别情况,责令其返还原物、恢复原状、赔偿损失、没收非法所得并处以罚款。

第三十三条　当事人对公路主管部门给予的处罚不服的,可以向上级公路主管部门提出申诉;对上级公路主管部门的处理决定不服的,可以在接到处理决定书之日起 15 日内向人民法院起诉;期满不起诉又不履行的,公路主管部门可以申请人民法院强制执行。

第三十四条　公路管理人员违反本条例的,由公路主管部门给予行政处分或经济处罚。

第三十五条　违反本条例应当受治安管理处罚的,由公安机关处理;构成犯罪的,由司法机关依法追究刑事责任。

第六章　附　　则

第三十六条　本条例下列用语的含义是:

"公路"是指经公路主管部门验收认定的城间、城乡间、乡间能行驶汽车的公共道路。公路包括公路的路基、路面、桥梁、涵洞、隧道。

"公路用地"是指公路两侧边沟(或者截水沟)及边沟(或者截水沟)以外不少于 1 米范围的土地。公路用地的具体范围由县级以上人民政府确定。

"公路设施"是指公路的排水设备、防护构造物、交叉道口、界碑、测桩、安全设施、通讯设施、检测及监控设施、养护设施、服务设施、渡口码头、花草林木、专用房屋等。

第三十七条　本条例由交通部负责解释,交通部可以根据本条例制定实施细则。

第三十八条　本条例自 1988 年 1 月 1 日起施行。

中华人民共和国国务院令

第 544 号

现公布《国务院关于修改〈中华人民共和国水路运输管理条例〉的决定》，自 2009 年 1 月 1 日起施行。

总理　**温家宝**

二〇〇八年十二月二十七日

国务院关于修改《中华人民共和国水路运输管理条例》的决定

国务院决定将《中华人民共和国水路运输管理条例》第二十四条修改为：

"水路运输企业和其他从事营业性运输的单位、个人必须按照国家规定缴纳税金、规费（港务费、船舶停泊费）；从事非营业性运输的单位和个人必须按照国家规定缴纳规费。

"规费的计征办法由交通部会同国务院有关主管部门制定。"

本决定自 2009 年 1 月 1 日起施行。

《中华人民共和国水路运输管理条例》根据本决定做相应修改，重新公布。

中华人民共和国水路运输管理条例

(1987 年 5 月 12 日国务院发布　根据 1997 年 12 月 3 日
《国务院关于修改〈中华人民共和国水路运输管理条例〉的
决定》第一次修订　根据 2008 年 12 月 27 日《国务院关于
修改〈中华人民共和国水路运输管理条例〉的决定》第二次
修订)

第一章　总　　则

第一条　为加强水路运输管理,维护运输秩序,提高运输效益,
特制定本条例。

第二条　本条例适用于在中华人民共和国沿海、江河、湖泊及其
他通航水域内从事水路运输和水路运输服务业务的单位和个人。

第三条　水路运输分为营业性运输和非营业性运输。

营业性运输是指为社会服务,发生费用结算的旅客运输(含旅
游运输,下同)和货物运输。

非营业性运输是指为本单位或本身服务,不发生费用结算的
运输。

第四条　交通部主管全国水路运输事业,各地交通主管部门主

管本地区的水路运输事业。

各地交通主管部门可以根据水路运输管理业务的实际情况,设置航运管理机构。

第五条 水路运输在国家计划指导下,实行地区、行业、部门多家经营的方针。保护正当竞争,制止非法经营。

第六条 从事水路运输和水路运输服务业务的单位和个人,必须遵守国家有关法律、法规及交通部发布的水路运输规章。

第七条 未经中华人民共和国交通部准许,外资企业、中外合资经营企业、中外合作经营企业不得经营中华人民共和国沿海、江河、湖泊及其他通航水域的水路运输。

第二章 营运管理

第八条 设立水路运输企业、水路运输服务企业以及水路运输企业以外的单位和个人从事营业性运输,由交通主管部门根据本条例的有关规定和社会运力运量综合平衡情况审查批准。审批办法由交通部规定。

对水路运输行业管理影响较大的非营业性船舶运输的审批办法,由交通部会同有关部门另行规定。

第九条 设立水路运输企业必须具备下列条件:

(一)具有与经营范围相适应的运输船舶;

(二)有较稳定的客源或货源;

(三)经营旅客运输的,应当落实客船沿线停靠港(站)点,并具备相应的服务设施;

(四)有经营管理的组织机构和负责人;

(五)有与运输业务相适应的自有流动资金。

第十条 设立水路运输服务企业,必须具备第九条第四项规定的条件,并拥有与水路运输服务业务相适应的自有流动资金。

第十一条 水路运输企业以外的单位和个人从事营业性运输，必须具备第九条第一、二、三、五项规定的条件，并有确定的负责人。

第十二条 交通主管部门应当根据水路运输企业和其他从事营业性运输的单位、个人的管理水平、运输能力、客源货源情况审批其经营范围。

第十三条 交通主管部门对批准设立的水路运输企业和其他从事营业性运输的单位、个人，发给运输许可证；对批准设立的水路运输服务企业，发给运输服务许可证。

第十四条 取得运输许可证和运输服务许可证的单位和个人，凭证向当地工商行政管理机关申请营业登记，经核准领取营业执照后，方可开业。

第十五条 水路运输企业、水路运输服务企业和其他从事营业性运输的单位、个人停业，应当向交通主管部门和工商行政管理机关办理停业手续。

第十六条 交通部和省、自治区、直辖市交通主管部门负责对水路运输计划分级进行综合平衡。

需要进行综合平衡的重点物资、联运物资、外贸物资的运输计划，属于全国性的，由交通部按国家计划组织综合平衡；属于长江、珠江、黑龙江水系干线省际间的，由交通部派驻水系的航运管理机构组织综合平衡；属于省、自治区、直辖市以内的，由省、自治区、直辖市的交通主管部门组织综合平衡。

第十七条 经综合平衡确定的运输计划以外的货源和客源，水路运输企业和其他从事营业性运输的单位、个人，可以在批准的经营范围内自行组织承运。任何单位和个人均不得实行地区或部门封锁，垄断客源、货源。

第十八条 营业性水路货物运输的承运方和托运方，必须按照《中华人民共和国经济合同法》和《水路货物运输合同实施细则》的规定，签订运输合同。

第十九条 水路运输企业和其他从事营业性运输的单位、个人，必须按国家有关规定计收运杂费用，并使用交通部规定的运输票据。

第二十条 从事营业性运输的个体(含联户，下同)船舶必须按照国家有关规定办理保险。

第二十一条 水路运输企业和其他从事营业性运输的单位、个人以及石油、煤炭、冶金、商业、供销、外贸、林业、电力、化工、水产部门，必须按规定向交通主管部门和统计主管部门提供营业性和非营业性运输统计表。

第二十二条 水路运输服务企业不得垄断货源，强行代办服务；不得超出规定的收费标准收取服务费用。

第二十三条 海、河民用港口应当按照国家港口管理规定和计划安排，向运输船舶提供港埠设施和业务服务。

船舶进出港口必须遵守港口规章，服从管理。

水路运输企业和其他从事营业性运输的单位、个人同港埠企业之间，可以根据自愿原则，按照有关规定签订业务代理合同。

第二十四条 水路运输企业和其他从事营业性运输的单位、个人必须按照国家规定缴纳税金、规费(港务费、船舶停泊费)；从事非营业性运输的单位和个人必须按照国家规定缴纳规费。

规费的计征办法由交通部会同国务院有关主管部门制定。

第二十五条 全民、集体所有制单位和个体船民经营水路运输，其合法权益受国家法律保护，任何单位和个人均不得向其非法收取或摊派费用。

第三章 罚 则

第二十六条 违反本条例有下列行为之一的，由县级以上人民政府交通主管部门按照下列规定给予处罚：

(一)未经批准，擅自设立水路运输企业、水路运输服务企业，或者水路运输企业以外的单位和个人擅自从事营业性运输的,没收违法所得,并处违法所得 1 倍以上 3 倍以下的罚款;没有违法所得的,处 3 万元以上 25 万元以下的罚款;

(二)水路运输企业、水路运输服务企业超越经营范围从事经营活动的,没收违法所得,并处违法所得 1 倍以上 3 倍以下的罚款;没有违法所得的,处 2 万元以上 20 万元以下的罚款;

(三)违反国家有关规定收取运费或者服务费的,没收违反规定收取的部分,并处 2 万元以上 15 万元以下的罚款;

(四)未使用规定的运输票据进行营业性运输的,视情节轻重给予警告或者处 1 万元以下的罚款;

(五)未按照规定缴纳国家规定的规费的,责令限期缴纳;逾期仍不缴纳的,除责令补缴所欠费款外,处欠缴费款 1 倍以上 3 倍以下的罚款;情节严重的,并可以暂扣许可证;

(六)垄断货源,强行代办服务的,处 1 万元以上 10 万元以下的罚款;情节严重的,并可以暂扣或者吊销许可证。

第二十七条 当事人对交通主管部门的处罚决定不服的,可以向上一级交通主管部门申请复议;对上一级交通主管部门的复议决定不服的,可以自接到复议决定书之日起 15 日内向人民法院起诉。当事人期满不起诉又不履行的,交通主管部门可以申请人民法院强制执行。

第二十八条 违反本条例应当受治安管理处罚的,由公安机关处理;构成犯罪的,由司法机关依法追究刑事责任。

第二十九条 水路运输管理人员违反本条例,由交通主管部门给予行政处分或经济处罚。

第四章 附 则

第三十条 本条例下列用语的含义是:

水路运输企业,是指专门从事水路营业性运输的企业。

水路运输服务企业,是指从事代办运输手续、代办货物中转、代为组织货源的企业,但为多种运输方式服务的联运服务企业除外。

第三十一条 本条例不适用于国际航线水路运输和以排筏作为运输工具的水路运输。

第三十二条 本条例公布前已开业的水路运输企业、水路运输服务企业和其他从事营业性运输的单位、个人,应当于本条例公布之日起 180 天内申请补办审批手续。对不具备开业条件的,交通主管部门应当责令其停业或限期整顿;整顿无效的,由工商行政管理机关吊销营业执照。

第三十三条 本条例自 1987 年 10 月 1 日起施行。

中华人民共和国国务院令

第 545 号

现公布《国务院关于修改〈中华人民共和国航道管理条例〉的决定》,自 2009 年 1 月 1 日起施行。

总理　**温家宝**

二〇〇八年十二月二十七日

国务院关于修改《中华人民共和国航道管理条例》的决定

国务院决定对《中华人民共和国航道管理条例》做如下修改：

一、删除第二十四条。

二、将第二十五条作为第二十四条，修改为："经国家批准计征港务费的沿海和内河港口，进出港航道的维护费用由港务费开支。"

三、将第二十六条作为第二十五条，修改为："专用航道的维护费用，由专用部门自行解决。"

四、将第二十七条作为第二十六条，修改为："对中央、地方财政拨给的航道维护费用，必须坚持专款专用的原则。"

此外，对其他条文的顺序做相应调整。

本决定自 2009 年 1 月 1 日起施行。

《中华人民共和国航道管理条例》根据本决定做相应修改，重新公布。

中华人民共和国航道管理条例

(1987 年 8 月 22 日国务院发布　根据 2008 年 12 月 27 日《国务院关于修改〈中华人民共和国航道管理条例〉的决定》修订)

第一章　总　　则

第一条　为加强航道管理,改善通航条件,保证航道畅通和航行安全,充分发挥水上交通在国民经济和国防建设中的作用,特制定本条例。

第二条　本条例适用于中华人民共和国沿海和内河的航道、航道设施以及与通航有关的设施。

第三条　国家鼓励和保护在统筹兼顾、综合利用水资源的原则下,开发利用航道,发展水运事业。

第四条　中华人民共和国交通部主管全国航道事业。

第五条　航道分为国家航道、地方航道和专用航道。

第六条　国家航道及其航道设施按海区和内河水系,由交通部或者交通部授权的省、自治区、直辖市交通主管部门管理。

地方航道及其航道设施由省、自治区、直辖市交通主管部门管理。

专用航道及其航道设施由专用部门管理。

国家航道和地方航道上的过船建筑物,按照国务院规定管理。

第二章　航道的规划和建设

第七条　航道发展规划应当依据统筹兼顾、综合利用的原则,结合水利水电、城市建设以及铁路、公路、水运发展规划和国家批准的水资源综合规划制定。

第八条　国家航道发展规划由交通部编制,报国务院审查批准后实施。

地方航道发展规划由省、自治区、直辖市交通主管部门编制,报省、自治区、直辖市人民政府审查批准后实施,并抄报交通部备案。

跨省、自治区、直辖市的地方航道的发展规划,由有关省、自治区、直辖市交通主管部门共同编制,报有关省、自治区、直辖市人民政府联合审查批准后实施,并抄报交通部备案;必要时报交通部审查批准后实施。

专用航道发展规划由专用航道管理部门会同同级交通主管部门编制,报同级人民政府批准后实施。

第九条　各级水利电力主管部门编制河流流域规划和与航运有关的水利、水电工程规划以及进行上述工程设计时,必须有同级交通主管部门参加。

各级交通主管部门编制渠化河流和人工运河航道发展规划和进行与水利水电有关的工程设计时,必须有同级水利电力主管部门参加。

各级水利电力主管部门、交通主管部门编制上述规划,涉及运送木材的河流和重要的渔业水域时,必须有同级林业、渔业主管部门参加。

第十条　航道应当划分技术等级。航道技术等级的划分,由省、自治区、直辖市交通主管部门或交通部派驻水系的管理机构根据通航标准提出方案。一至四级航道由交通部会同水利电力部及其他有关部门研究批准，报国务院备案；四级以下的航道，由省、自治区、直辖市人民政府批准，报交通部备案。

第十一条 建设航道及其设施，必须遵守国家基本建设程序的规定。工程竣工经验收合格后，方能交付使用。

第十二条 建设航道及其设施，不得危及水利水电工程、跨河建筑物和其他设施的安全。

因建设航道及其设施损坏水利水电工程、跨河建筑物和其他设施的，建设单位应当给予赔偿或者修复。

在行洪河道上建设航道，必须符合行洪安全的要求。

第三章　航道的保护

第十三条 航道和航道设施受国家保护，任何单位和个人均不得侵占或者破坏。交通部门应当加强对航道的养护，保证航道畅通。

第十四条 修建与通航有关的设施或者治理河道、引水灌溉，必须符合国家规定的通航标准和技术要求，并应当事先征求交通主管部门的意见。

违反前款规定，中断或者恶化通航条件的，由建设单位或者个人赔偿损失，并在规定期限内负责恢复通航。

第十五条 在通航河流上建设永久性拦河闸坝，建设单位必须按照设计和施工方案，同时建设适当规模的过船、过木、过鱼建筑物，并解决施工期间的船舶、排筏通航问题。过船、过木、过鱼建筑物的建设费用，由建设单位承担。

在不通航河流或者人工渠道上建设闸坝后可以通航的，建设单位应当同时建设适当规模的过船建筑物；不能同时建设的，应当预留建设过船建筑物的位置。过船建筑物的建设费用，除国家另有规定外,应当由交通部门承担。

过船、过木、过鱼建筑物的设计任务书、设计文件和施工方案,必须取得交通、林业、渔业主管部门的同意。

第十六条 因紧急抗旱需要,在通航河流上建临时闸坝,必须经县级以上人民政府批准。旱情解除后,建闸坝单位必须及时拆除闸坝,恢复通航条件。

第十七条 对通航河流上碍航的闸坝、桥梁和其他建筑物以及由建筑物所造成的航道淤积,由地方人民政府按照"谁造成碍航谁恢复通航"的原则,责成有关部门改建碍航建筑物或者限期补建过船、过木、过鱼建筑物,清除淤积,恢复通航。

第十八条 在通航河段或其上游兴建水利工程控制或引走水源,建设单位应当保证航道和船闸所需要的通航流量。在特殊情况下,由于控制水源或大量引水影响通航时,建设单位应当采取相应的工程措施,地方人民政府应当组织有关部门协商,合理分配水量。

第十九条 水利水电工程设施管理部门制定调度运行方案,涉及通航流量、水位和航行安全时,应当事先与交通主管部门协商。协商不一致时,由县级以上人民政府决定。

第二十条 在防洪、排涝、抗旱时,综合利用水利枢纽过船建筑物应当服从防汛抗旱指挥机构统一安排。

第二十一条 沿海和通航河流上设置的助航标志必须符合国家规定的标准。

在沿海和通航河流上设置专用标志必须经交通主管部门同意;设置渔标和军用标,必须报交通主管部门备案。

第二十二条 禁止向河道倾倒沙石泥土和废弃物。

在通航河道内挖取沙石泥土、堆存材料,不得恶化通航条件。

第二十三条 在航道内施工工程完成后,施工单位应当及时清除遗留物。

第四章　航道养护经费

第二十四条　经国家批准计征港务费的沿海和内河港口,进出港航道的维护费用由港务费开支。

第二十五条　专用航道的维护费用,由专用部门自行解决。

第二十六条　对中央、地方财政拨给的航道维护费用,必须坚持专款专用的原则。

第五章　罚　　则

第二十七条　对违反本条例规定的单位和个人,县以上交通主管部门可以视情节轻重给予警告、罚款的处罚。

第二十八条　当事人对交通主管部门的处罚不服的,可以向上级交通主管部门提出申诉;对上级交通主管部门的处理不服的,可以在接到处理决定书之日起 15 日内向人民法院起诉。逾期不起诉又不履行的,交通主管部门可以申请人民法院强制执行。

第二十九条　违反本条例的规定,应当受治安管理处罚的,由公安机关处理;构成犯罪的,由司法机关依法追究刑事责任。

第六章　附　　则

第三十条　本条例下列用语的含义是:

"航道"是指中华人民共和国沿海、江河、湖泊、运河内船舶、排筏可以通航的水域。

"国家航道"是指:(一)构成国家航道网、可以通航五百吨级以上船舶的内河干线航道;(二)跨省、自治区、直辖市,可以常年通航三百吨级以上船舶的内河干线航道;(三)沿海干线航道和主要海港航道;(四)国家指定的重要航道。

"专用航道"是指由军事、水利电力、林业、水产等部门以及其他企业事业单位自行建设、使用的航道。

"地方航道"是指国家航道和专用航道以外的航道。

"航道设施"是指航道的助航导航设施、整治建筑物、航运梯级、过船建筑物(包括过船闸坝)和其他航道工程设施。

"与通航有关的设施"是指对航道的通航条件有影响的闸坝、桥梁、码头、架空电线、水下电缆、管道等拦河、跨河、临河建筑物和其他工程设施。

第三十一条 本条例由交通部负责解释。交通部可以根据本条例制定实施细则。

第三十二条 本条例自 1987 年 10 月 1 日起施行。

中华人民共和国国务院令

第 546 号

　　1951 年 8 月 8 日政务院公布的《城市房地产税暂行条例》自 2009 年 1 月 1 日起废止。自 2009 年 1 月 1 日起,外商投资企业、外国企业和组织以及外籍个人,依照《中华人民共和国房产税暂行条例》缴纳房产税。

　　1987 年 2 月 6 日国务院批准,1987 年 2 月 24 日交通部、财政部发布的《长江干线航道养护费征收办法》自 2009 年 1 月 1 日起废止。

　　1992 年 5 月 15 日国务院批准,1992 年 8 月 4 日交通部、财政部、国家物价局发布的《内河航道养护费征收和使用办法》自 2009 年 1 月 1 日起废止。

总理　温家宝

二〇〇八年十二月三十一日

图书在版编目（CIP）数据

中华人民共和国国务院行政法规汇编 2008. -北京：人民出版社，2009.2
ISBN 978-7-01-007682-9

Ⅰ. 中…　Ⅱ.　Ⅲ. 国务院-法令-汇编-中国-2008　Ⅳ. D920.9

中国版本图书馆 CIP 数据核字（2009）第 011790 号

中华人民共和国国务院行政法规汇编 **2008**

ZHONGHUA RENMIN GONGHEGUO GUOWUYUAN XINGZHENG FAGUI HUIBIAN

人民出版社 出版发行
（100706　北京朝阳门内大街 166 号）

北京新魏印刷厂印刷　新华书店经销

2009 年 2 月第 1 版　2009 年 2 月北京第 1 次印刷
开本：710 毫米×1000 毫米 1/16　印张：31.5
字数：500 千字　印数：0,001-5,000 册

ISBN 978-7-01-007682-9　定价：60.00 元

邮购地址 100706　北京朝阳门内大街 166 号
人民东方图书销售中心　电话（010）65250042　65289539